法人融資手引シリーズ

不動産担保実務

不動産鑑定士

小野 兵太郎

［著］

一般社団法人 金融財政事情研究会

は じ め に

　いわゆるバブル期に、不動産担保重視の貸出を行ったことが、後に大量の不良債権の発生に結びついたこともあり、企業への貸出において不動産担保に依存しすぎはいけないという考え方が20年近く継続した。たしかに、事業金融は将来性・成長性といった分野を中心に審査すべきであり、金融機関は社会性や企業の存在意義なども十分踏まえて企業価値や貸金の返済可能性といった面を予測していかなければならないだろう。ただ、そうはいいながらも信用による貸出額には限度があることや、貸金の保全といった安全性を重視する手前、担保取得を行わなければならない機会も依然多いのではないだろうか。大企業融資から中小企業融資にその軸足を変えていかなければならない金融機関にとって、新たな担保取得は避けて通れない課題で、担保にまったく依存しない融資は現実的ではない部分がある。

　そもそも、担保として取得される不動産はさまざまな類型があり、処分可能性などを前提に安全性などの判断、さらには担保価値の把握といった多数の側面から分析を行うことは現在においても必要となる。事業用不動産として利用されているものであれば、当然としてこの収益力、継続性といった側面の分析は不可欠であると考えられる。

　伝統的な融資に加え、最近では不動産のノンリコースローンも増加している。不動産金融においては、その事業といった側面から、収益力の多寡、またその継続性、潜在するリスクの把握が求められてきている。不動産を取り巻く資金の出入りも、国内資本中心から海外資本へシフトし、近年は特に巨額のアジアマネーが入ってきているなかで、不動産事業の環境も激変してきている。かつてに比べると商業立地の変化は激しく、また人口減少が進むことが予想されている側面もあり、緻密かつ慎重な予測も不可欠となっている。

　一方で、事業用不動産が担保となっている場合には、事業収益分析を行う

ために、融資先から相応の情報を入手し理解することは、実務上においても重要といえる。

　こうしたなか、不動産評価などは営業担当者の手から、金融機関系列の評価会社などへの外注が一般化し、金融機関職員が担保を含め不動産をみる機会が減っているといわれている。また日々の業務も煩雑で、そのような時間がとれないといった面が指摘されており、金融機関職員の不動産に対する知識の欠落が問題点として認識されるようになってきた。透明性が高いと考えられたいわゆる評点型審査の利便性がもたらす弊害を指摘する声もあり、やはり担保不動産についての知識向上が不可欠という声が強い。担保不動産を研究することは、企業の事業、保有不動産戦略、たとえば建物の建替えや設備・内装の改修、耐震改修を行うことによる事業効率化、収益力向上といった面で有効になることも多く、また経営階層への提案につながることもある。

　本書は、不動産担保における留意点、調査ポイントを解説するとともに、担保評価における注意点なども掲げている。また、さまざまな視点から不動産をみることで、収益分析、リスク分析を行い、取引先に収益向上に役立つ情報を提供する、あるいは建替えなどのニーズを汲み出し、新規融資につなげるといったことを期待するものである。

平成27（2015）年12月

小野　兵太郎

■著者略歴■

小野　兵太郎（おの　ひょうたろう）

昭和43（1968）年生まれ。福岡県福岡市出身。

不動産鑑定士。

福岡県立福岡高等学校、早稲田大学法学部卒。

日本債券信用銀行（現あおぞら銀行）入行後、審査部鑑定室、債権流動化室において鑑定評価業務、担保評価業務に従事、平成11（1999）年6月に同行退職。

現在は、ディー・ディー・マイスター株式会社　専任不動産鑑定士。

著書：『融資担当者が知っておきたい　不動産の基礎知識と評価手法』（金融財政事情研究会）、『不動産の時価評価』（共著・東洋経済新報社）、『事例でわかる不動産評価』（共著・日本経済新聞社）

目　次

第1章　担保不動産総論

第1節　担保としての不動産 ……………………………………… 2

  1　人的担保と物的担保・担保不動産 ……………………………… 2

  2　事業会社への融資における担保不動産 ……………………… 4

  3　ノンリコースローンと担保不動産 …………………………… 5

  4　金融機関における融資審査・担保評価体制と担保不動産 ……… 5

  5　バブル期、リーマンショック期からみた反省点 ……………… 6

第2節　担保適格性 ……………………………………………… 8

  1　担保適格の3原則 ……………………………………………… 8

   ⑴　安全性の原則 ………………………………………………… 8

   ⑵　確実性の原則 ………………………………………………… 9

   ⑶　市場性の原則 ……………………………………………… 11

  2　担保不動産としてのリスクと流動性の留意点 ……………… 12

  3　いわゆる「添担保」…………………………………………… 13

第3節　金融機関における担保調査・評価の現状 …………… 14

  1　自社評価・関係会社評価・他社評価 ………………………… 14

  2　融資担当者（営業職員）として認識しておくべきこと ……… 16

  3　担保掛目 ……………………………………………………… 17

  4　昨今の不動産を取り巻く状況 ………………………………… 18

   ⑴　収益性・市場性の重視 …………………………………… 18

   ⑵　商業用不動産を取り巻く状況 …………………………… 19

   ⑶　住宅用不動産を取り巻く状況 …………………………… 20

第4節　処分・換価の方法と留意点 …………………………… 23

  1　かつての不良債権処理時における動き ……………………… 23

  2　競売制度の現状 ……………………………………………… 25

  3　任意売却の一般化 …………………………………………… 26

第5節　担保不動産を顧客相談につなげる ················· 27

　1　不動産事業者とのリレーション ······················· 28

　2　事業会社とのリレーション ························· 29

第6節　担保不動産の歴史的背景と今後の留意点 ················· 30

　1　かつての不動産バブルとの比較 ····················· 30

　2　ファンドバブルからリーマンショックへ至った時期との比較 ········· 32

　3　国内投資家勢の復活、金融緩和と不動産価格（最近の状況）········· 34

　4　不動産市場の今後と担保不動産に対する留意点 ············· 36

第7節　担保不動産をみていくうえでの留意点 ··············· 38

　1　不動産の投資期間との関係（長期投資における留意点）········· 38

　2　今後のマクロ的な要因の変化への対応 ················· 40

　3　金融機関における不動産に関する継続的な教育の必要性 ········· 40

　4　金融検査体制と不動産のとらえ方 ··················· 41

第2章　担保不動産についての基礎知識

第1節　不動産とは何か ··························· 44

　1　一般的な定義 ······························· 44

　2　財団と組成にあたっての留意点 ····················· 44

　（1）財団の種類 ····························· 44

　（2）財団組成の現状と留意点 ······················ 45

　（3）担保価値把握における留意点 ···················· 47

第2節　担保としての不動産と動産の関係、設備のリース活用 ········· 49

　1　不動産担保か動産担保か ························· 49

　2　工場抵当法による三条目録の提出による保全 ·············· 49

　3　設備のリース活用と不動産担保における留意点 ············· 50

第3節　土地をみるうえでの留意点 ····················· 52

　1　位置の特定と境界確定 ·························· 52

　（1）境界確定の方法 ··························· 52

　（2）地積測量 ····························· 53

目　次　5

2　公法上の規制 ……………………………………………………… *54*

　⑴　都市計画法との関係（都市計画区域・都市計画区域外、準都市計画

　　区域）……………………………………………………………… *55*

　⑵　市街化区域と市街化調整区域、それぞれの留意点 ……………… *56*

　⑶　用途地域、その他の指定 ………………………………………… *60*

　⑷　建築基準法との関係 ……………………………………………… *71*

　⑸　農地法との関係 …………………………………………………… *77*

　⑹　土地区画整理法との関係 ………………………………………… *82*

　⑺　自然公園法との関係 ……………………………………………… *86*

　⑻　森林法との関係 …………………………………………………… *88*

3　環境面からの留意点 ………………………………………………… *89*

　⑴　土壌汚染との関係 ………………………………………………… *89*

　⑵　高圧線の存在 ……………………………………………………… *90*

4　供給インフラからの留意点 ………………………………………… *90*

5　自然災害との関係 …………………………………………………… *91*

6　地耐力・地盤との関係 ……………………………………………… *92*

7　文化財保護の観点からの留意点 …………………………………… *93*

8　地下埋設物の有無 …………………………………………………… *94*

9　目にみえにくい権利設定 …………………………………………… *94*

第4節　建物についての基礎知識 ……………………………………… *95*

1　建物とは ……………………………………………………………… *95*

2　建物における面積の基準 …………………………………………… *96*

3　建物の合法性 ………………………………………………………… *97*

　⑴　建築確認と検査済証 ……………………………………………… *97*

　⑵　違法建築物の考え方 ……………………………………………… *98*

　⑶　合法使用でない典型例 …………………………………………… *98*

　⑷　いわゆる既存不適格ビル ………………………………………… *99*

　⑸　容積率についての留意点 ………………………………………… *99*

4　エンジニアリングレポートとは …………………………………… *100*

　⑴　作成会社と準拠基準 ……………………………………………… *101*

6　目　　次

(2) 記載内容 …………………………………………………………………… *101*

(3) 建物の合法性などの判断における活用方法 ……………………………… *103*

(4) 長期修繕計画（大規模修繕）についての記載の活用方法（資本的支出
の査定） …………………………………………………………………… *103*

5 建物の物的な面での留意点 …………………………………………………… *104*

(1) 建物の構造 ………………………………………………………………… *104*

(2) 物理的耐用年数（または使用年限）と経済的耐用年数 ………………… *105*

(3) 建物の計画修繕（長期修繕計画の策定と資本的支出の必要） ………… *107*

(4) コンクリートの中性化 …………………………………………………… *108*

(5) 耐震性能との関係 ………………………………………………………… *111*

(6) 建物の意匠と耐震補強工事との関係 …………………………………… *114*

(7) 有害使用物質の有無 ……………………………………………………… *114*

6 建物設備をみる際の基礎知識 ………………………………………………… *116*

第5節　担保評価と不動産鑑定評価手法 ……………………………………… *119*

1 不動産の特性、不動産市場の特性 …………………………………………… *119*

(1) 不動産の特性 ……………………………………………………………… *119*

(2) 用途の多様性・不動産の最有効使用 …………………………………… *121*

(3) 不動産市場の特性 ………………………………………………………… *123*

2 価格三面性と不動産鑑定評価基準における評価手法 ……………………… *125*

(1) 価格三面性と不動産の価格決定メカニズム …………………………… *125*

(2) 価格三面性と不動産鑑定評価手法 ……………………………………… *126*

**第6節　不動産の所有と運営の昨今の動向（プロパティー・マネジメン
トの重要性）** ………………………………………………………………… *145*

第3章　処分換価性に関する留意点

第1節　権利形態における留意点 ……………………………………………… *150*

1 担保不動産が共有物件の場合 ………………………………………………… *150*

2 建物のみを担保取得する場合・敷地が借地権の場合 ……………………… *151*

(1) 敷地が借地権の場合（借地権付建物） ………………………………… *151*

目　次　7

(2)　国有・公有地上の建物 ………………………………………… *153*

　3　底　　　地 ……………………………………………………… *153*

　4　担保外建物および未登記建物が存在する場合 ……………… *154*

　5　他人地介在物件、越境物件 …………………………………… *154*

　6　保　留　地 ……………………………………………………… *155*

第2節　一括賃貸、関係会社賃貸における留意点 …………… *157*

　1　一括賃貸されている物件の留意点 …………………………… *157*

　　(1)　一括賃貸の増加 ……………………………………………… *157*

　　(2)　「サブリース形態」における留意点 ……………………… *158*

　　(3)　賃料改定における注意点 …………………………………… *158*

　　(4)　マスターリース先の信用リスク・情報開示の重要性 …… *159*

　　(5)　マスターリース契約における収益認識の留意点 ………… *160*

　　(6)　一括賃貸型のマンション・アパートにおける留意点 …… *160*

　　(7)　担保不動産が一括賃貸物件の場合に必要となること …… *161*

　2　関係会社に賃貸されている物件の留意点 …………………… *163*

第3節　リニューアルの重要性と留意点 ……………………… *165*

　1　オフィスビル …………………………………………………… *166*

　2　商業テナントビル ……………………………………………… *167*

　3　ホテル・リゾートホテル・日本旅館 ………………………… *168*

　4　賃貸マンション・アパート …………………………………… *169*

第4章　不動産類型別の留意点

オフィスビル ……………………………………………………… *172*

　1　特　　　性 ……………………………………………………… *172*

　2　オフィスビルに必要となるスペック・耐震性能 …………… *173*

　3　テナントの需要動向、競合物件の存在、賃料水準の把握 … *175*

商業テナントビル ………………………………………………… *191*

　1　特　　　性 ……………………………………………………… *191*

　2　商業立地の流れとテナントビル、テナントリーシング …… *192*

ヘルスケア不動産 ·· *210*

  1 特   性 ··· *210*

工　　場 ··· *224*

  1 特   性 ··· *224*

  2 工場の担保評価手法 ··································· *225*

物流施設 ·· *235*

  1 特   性 ··· *235*

  2 立   地 ··· *236*

ビジネスホテル ·· *243*

  1 特   性 ··· *243*

  2 概   要 ··· *244*

リゾート不動産 ·· *253*

  1 特   性 ··· *253*

  2 概   要 ··· *255*

日本旅館 ·· *264*

  1 特   性 ··· *264*

賃貸アパート・マンション ································· *278*

  1 特   性 ··· *278*

  2 「サブリース」方式の活用と注意点 ··············· *279*

第5章　担保不動産の事後管理と処分

  1 担保不動産取得後における留意点 ························· *296*

  2 担保不動産の事後管理 ································· *297*

  3 貸金の性格と担保評価のポイント ··············· *300*

    (1) 不動産事業のケース ······························ *301*

    (2) 不動産事業に近似するケース ···················· *303*

    (3) 一般事業（製造業等）のケース ················· *304*

  4 担保不動産のリスクマネジメント ··············· *306*

    (1) 賃貸用不動産におけるリスクマネジメント ······ *306*

(2)　不動産価格の変動（ボラティリティ）に対するリスクマネジメント …308

　(3)　事業用不動産におけるリスクマネジメント ……………………………309

　(4)　転用を踏まえたうえでリスクをとらえる重要性 ……………………310

5　法的手続と担保不動産の処分における留意点 …………………………311

6　担保不動産の処分方法の種類 ………………………………………………317

　(1)　処分による回収方法・処分以外による回収方法 ……………………317

　(2)　任意売却か競売か …………………………………………………………318

　(3)　担保不動産競売制度の進展 ………………………………………………319

　(4)　サービサーへの売却 ………………………………………………………320

7　任意売却における回収とその場合の留意点 ……………………………320

　(1)　任意売却における具体的な作業 …………………………………………320

　(2)　売却における留意点 ………………………………………………………321

　(3)　任意売却先ルート・情報の確保の必要性 ……………………………322

8　担保不動産競売による売却と物件の評価 ………………………………323

　(1)　担保不動産競売の流れ ……………………………………………………323

　(2)　担保不動産競売においてかかる費用 …………………………………325

　(3)　いわゆる競売の３点セットと内覧 ……………………………………325

　(4)　不動産担保競売における価格等 ………………………………………327

　(5)　無剰余の場合 ………………………………………………………………329

9　サービサーの活用 ……………………………………………………………329

　(1)　サービサーとは ……………………………………………………………329

　(2)　サービサーへのローン売却 ……………………………………………330

　(3)　サービサーの業務と特色 ………………………………………………332

10　売却か有効活用かの判断 …………………………………………………332

第6章　担保調査と不動産鑑定評価書の留意点

第1節　担保調査（実地調査）における留意点 ……………………………336

1　登記情報と実際の差異がないかの確認 …………………………………336

　(1)　土地（敷地）における留意点 …………………………………………336

⑵　建物における留意点 ………………………………………… *338*

　2　現況の利用状況の確認 ………………………………………… *340*

　3　土地・建物の維持管理の状況の確認 ………………………… *341*

　4　担保不動産の周辺地域における状況の確認 ………………… *341*

　5　担保不動産を説明する際のポイント ………………………… *343*

　6　事業用不動産における留意点 ………………………………… *345*

第2節　不動産鑑定業者（不動産鑑定士）への依頼における留意点 ……… *346*

　1　依頼の流れと注意点 …………………………………………… *346*

　2　証券化対象不動産 ……………………………………………… *348*

　3　鑑定評価の基本的事項 ………………………………………… *350*

　　⑴　対象不動産 …………………………………………………… *351*

　　⑵　価格時点 ……………………………………………………… *352*

　　⑶　価格の種類 …………………………………………………… *353*

　4　不動産鑑定評価における条件設定 …………………………… *357*

　　⑴　条件設定の意義と近年の動き ……………………………… *357*

　　⑵　対象確定条件 ………………………………………………… *358*

　　⑶　想定上の条件 ………………………………………………… *362*

　　⑷　調査範囲等条件 ……………………………………………… *362*

　　⑸　担保評価において気をつけたい条件 ……………………… *364*

　5　依頼者プレッシャー制度 ……………………………………… *365*

　6　不動産鑑定評価と土地・建物の内訳 ………………………… *366*

第3節　不動産鑑定評価書の例示と留意点 ………………………… *369*

事項索引 …………………………………………………………… *390*

目　次　11

第1章

担保不動産総論

　金融機関職員にとって、最も多く接する不動産として、担保取得している不動産（担保不動産）がある。担保不動産は、文字どおり融資を担保するための不動産で、登記上の抵当権・根抵当権の設定登記等は行われることがあるものの、貸金の返済が約定どおり行われている限りは、特段、融資先に対して抵当権実行などが行われることはなく、所有者は通常どおり不動産を利用することが可能である。ただ、延滞などにより貸金の回収がむずかしい場合においては、売却を行って回収を図ることとなる。その意味では、担保取得時に法的・物的な問題点はないかといった点をよく調べ、売却可能性（流動性）や担保価値（売却ができる価格）を的確に把握することが重要となる。

第1節

担保としての不動産

1 人的担保と物的担保・担保不動産

　融資において貸金を担保するものを大きく分けると人的担保と物的担保がある。人的担保とは、融資において保証人等をつけておくということで、なんらかの事情で貸金の回収ができない場合に、保証人に対して、その債務についての支払請求を行うこととなる。人的担保には保証人、連帯保証人、連帯債務者があり、融資においては連帯保証人が多く使われている。人的担保をとるにあたっては、当然にしてその保証人等の資力・返済能力が重要となる。ただ、かつてに比べると、保証人に不当な責任を負担させることを制限する考え方も強くなってきている。そもそも特段の資産をもたない高齢者等に債務保証をとっても、現実的ではない。したがって、融資金額全額を人的担保である保証人等から回収することが不可能なケースも多々ありうると考えておいたほうがよい。

　これに対し、抵当権（担保不動産）は、物的担保の1つとなる。物的担保は、法的には担保物権と呼ばれており、これには抵当権、質権、先取特権、留置権などがある。抵当権や質権は、担保設定の合意が必要となる約定担保物権となるが、先取特権や留置権は、法定担保物権と呼ばれ、一定の要件を満たせば法律上当然に担保権を行使できるようになるものである。担保物権には、優先弁済効すなわち、万一債務が履行されず貸金が滞納された場合において、担保権者である金融機関は、その担保を設定している財産については他の債権者よりも優先して弁済を受けることができる。したがって、物的担保は、債権回収においては非常に強力で有効な方法となりうるものであ

2　第1章　担保不動産総論

〔融資における担保〕

種　類	制　度	特　性
人的担保	保証人	催告の抗弁権と検索の抗弁権が与えられる保証
	連帯保証	催告の抗弁権と検索の抗弁権はなく債務者と同じ義務を負う保証。保証人より重い債務を負うかたちとなる。
	連帯債務	数人の債務者が、同一の内容の債務について、独立して全責任を負う債務。人的担保としては最も重い。
物的担保	抵当権	債務者または第三者が占有を移転しないで債務の担保に供した不動産について、他の債権者に先立って自己の債権の弁済を受ける権利
	質権	抵当権が占有を移転しないのに対し、質権設定者から受け取った物を質権者が占有し、その物について他の債権者を差し置いて優先的に弁済を受けることができる権利
	先取特権	民法上、債務者の総財産について優先弁済権を付与される一般先取特権と、債務者の特定の財産について優先弁済権を付与される動産先取特権（および不動産先取特権）とがある。また特別法のものもある。
	留置権	他人の物の占有者が、その物に関して生じた債権の弁済を受けるまで、その物を留置することを内容とする担保物権。民法上の留置権（民事留置権）のほか、商法に規定されている留置権（商事留置権）もある。

る。

　適切な担保価値を把握し、これに見合った貸出を行っていれば、万一の場合でも貸金回収ができる。信用力の高い企業に対する融資の場合、特段の担保不動産を必要としないケースもあるが、通常は信用に加え、担保不動産を徴求することが保全上優位と考えられる。

　一般的に、人的担保と物的担保は併用されること、すなわち事業会社の場合、事業用不動産を担保取得し、経営者などを保証人等とするケースが多い。ただ、平成26（2014）年2月に「経営者保証に関するガイドライン」が

第1節　担保としての不動産　　*3*

適用開始されるなど、保証人の保証債務履行が制約される側面も今後出てくるため、担保不動産について十分に吟味をしておくことは肝要といえる。

② 事業会社への融資における担保不動産

　金融機関が、事業資金として融資を実行する場合、事業内容を審査対象とし、事業の実現性や収益性、将来への持続性、社会的な意義といったものをもとに審査を行い、貸金を出すことになる。担保不動産はあくまでも万一の場合の保全を目的とするものである。

　これが、過度な不動産担保主義に陥ったバブル期については、事業会社に対し担保余力ばかりを基準として融資をするのが当たり前となり、事業内容や財務諸表をろくにみずに融資を行うことが日常茶飯事となっていた。担保不動産の融資枠さえあれば、赤字や将来性のない企業にまで融資を行った。このような融資は事業ベースでの債権回収は困難で、不動産バブル崩壊とともに、担保不動産の価値が急落してしまったことで、担保からの回収ではまかないきれないという事態が発生した。

　このため、現状では担保力のみではなく、事業収益を中心とした審査を行うことになった。ただ、やはり収益力的に弱い企業ほど、担保力に依存しないことには借入れが困難なケースも依然存在する。こうした企業の場合、返済がストップする可能性がある程度考えられるため、適切な担保価値の把握が不可欠となる。

　担保価値を過大に評価した場合において、事業会社が法的整理などに陥った際には、一般的に配当弁済のみで十分な回収は期待できないため、担保不足相当が回収不能債権となってしまう。したがって、回収手法を熟知するとともに担保評価技術は十分高いものにしておく必要があると考えられる。

4　第1章　担保不動産総論

3 ノンリコースローンと担保不動産

　近年ではノンリコースローン（非遡及融資）が増加している。これは、ローン等の返済原資となる範囲に限定を加えた融資の方法を指し、通常は責任財産となる原資からのキャッシュフローを返済原資とするものである。

　ノンリコースローンは、不動産金融やプロジェクトファイナンスで多く使われ、当然にして人的担保や企業による保証はなく、不動産金融の場合、通常は賃貸料などの収入を基礎としたキャッシュフローと、担保不動産処分による売却代金からの回収に限定され、その範囲以上の返済義務を負わない。不動産が生み出すキャッシュフロー分析が特に重要で、さらに担保となる不動産の売却価格を定期的に見直す必要も存在する。

　たとえば、一般的な住宅ローンなどの借入れは「リコースローン」と呼ばれる遡及融資であり、万一債務者がローンの支払をできなくなった場合、担保となっている住宅を売却することになるが、借金が残った場合に債務者は残りの債務の支払義務がある。もちろん担保不動産の売却による回収額も重要となるが、返済は債務者の給与所得等を原資とすることが通常であり、仮に借入金額が担保価値を上回った場合でも、直ちに回収不能債権が発生するわけではない。したがって、審査の中心は債務者の返済能力に中心が置かれ、貸出目的の住宅の担保価値は二次的な側面が強いものと考えられる。

　住宅ローンでもアメリカなどでは「ノンリコースローン」が主流となっている。このため、債務者に対して非遡及的な性格を有するものであるがゆえに、このようなローン形態をとる場合は、担保不動産の評価を含めた審査がきわめて重要になる。

4 金融機関における融資審査・担保評価体制と担保不動産

　事業金融であれ、ノンリコースローンであれ、金融機関による違いはある

ものの、通常の融資審査は、金融機関内の評価部署または融資担当セクションが実施している。近年では、合理化かつ審査の適正化・恣意性の排除を目指し、企業の過去実績などの数値をシステム上に入力し、評点をとって審査を行うケースも増えており、融資審査のスピードアップが図られている。ただ、これについては、金融機関担当者による入力作業ばかりが中心となってしまい、財務諸表を読む力が職員のなかで落ちてきているという指摘もある。合理化という意味では効果はあるものの、スキルが落ちてしまうという弊害もあり、痛しかゆしの側面がある。

　一方で、担保評価に関してはこれを専門に行う会社を金融機関において用意し、ここに依頼するケースが多くなっている。金額が大きな物件については外部の不動産鑑定会社に依頼し不動産鑑定士による鑑定評価をとることもある。グループ内企業で行う評価を、自社評価、ないしは関係会社評価等と呼んでいる。

　かつては営業担当の職員自らが物件の調査を行うとともに、担保査定を行っており、価格を求めるためにさまざまな資料収集やヒアリングを行ってきた。ただ、融資を行うために高めの金額での担保価値査定を行うなどの問題もあった。評価組織の一元化は、営業セクションと一線を画すことで、評価の独立性や時間効率性の面では優位な点があげられる。ただ、かつてに比べると金融機関職員が担保不動産を直接実査する機会が減少しており、不動産をみるスキルが落ちてきているという指摘が出てきている。営業職員の不動産に対する知識向上のためには、研修機会を増やすことに加え、取引先が所有する不動産について意識的に注意してみることも必要になる。

5　バブル期、リーマンショック期からみた反省点

　昭和60年代から平成初期にかけて発生した、いわゆるバブル経済の時期において、金融機関は不動産について詳細な分析・検討を行わずに貸出を行っ

6　第1章　担保不動産総論

たことが、多額の不良債権の発生につながり、大きな負の遺産を日本経済に与える結果となった。その後、平成12（2000）年頃から外資系企業による不良債権取得、海外投資家による不動産購入の活発化もあり、平成17（2005）年を過ぎると不動産市況は回復基調に乗った。ただ、これは一定期間続いたものの、平成20（2008）年の秋頃に発生したいわゆるリーマンショック以降、海外の資金の流出が相次ぎ、大都市圏の不動産価格が急落した。この際、メインプレイヤーが海外投資家であったこともあり、国内金融機関への痛手は比較的浅く、一部でマンションディベロッパーの倒産などがみられたものの、日本国内の金融システムに大きな影響を与えるような事態は免れた。

　バブル期における融資姿勢には、担保不動産があれば事業内容はあまりみないということに加え、取引事例主義ともいえる、近隣の地価・上昇した不動産価格をそのまま売買事例として採用し、担保価値として把握して目いっぱい融資を行うというものがあった。これが、不良債権処理から浸透した収益還元法（不動産が生み出す純収益を還元利回りで還元する手法）の適用もあり、不動産については有効利用の可能性、収益性という見方で経済価値を把握するようになり、バブル期の後の急速な融資拡大そのものにつながらなかった点は一定の評価ができる。ただ、リーマンショック前の都心部を中心とした不動産の価格高騰の背景には、世界的な金余り傾向に加え、不動産の取得競争の過熱化があり、これが収益還元における還元利回り等の急落という事態を招き、判断の適切性をやや弱めたという指摘もある。

　担保評価においては、個々の物件の評価を精緻に行うのももちろん重要であるが、不動産価格や投資利回りのトレンド、購入者・投資家の動き、今後の需要動向なども十分踏まえたうえで、的確なリスク把握を行うとともに、これからも増加すると考えられる海外からの投資家の動向、購入者への売却といった側面も踏まえて考えていく必要がある。

第1節　担保としての不動産　　7

第 2 節

担保適格性

　事業会社への融資基準がバブル期までの担保主義から、事業の内容、収益性、成長性、社会性といった側面に重点を置くようになってきたものの、やはり貸金の保全の中心に担保不動産は存在し、当然にして十分な内容吟味が要請される。ここではまず、担保不動産が、融資に対して的確なものであるか判断する前提条件として適格性を考えてみたい。

1　担保適格の 3 原則

　そもそも担保不動産は、貸金が長期にわたるケースが多く、長期にわたって処分権は認められる、あるいは継続的に収益を獲得することが望ましいと考えられる。このため金融機関が融資を行う際には、保守主義の原則に立って行動し、「安全性」「確実性」「市場性」の 3 原則を満たすものであることが求められる。

(1)　安全性の原則

　安全性とは、たとえば担保不動産が、設定期間中に自然災害などで容易に損壊するものでなく、また権利面でも第三者から詐害行為を受ける可能性が低いなど、物理的・法的にみて安全であることが求められる。

■安全性の原則に合致しない物件の例示
　・建築基準法や消防法などの法規に合致しない物件
　・適切な造成工事を行っていない住宅地（地盤崩壊・沈下の可能性があ

8　第 1 章　担保不動産総論

る)

・不法占有者が存在する物件（妨害行為により売却がスムーズに進まない）

　金融機関としては、合法性については特に慎重に審査する必要がある。違法物件への貸金はコンプライアンス上認められるものではなく、万一事故が発生した場合にはより大きな問題につながりかねない。ただ、一定の措置（違法改造の是正、使用方法の改善）を行い、安全性を回復することで担保適格性が認められるケースも存在する。このため、担保物件については可能な限り法的な側面・技術的な側面から吟味を行うことが求められる。

POINT

■安全性の原則に合致しない物件
　→改善が容易にできるか。
　　たとえば合法性の回復が可能か。
　　回復後は担保適格性が生ずることもある。

(2)　確実性の原則

　不動産の種類により、不動産に求められる目的は異なる。たとえば、居住用不動産であれば快適に生活が送れることが第一義であり、生産施設となる工場では、求められる品質の商品の製造ができることであり、また店舗ビル等については、売上高が確保できるような立地・店舗配置構成などが考えられる。このような快適性・生産効率・収益性といったものが確実に行われない物件については、担保として取得した場合でも、貸金回収のための売却が困難になる可能性が高い。

　担保として徴収したものは、使用や収益が将来の一定期間にわたって確実

第2節　担保適格性　　9

に入るものであることが求められ、以下に例示するものは確実性の原則に合致せず、担保適格性が低いと考えられる。

■確実性の原則に合致しない物件の例示
・商業テナントビルではあるが、集客力が極端に低いビル
・リゾート施設として建設されたが、観光客が非常に少なく、今後集客が見込みにくいエリアにある物件
・オフィス需要がきわめて乏しいエリアにあるオフィスビル
・生産効率が悪く、また転用が困難な工場

ただ、現状、確実性の原則に合致しない、たとえば収益性が低い物件であったとしても、テナントミックス（テナント構成）の変更などを行うことで、店舗集客が向上し、賃料上昇が実現することも考えられる。それぞれの物件のもつ個性をよく吟味して、最善の使用形態にない場合は、これを是正することで確実性が向上する物件であるかどうか見極めていく必要がある。

かつてのバブル期は収益の確実性の視点が非常に少なく、無計画につくられたものが多かったが、さまざまな施策を行うことで、再生した担保不動産も数多い。物件によっては、この判定をさまざまな側面から吟味することが大事である。いたずらに安い価格で担保処分を急ぎすぎるとあとで後悔することにもなりかねないので注意したい。

POINT

■確実性の原則に合致しない物件
→オペレーションチェンジなどで収益が確実にあがるかどうか。
　回復後は担保適格性が認められることもある。

(3) 市場性の原則

担保不動産は、貸金の返済が滞った場合に、担保不動産を売却して貸金回収を行うためのものである。したがって、市場において比較的容易に売却・換金が可能であることが求められる。このため、市場ではなかなか売却が困難と考えられる物件、地域的に取引が極端に低いエリアにおける物件については担保取得時において留意する必要がある。

> ■市場性の原則に合致しない物件の例示
> ・住宅地としての開発可能性が薄く、また立木の商品性が低い山林
> ・無道路地（買い手がみつけにくい）
> ・農業生産活動があまり行われていないエリアにおける転用が困難な農地（法的・経済的にみて利用可能性が低い）
> ・市街化調整区域内の建物建設がむずかしい土地（利用が限定される）

市場性の原則が最も軽視された時期は、昭和60（1985）年頃から平成初期に発生した不動産バブル期であり、この頃は不動産であれば担保適格性、さらに担保価値があると考えられ、多額の貸金が市場性の低い物件を担保に実行され、不良債権の形成につながった。今日ではこのような物件への貸出はほとんどないものと考えられるが、昨今の大胆な金融緩和により、金融機関は不動産担保での融資基準をやや緩めにせざるをえない側面もあり、原点に返って再度検討を行うことが肝要と考えられる。

一方でかつてに比べると、市場性が低いと考えられた不動産でも、活用範囲自体が広がっており、一定の購入者が存在することが認められ、流動性が若干なりとも認められるケースは発生している。この点については後記２で解説するが、新規貸金の担保としては相応しくない点でなんら変わりはない。

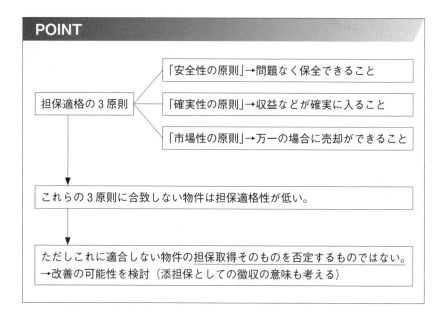

2 担保不動産としてのリスクと流動性の留意点

　不動産市場を取り巻く環境として、この10年強で大きく変わった点としては、かつてに比べると担保不動産の処分ルートが多くなったことがあげられる。

　かつてであれば、金融機関は、不良債権処理の担保不動産について、付着する権利関係や入居者などの関係で、これらの権利の整理を行うことができないケースが多く、容易には任意売却を行いにくい場合に、裁判所による競売に頼らなければならない側面が強かった。

　しかし、今日では競売制度に頼らずに、ローンそのものをサービサー会社に売却する方法が確立しているほか、権利関係の調整などに長けた不動産業者も登場し、比較的難易度が高い不動産についても整理して売却できるなど、処分可能性の幅が広がってきている感がある。この点では処分形態の多

様化が進んでおり、一度取得したものであればいくばくかの回収ができるといった側面は認められるようになった。

　ただ、市街化調整区域に所在する物件や共有不動産、無道路の不動産、農地、山林といった物件については、一般の不動産と比べて購入者が限定されてしまうことから、担保適格性の判断を十分に行う必要があることに違いはなく、一定の適格性を認めて担保取得する場合でも、担保評価においては慎重にその価値を把握する必要がある。

③　いわゆる「添担保」

　このように担保適格性の判断は重要で、せっかく担保不動産として取得し、担保価値をいくらかつけておいたとしても、いざ返済が滞り、これらの物件を売却して回収を図ろうとした際に、現金化できないケースもあるため十分に注意したい。

　ただ、担保適格の３原則を満たさない不動産を融資企業がもっていた場合に、担保として徴求してはいけないわけではない。一般に「添担保」等と呼ばれるが、担保適格性が劣るものでも、他資産がないなかでできる限りの保全を図る必要がある場合は、担保徴求することがある。このような物件でも、購入者が現れ資金回収につながることもある。

　もちろん、適格性を満たしたもの（金融機関によっては「規定担保」等と呼ばれる）と区別したうえで、添担保には担保価値を付すものではないと考えられる。当然にしてこれを単独で新規融資の担保とすることはできないものと考えられる。

第２節　担保適格性　　*13*

第3節

金融機関における担保調査・評価の現状

1 自社評価・関係会社評価・他社評価

　金融機関において、かつては担保不動産の取得時における物件調査や担保価値把握のための評価は、営業部店の担当者が行うことが通常であった。しかし、近年では営業担当者が行うケースが少なくなってきており、金融機関内の担保評価等を行う専門セクションまたは、関係会社に不動産調査サービス会社などを設立し、ここに業務委託するケースが増加してきている。このほか、融資残高等に応じてではあるが、外部の鑑定会社に依頼して不動産鑑

POINT

> かつての担保調査・評価
>
> 営業職員自らが物件の調査を行い、担保価値を査定していた。
> ↓
> 営業職員には不動産の知識や価格感覚が求められていた。
>
> 不動産をみる機会、知識、価格感覚に差が生じてきている。
>
> 現在多くみられる形態
>
> ・担保物件の調査・評価を関係会社（専門セクション）に依頼する。
> ・物件の金額によっては不動産鑑定会社に依頼し、専門セクションがこれを審査する。
> ↓
> 営業職員は資料収集などの事務手続は必要となるが、不動産の知識や価格感覚がなくてもよい側面がある。

14　第1章　担保不動産総論

定評価を行うこともある。

　自社あるいは関係会社に依頼するケースを一般に自社評価（関係会社評価）と呼び、鑑定会社に依頼して評価をとるケースを他社評価とも呼んでいる。

　金融機関の自社あるいは関係会社には、不動産鑑定士の有資格者がいるケースが多く、有資格者を交えて比較的精度の高い評価を行っているところもある。一方、住宅ローン等定型的な評価については、データを打ち込むことで機械的に担保価値が求められるシステムを投入しているところもある。大量の評価が求められる住宅ローンにおいてスピード感重視でのシステム評価が一般化していることは合理的と考えられる面はある。

　もちろん担保評価の精度が高いほうがよいが、抵当権を設定している全物件について詳細に査定することは現実的ではなく、その必要性も考えにくい。このため、住宅ローンの場合、戸建住宅を評価する場合には土地の価格を相続税路線価、公示地価、基準地価格、固定資産税評価額といった公的価格、あるいは融資において取引を行った土地の取引事例をもとに求め、建物について再調達原価、耐用年数をベースに求めたものを加算することを標準型としているところが多い。

　これに対し、オフィスビルや賃貸マンションといった収益不動産については、実際の賃料・共益費収入等を基準に運営収益を求め、そこから実額の費用または一定の割合をもとに査定した運営費用を差し引くことで純収益を把握し、収益還元法を適用して収益価格を査定する。また、収益価格の査定と同時に積算価格の査定を行い、2つの価格を調整・比較検討して担保評価額を求めることも増えてきている。

　このような分業化による効率性の向上はよい面があるが、次の側面での問題点を指摘する声が増えてきている。

■営業職員の不動産知識に関する問題点
　・関係会社評価、または不動産鑑定評価書について、担保評価額（鑑

定評価額）のチェックを行うのみで、物件の内容・問題点等の把握が行われていない。

・不動産の価格感覚が乏しくなっており、取引先が不動産を取得する場合に、相談を受けても的確な応対ができない。

・不動産に関する知識について法規や項目の理解はあるが、基礎知識の充足が弱く、具体的な不動産における問題点の認識などができていない。

以上の点での知識不足感から、いざ貸金回収を行う必要があり、不動産処分を行う場合に、物件の個別性や問題点、どのような先に売却提案をすべきか等について的確な判断ができず、手間取ってしまうケースも目立つようになった。売却ではなく、事業再生を前提とした不動産の活用、不要な物件のリストラクチャリングによる売却の判断といったシーンにおいては、これらの知識の欠落はより深刻な問題となる。

審査形態、担保評価形態のシステム化、外部委託化はたしかに効率性重視の側面ではよいが、不動産についてはそれぞれの地域性・個別性を十分に理解しておき、いざという時に備えることも必要といえる。

2 融資担当者（営業職員）として認識しておくべきこと

金融機関の合理的運営と担保評価機関の独立性（別組織化）による恣意性の排除といった側面から、担保評価を金融機関の営業担当者とは別の人が行うことは、非常に意義があると考えられる。しかし、システム審査の採用と相まって、別の問題点として、顧客から取得した担保不動産の内容についての営業担当者の理解度が低くなっている点が浮上している。

かつては担保評価を行う以上は、物件の利用方法、アパート等の場合は入居率、賃料相場と実際の入居賃料の差異の存在、周辺における賃貸需要、土

16 第1章 担保不動産総論

地価格や取引の動向といったさまざまな側面の分析を営業担当者自らが行ってきた。現状では評価会社から出てきた数字を、システム上に反映させることで業務が完了してしまい、担保不動産そのものへの理解が非常に低くても当面問題はない。

担保不動産の詳細な内容を知らずとも、融資機会の獲得は不可能ではないが、やはり企業と長い付き合いを行っていく以上は、担保を含めた所有不動産についての知識・情報をできる限り獲得することが求められる。

担保に入っているかどうかは別として、顧客の所有不動産に関する知識・情報が不十分な場合には、企業における物件売却や担当企業のリストラクチャリング、さらには企業保有不動産の有効活用といった側面から顧客になんらかの提案を短時間で行わなければならないといったケースにおいて十分な対応ができない。

事業性資金の貸出額を伸ばすことはたしかに重要である。ただ、この需要そのものの中心の多くに設備投資や不動産投資がある以上、資金融資の目的として徴収する担保についての理解は不可欠であると考えられる。

3 担保掛目

不動産担保はなんらかの手法を用いて担保評価額を求めることになる。この手法については後述するが、担保評価においては、市場において売却が可能と考えられる価格水準、あるいは不動産鑑定評価基準に規定する正常価格に対し、一定の担保掛目を掛けることが通常行われる。

担保掛目を設定することで、将来的な価格下落などを踏まえたリスクを反映できるように努めている。担保掛目は融資比率（LTV：Loan to value）にもつながる基準となるものでもあり、金融機関によって異なるが、おおむね60〜70％が一般的な水準になっているといわれている。

担保不動産としてのリスクと流動性の留意点（不動産の類型や所在する地域

第3節　金融機関における担保調査・評価の現状　*17*

における流動性の状況等）などを踏まえて掛目を変更するケースも存在する。

4 昨今の不動産を取り巻く状況

次に、少し視点を変えて、昨今の不動産市場から、どのような点を中心に不動産をみるべきであるか考えてみたい。この背景にはバブル崩壊後のさまざまな経験、処分における問題点の反省からとらえられたものが多く、金融機関職員としては十分に知っておく必要があるものと考えられる。

(1) 収益性・市場性の重視

不動産市況においては、バブルが崩壊した後の不良債権処理においては収益性・市場性が重視されるようになった。この考え方は金融機関にとって、現在も非常に重要なものになっていることはいうまでもない。

特に、投資家の不動産に対する見方は非常に冷静で、収益還元法の考え方が徹底的に叩き込まれ、収益性が重視されるようになった。また、買い手がつきにくい不動産については理論値を下回っても売却が困難であるというイメージも刷り込まれたため、売れるものと売れないものがハッキリとしており、この流れには大きな変化はないものと考えられる。たとえば、集客力が乏しいリゾート施設や山林といったものは、今後において高い収益性を生み出す可能性はないと判断され、理論的な価格を下回る低い価格あるいは値がつかない水準にまで落ち込んでしまったが、この状況は基本的にはいまでも大きくは変わらない。

ただし、金融緩和期（特に最近の大規模な金融緩和実施時期など）においては、収益性を判定する基準として最も重要な要素ともいえる「投資利回り」について下落する傾向がみられるため、特に売手市場となった場合は、取得競争が極端に激化し、利回りの大幅な下落に見舞われる可能性がある点に注意する必要がある。利回りについては現状の取引動向もたしかに重要ではあ

18　第1章　担保不動産総論

るが、金融市場動向、さらに不動産の投資利回りなどの歴史的な経緯も十分に踏まえ、慎重に判断しなければならないだろう。

POINT

不動産市場における見方の中心
「収益性」があること
「市場性」があること

↓

これらがない不動産については魅力がなく、処分が容易ではない。

---

(2) 商業用不動産を取り巻く状況

では、用途的な特性を少し整理したい。まずは商業用不動産、すなわちオフィスビルや商業テナントビルの動向である。これらの不動産は収益性がきわめて重視されるものであり、利回りの上下変動は価格のボラティリティにつながるものである。

利回り的な側面をみると、たとえば、東京圏の優良オフィスビルでみると、バブル崩壊直後の投資利回りが6％前後と高かったのに対し、いわゆるリーマンショック直前には取得競争で3％前半、あるいはこれを下回る水準にまで下がるという事態が生じた。近年の大胆な金融緩和期においてもこの水準とほぼ同様あるいはこれを下回る水準のものもでてきており、取得競争が「利回り」による消耗戦的な状況にあることは注意しておきたい。

ただ、現状の利回りの低下が一概にバブルなのかというと微妙な側面はある。つまり、不動産の購入者層の中心に、海外からの投資家が入ったという要因がある。外国人にとってみると、金融緩和に加え、大幅な円安という要素もあり、日本の不動産価格が格安という見方さえされるようになっている。特に、認知度が高い首都圏へは資金の集中投下が行われているほか、大

第3節　金融機関における担保調査・評価の現状　*19*

阪・名古屋・札幌・福岡といった大都市圏、さらに京都など著名な都市での取得競争が激しくなっている状況が生じてきた。

　一方で、地方都市圏については極端な取得競争がない点もあり、価格の大きな上昇、投資用不動産の利回りの急落という要因はみられないが、長期にわたった値下りがストップし、緩やかな上昇に転じてくる都市も出てきた。新幹線開業などの交通利便性の向上での不動産価格上昇は、ある意味合理的な理由があるといえる。

　首都圏や大都市圏の不動産取得競争が過熱することから、今後は地方都市圏の商業用不動産へ資金が流れることも考えられる。巨大なマネーパワーの動きは予測不可能な面はあるが、割安と考えられるエリアに流れることは容易に考えられる。ただ、都市の規模によっては商業用不動産のテナント需要自体が小さい点が考えられるため、過剰な資金流入による地方都市圏の極端な利回り低下には十分な注意を払う必要がある。資金の流れが引き、多数の物件が売却に流れると将来的に購入者が減少する可能性もあり、市場性面できびしい側面も指摘できる。したがって、ポジティブな側面とネガティブな側面双方から検討を行うことも必要となるだろう。

(3)　住宅用不動産を取り巻く状況

　住宅用不動産といっても、たとえば1棟の賃貸マンションやアパート、あるいは都心部におけるいわゆるワンルームマンション1戸といった従前たる投資物件的なものについては、商業用不動産同様、「賃料収入」と「利回り」が大きく影響する。この点では近年投資利回りの下落もあり、価格は上昇基調にある。

　一方で、エンドユーザーが自己使用のために購入する戸建住宅や分譲マンションといった居住用不動産については、市場による価格水準形成がなされており、取引事例価格が大きな価格決定要因になり、収益性が重視される投資物件とは大きく異なる。売買される価格は、住宅立地のトレンドという大

きな流れに加え、景況感の良否、特に購入者層の所得の動向が最も大きく影響する。ただ、近年ではこれに加え、海外からの巨額なマネーが入り込み、特に優良物件についてはこのマネーパワーが価格決定要因の１つになってきており、かなり高額でも売買が成立するケースも出てきている。

　住宅用不動産についての需要者の感覚は、この20年でだいぶ変化した。わが国には土地神話というものがあり、もともとは戸建住宅を指向する声が強かったが、大都市圏において戸建指向が次第に減退してきており、最近では利便性を重視し都心あるいはこれに近接するマンションへの居住が増加している。バブル崩壊後の地価下落が、マンション価格を引き下げ、住宅地の都心回帰化が進展した側面もある。また男女共同参画社会の進展で、できるだけ職住近接を希望する世帯が増加したという背景もある。マンション価格は近年上昇基調にあるが、人気度が衰える状況になく、特に東京等の大都市の都心マンションについては今後も購入者層が厚いことが推定され、また海外投資家等は値上りを期待して、投資物件として購入する向きも強い。高額物件ほど外国人による購入が多いという実態もあるとみられる。

　一方で、地方都市においても住宅地の都心回帰化傾向がみられるようになってきた。その背景にはマンションという住居形態の利便性があると考えられる。建物品質が大幅に向上したことや、侵入が容易な戸建住宅に比べて防犯性に優れる点を指摘する声が強くなっている。戸建指向が強かった中高齢層においても、都心居住指向が強くなり、マンション指向が出てきている。そもそも、都心やその近隣に居住すると、郊外に比べ映画館やホール、美術館といった文化施設、さまざまな物販店舗にも近接している点で優位である。

　住宅の都心回帰化は、郊外部にとって大きな影響を及ぼし始めている。高齢層が多い団地などは、空住居対策（たとえば住宅をリフォームして若い世代の１次取得者層に売却する）といった施策、鉄道駅から自宅の住宅団地までの路線バス等の利用者が減少するなかで、今後２次交通機関対策を打ち出せる

かが大事である。

　商業施設立地も大きく変化し、ニュータウンを通る鉄道路線の駅ビルに空き区画も多く出てくると、やはりニュータウン自体が廃れてしまうという悪循環も発生することが予想される。このようなことが起きないように、ディベロッパー側が対策をする等、長期的視野に立ったサポートが今後重要になってくると考えられる。

第4節

処分・換価の方法と留意点

1 かつての不良債権処理時における動き

　不動産のバブル崩壊が始まったのは平成4（1992）年頃で、平成2（1990）年3月の大蔵省銀行局長通達による、不動産融資に対する総量規制、さらには日銀による金融引締めもあって、地価下落が急激に進んだ。当時は「不動産神話」というべき、不動産価格は下がらないという考え方を支持する人が多かったため、価格下落は一時的なものという声が強く、これがバブル崩壊後の傷をより大きくしたともいわれている。

　金融行政は自己査定の厳格化を金融機関に要請したこともあって、不良債権の担保不動産の売却は、競売を中心として進んでいった。ただ、これでは遅々として処理が進まないことや、実損を出すことを目的としてローン自体の売却が行われるようになった。当時活躍したプレイヤーには、不良債権処理の経験・ノウハウがある外資系企業または金融機関、一部の国内金融機関等があったが、大量の処理が行われた結果、わずか2～3年の間でローン売買市場が整備されていった。平成11（1999）年2月に「債権管理回収業に関する特別措置法」（いわゆるサービサー法）が施行され、サービサー会社が多数設立され、また、同年から整理回収機構（通称RCC）も金融再生法53条による健全金融機関からの不良債権の買取りもスタートしたことで、不良債権処理は一気に進んだ。

　この不良債権処理における価格査定は「デューディリジェンス」と呼ばれた。ここでは、取引事例主義、積算主義で担保不動産を評価し、担保不動産の流動化を前提とする場合の収益主義、市場性による減価という考え方がま

第4節　処分・換価の方法と留意点　*23*

ったくなかった金融機関にとっては大きなロスの発生となった。

　収益還元法の徹底が、この頃から行われ、バブル期における不動産の還元利回りが1～3％程度の水準であったのに対し、不良債権処理の市場においては6～15％程度と急激に跳ね上がって査定され、ローン価格は当初債権額の3分の1から10分の1程度、市場性がない物件と判定されると備忘価格（1円）にまで下がることになった。

　特に開発を予定して取得した担保物件などは、極端に規模が大きいものも多く、規模格差減価を大きく査定されて処分されたほか、最有効使用と合致していない建物（たとえば住宅街のオフィスビルや工場）については、建物の取壊しを前提に評価が行われ、極端に価格が下がることとなった。さらには不法占有者が存在するといった法的な問題点を抱えているものもあり、売却するまでにかなりの期間が必要となるケースも多く、この期間についてさらに割引されてしまう。したがって、不良債権処理当初のローン売却価格は債権額（あるいは担保による保全見込額）からみると非常に小さくなることも多々あった。

　このような不良債権処理は平成18（2006）年前後までにはほぼ完了し、多数のローン売却を同時に行う「バルクセール」といった方法も現在では少なくなり、その後はリーマンショック、東日本大震災という大きな価格変動要因はあったものの、不動産価格の安定化もあって、担保評価額と実際の売却価格の極端な乖離は少なくなってきた。

■不良債権処理当時の商品化を前提とした担保不動産の取引価格

　不良債権処理における担保不動産の評価（商品化を前提とした取引価格）

　　最終需要者が考える不動産商品の価格（収益還元法による評価）
　　－）物理的なコスト（たとえば、建物取壊し費用や土壌浄化費用など）
　　－）権利調整コスト（たとえば、占有者排除費用、敷金・保証金など）

－）介在業者の利益（不動産業者が得るべき適正な利益）

担保不動産の取引価格

2 競売制度の現状

不良債権処理では裁判所による競売制度も活用され、特に多数の抵当権者や詐害行為者が存在するために任意売却ができない場合などに多用された。当時は、予納金の存在等の手間もあったが、公的機関を通した売却であるため、透明性が確保されていると考えられていた。

ただ、この頃に大きな問題となったものに「最低売却価額」制度があり、その評価は、不動産鑑定士に依頼されていたものの、この額が土地・建物の価格を合算したもの（いわゆる積算価格）をベースとして求められたもので、すでに収益主義で取引が成立する時代にそぐわなかった面があった。もちろん一定の競売市場減価（積算価格に70％程度の掛目を掛けたもの）は施されていたが、収益性をあまり考慮していないことや、上記のような市場における商品化を前提とした評価とはかけ離れており、現実の市場をよく見極めていない側面があった。また、当時の競売にはこの額を上回らないと入札に参加できなかったため、せっかく競売をかけても入札者がなかなか現れなかったこともあり、最低売却価額に対してはさまざまな批判が出た。

こうしたこともあり、最低売却価額査定方法の見直し（収益還元法等の導入や市場調整率の厳格化）等が行われ、さらに平成17（2005）年4月からは改正民事執行法が施行され、最低売却価額制度は、売却基準価額と買受可能価額（売却基準価格より2割低い価格）の2つに変更となり、評価人により査定も収益還元法なども取り入れられるなど、現実の市場に即した側面がある。

現在、BIT「不動産競売物件情報サイト」という裁判所の競売向けのホー

第4節 処分・換価の方法と留意点 *25*

ムページがあり、これをみると、各裁判所の入札・開札結果や資料関係の取得ができる状況にある。かつては、競売における資料として「競売3点セット」と呼ばれる、「現況調査報告書」「物件明細」「評価書」といった書類についても裁判所に出向いて閲覧する必要があったが、オンラインを活用した情報公開が進むことで、一般人による参加も容易になってきており、競売制度が身近になった感はある。とはいっても競売に持ち込まれる物件は、占有者の存在等問題が多いのも事実で、情報面での開示が直ちに一般人が手出しできることにつながるとは限らず、注意は必要といえる。

　競売制度が進化した一方で、近年では民間業者が過去の権利関係の整理をうまくできる技術をもってきている面があり、任意売却が次第に増加している。

3 任意売却の一般化

　競売制度が容易になった面はあるが、不良債権処理の進展とともに、不動産の権利関係調整や購入者を見つけるネットワークが増えたこともあり、やや処分がむずかしい物件についても任意売却による処分が一般化してきている。

　弁護士による権利関係の調整のほか、サービサーの活躍もあり、任意売却が増加することで、不動産のスムーズな処分が進展しており、市場性面で問題がある物件についてもなんらかの購入者がつくことが多くなった。

　その意味では、回収分野を担当する金融機関職員が任意売却ルートを多数もつことも、業務を遂行するうえで重要になってきている。

26　第1章　担保不動産総論

第 5 節

担保不動産を顧客相談につなげる

　少し視点を変えて考えてみよう。本来、担保不動産は、貸金の保全のためのものであり、万一の場合に売却などを行って貸金の回収を行うためのものである。したがって、通常であれば貸金の延滞などが発生しない限りは、期間経過による定期的な担保評価を行うための価格見直しを行う場合以外にはあまり触れることは少ないものである。

　ただ、担保不動産は顧客にとってみると、重要な事業用不動産である場合も多く、この有効活用は顧客にとって有意義な側面もある。たとえば遊休地としてそのままにしている土地に収益用不動産の建設を提案する、あるいは高経年ビルについてリニューアルや耐震工事の提案を行うといったことは、顧客側からみてありがたいことも多い。

　営業担当者は事務作業や報告事項の整理といった煩雑な実務もあり、なかなか新たな顧客提案を考える時間がないかもしれない。ただ、こうしたなかでも担保不動産についての理解を深めておき、土地活用や建物についての建替え・改修といった提案ができるようであれば、顧客相談を通した取引深耕に結びつくケースも存在する。

　もっとも、担保不動産に関する情報は、基本的に融資先企業と金融機関内でのエクスクルーシブなものであり、外部の不動産会社や建設会社等に顧客の承諾なく情報開示・提供を行うことは問題となる。したがって、顧客情報の取扱いには十分に注意する必要がある。

第 5 節　担保不動産を顧客相談につなげる　　*27*

POINT

［担保不動産］
本来は抵当権等の保全、貸金回収を前提としたものとして考えるべきである。

↓

一方で、以下の分析⇒提案につなげる入口となる。
・事業用不動産であれば、担保不動産分析＝事業分析となる。
・投資用不動産であれば、担保不動産分析＝投資分析となる。

↑

顧客からみると、この分析を行った「新たな提案」はありがたい情報になることが多い。
顧客提案＝新たなビジネスチャンスにつながるケースも存在する。
　・建物の建替え・リニューアル・耐震補強
　・投資物件としての買替え、買増し
　・遊休地の活用（新たな建物の建設）
　・テナント・賃借人の紹介（ビジネス深耕の機会）
※ただし、顧客情報の取扱いには十分な注意が必要となる。

1　不動産事業者とのリレーション

　不動産事業者は、オフィスビル賃貸業、商業ビル賃貸業、分譲住宅事業者（戸建中心またはマンション中心）、倉庫業者等があり、金融機関はこれらが保有する不動産を担保として徴収しているケースが多い。担保取得とは関係ない面はあるが、これらに関与する仲介業者等との付き合いも金融機関は豊富であると考える。

　顧客リレーション的にみると、それぞれの会社が求めている情報ニーズは多く、たとえば用地の売買やビルの売買といった情報は常に必要とされており、近年ではテナントニーズについての情報提供も非常に大きな価値をも

つ。意外と認識されてこなかったが賃貸ニーズに対する対応・マッチングは大きな得点となることが多い。

したがって、常に金融機関内でのネットワークを構築し、ここから情報を取得することが必要となる。よい情報提供は営業深耕において強いツールになるものと考えられる。

2 事業会社とのリレーション

事業に用いる不動産を担保として提供する企業は多い。もちろん、それぞれの業種により必要とされる不動産の種類は異なるが、製造業の工場などをみると、近年、海外移転などの要因から工場閉鎖を検討する会社も多く、海外での事業展開におけるコンサルティング業務などへのリレーションが考えられる。

また、伝統的なものとしては閉鎖工場についてのマンションや商業施設などへの用途転換後の活用提案、さらに売却ニーズといったものも存在する。特に、多数の不動産を有している事業会社の場合、所有物件の状況、利用状況等をある程度知っておくと、いざというときに動きやすい。

近年では、従業員確保のために福利厚生施設として寮や社宅の需要もみられたが、時代に応じて物件ニーズも異なるため、日々の顧客訪問などのリレーションシップのなかで、顧客がどのような物件情報を必要としているかをとらえることが重要である。昨今の低金利下において、収益の安定性が高い国内不動産で運用したいという事業会社のニーズも高く、投資用不動産の取得に動くケースも増えている。貸出やリスク対応を含めたコンサルティング機能を鍛えておくことで、企業とのより深い付き合いができるものと考えられる。

第 6 節

担保不動産の歴史的背景と今後の留意点

　本書は平成27（2015）年12月末頃に執筆されているものである。この時期の日本は、平成25（2013）年１月から始まった、いわゆるアベノミクス政策、すなわち日銀による大規模な金融緩和、これにより起きた大幅な円安政策（１ドルが80円前後から120円前後に変動）もあり、さまざまな資産価格上昇が副次的に発生している。日経平均株価が19,000円前後とアベノミクス前の8,000円前後からみると大きく上昇し、不動産価格についても大都市圏を除くと全国的な下落基調が続いたこの20年からようやく横ばい、緩やかな上昇へ転換しているようになってきている。

　こうしたなか、オフィスビルやテナントビルといった商業用不動産の価格は急騰してきており、この状況は非常に強いマネーパワーを背景にしばらく続くことが予想されている。もちろん、これが不動産バブルではないかという声が一方ではあり、懸念を注ぐ人も多く存在する。はたしてバブルなのか、底堅い実需があるのか、どう考えたらよいだろうか。特に、いわゆるリーマンショック後の不動産価格急落も記憶に新しく、不動産価格のボラティリティはかつてに比べると比較的短い周期で大きく訪れるという意見もある。ここでは歴史的経緯からみた担保不動産に対する考え方の流れと、今後における留意点を簡単に整理する。

1　かつての不動産バブルとの比較

　昭和60（1985）年頃から平成初期に発生した不動産バブルは、「土地神話」と呼ばれるものが基礎にあり、東京都心部の商業地の地価上昇に端を発した

30　第１章　担保不動産総論

不動産バブルは、次第に東京都心に近接した住宅地、東京郊外部の商業地・住宅地に広がるとともに、全国規模にまで波及した。この時期では企業は、事業内容より担保となる不動産（あるいは土地）をもっていることが優位と考えられ、「含みの経営」という言葉がもてはやされるまでに至った。不動産価格は取引事例主義に基づき、近隣の高騰した価格を中心に取引が成立し、活用や収益性をもとにした需要とはかけ離れた部分で動いてきた側面がある。

一方この価格上昇が天井となり、バブル崩壊が始まったのは平成3～4（1991～1992）年頃だったと考えられる。やはり収益性が低いことや需要とつながらない不動産価格の上昇は長続きせず、平成3（1991）年3月の大蔵省銀行局長通達による、不動産融資に対する総量規制、さらには日銀による金融引締めもあって、バブル形成と同様、大都市の都心部の地価下落から始まり、これが郊外そして全国へと広がった。

〔バブル期における不動産価格上昇と問題点〕

発端	① 内需拡大策を旨とした金融緩和策 ② 東京の24時間都市構想化・世界センター戦略によるオフィス需要 　→不動産地上げが進む ③ リゾートブームによる地方の大規模開発（テーマパーク、ゴルフ場等）
波及度	① 東京都心→首都圏住宅地→地方都市圏の中心部・住宅地 ② 地方の山林→大規模開発を見込んだ思惑買い
崩壊後の影響	① 総量規制による不動産価格の大幅下落 ② 大都市部を除く不動産市況の大幅悪化、長期の下落継続
問題点	① 需要とマッチングしない投資用不動産（たとえばテナントがつかないビルなど）については、買い手がつかなかった。 ② 最有効使用と合致しない物件については取壊しを前提と考えた。 ③ 開発素地については、買い手がつかないまま現在にまで至るものも存在した。

さて、現時点における不動産価格の上昇をみると、大都市や地方中核都市の都心部における商業用不動産、あるいは住宅用不動産の上昇はみられるが、それ以外については極端な上昇にまで至っていない。ただ徐々に広がってきていることもたしかではあるが、その動き自体は現状ではまだ緩やかである。したがって不動産であれば買い手がつくといったバブル期とはまったく異なる動きをみせており、むしろ地方都市などにおける状況は、新幹線開業効果などの大きな出来事があった都市を除くと下落一辺倒だった市況が次第に横ばい基調になるくらいまでで、都心部などの上昇をみると行き過ぎ感はあるものの、極端な急騰といった感覚まではもたれていない。一方でリーマンショックを教訓に考えると、海外マネーの急襲による価格上昇面を懸念する声があり、特に首都圏の急上昇した不動産価格が、いつまで上昇基調で、あるいは高止まりで続くかという点で警鐘を鳴らす意見もある。

2 ファンドバブルからリーマンショックへ至った時期との比較

　バブル崩壊から少し時間が経った平成10（1998）年前後から、金融機関の破綻が相次ぎ、不良債権処理が国内金融機関の最大の課題となって降りかかってきた。この処理に10年近くを要することになり、後ろ向きの業務に金融機関は振り回されることになった。

　この間に登場したのが外資系金融機関を中心とした海外投資家で、さまざまなプレイヤーが国内に入り不良債権売買が進んでいった。数多くのプレイヤーが入ることで、競争原理が発生し、不良債権売買の取引価格が上昇してゆき、次第にこれらのプレイヤーは、長期の値下りが発生した日本国内の不動産を比較的安価と考え、この購入を進めた。ただ、エリア的には東京を中心とした首都圏、大阪・名古屋を含めた大都市圏、これに成長性の高い福岡都市圏等を中心とし、購入する不動産も中心部のオフィスビルや商業ビルが

目立ち、全国ベースでの購入まではみられなかった。

　エリア的に限定された側面はあるものの、競争原理の導入が不動産価格の下落から上昇へ向けた大きな手助けになったことはいうまでもないだろう。ただ、これが過当競争になると理論を越えた数字での取引が行われるようになる。特に新興の業者ほどその罠にはまる傾向が強かった。

　また、ヘッジファンドを中心とした世界的なマネーパワーは、①確立した所有権制度があり、②きちんとした規制のもと建築された建物が多く、③テナント需要も一定存在する日本のオフィスビルや商業施設、さらに物流施設といったものを安定性が高いと考え、投資対象としていった。

　折しも東京都心部に高スペックのオフィスビルの完成が相次ぎ、優良企業がテナントとして入るようになり、テナント賃料単価が高くても入居することがみられたことから、一等地のオフィス賃料が上昇していった。平成20（2008）年夏頃に起きたリーマンショック前は不動産市況は活況を呈してきた。

　しかし、2008（平成20）年9月のアメリカの金融大手リーマンブラザーズの連邦倒産法11条申請による破綻とともに、株式市場の急落、そして世界的な不動産不況期に突入した。

　当時アメリカでサブプライムローン問題と呼ばれた金融不況がこの発端となった。サブプライムローンとは、信用力の低い低所得者を対象としたローンであり、当初の返済が緩く途中から返済がきびしくなる特徴があり住宅ローンに使われていた。このサブプライムローンの焦げ付きがほぼ同時かつ大量に発生したことが金融機関経営に大きな影響を及ぼし、世界中から投資資金を引き揚げたために、日本においても地価・不動産価格の急落が生じた。

第6節　担保不動産の歴史的背景と今後の留意点　　*33*

〔ファンドバブル期における不動産価格上昇とその後の影響〕

発端	① 外資系企業による国内不動産の取得が増大 ② 取得競争の激化による価格上昇 ③ 高スペックビルへ入居する外資系企業の増加で高賃料獲得ができた。
波及度	① 東京都心部の不動産価格の上昇（都心部のオフィスビルに加え、商業ビルの価格上昇） ② 大阪、名古屋といった大都市圏の一等地への波及 ③ 地方都市圏への波及度は低く、格差が拡大した。
崩壊後の影響	① 総量規制による不動産価格の大幅下落 ② 大都市部を除く不動産市況の大幅悪化、長期の下落継続
問題点	① 価格上昇の中核にいた外資系金融機関などの撤退 →急激な市場の冷え込み・価格下落につながった。 ② 一方で、国内金融機関の経営面での影響は小さかった。

3 国内投資家勢の復活、金融緩和と不動産価格（最近の状況）

　いわゆるリーマンショックを契機として世界的な金融・不動産不況が始まり、東京都心一等地でオフィスを賃貸していた外資系企業の撤退によって、大量の賃貸床が空室に転じた。当時、日本の一般企業の経済環境、業績が悪

POINT

［リーマンショック後の不動産価格下落への流れ］

外資の撤退＝資金の撤退＋テナントの撤退が、東京の都心一等地のオフィスビル市況を直撃

　↓

商業用不動産の収益力の低下が地価・不動産価格に影響
＝価格の大幅下落につながる。

34　第1章　担保不動産総論

かったこともあって、賃料の値下げ要請の増加、フリーレント（新規賃貸時に一定期間賃料支払を不要とすること）要請の増加もあって、極端にキャッシュフローが落ち込んだ。

東京、大阪、名古屋等の大都市圏の商業用不動産については、外資系投資家の撤退の影響が生じた。しかし、海外投資家による資金流入がもともと少なかったにもかかわらず、地方都市の状況はよりきびしく、新規の企業進出が増加しないためにテナント獲得が困難な都市も多く、不動産需要が好転しにくい環境が続いた。

こうしたなか、2011（平成23）年3月11日には、「東日本大震災」が発生し、東北地方を中心として大規模な被害が発生した。地価・不動産価格についても、当初長期間にわたり大きく落ち込むことが想定されていた。しかし、東京等の大都市で甚大な被害箇所が少なかったことや、仙台市などではいわゆる復興需要といった面から新規物件取得の急回復もみられ、想定されていた影響に比べ限定的であった。被災地では高台への移転需要の急増で地価が急上昇するエリアが続出したほか、マンションやアパートについても被災地からの移転需要があって、福島県いわき市などの一部では空室がない状況が続く等、当初では思いがけない動きもみられた。加えて、首都圏の住宅マーケットについては、よほどの高額不動産を除くと比較的安定的であった。もちろん、長期的な不況の影響もあり下落基調にはあったものの、商業地の変動率に比べると安定的であったといってよい。また海外勢の投資家が撤退した後は、国内勢を中心とした投資家が不動産市場に戻ってきた。特に輸出企業を中心として円高による打撃を受けて非常に悪化してきた企業業績についても、その間のきびしいリストラに耐え抜いた結果、利益確保ができるようになってきたこともあり、余資運用を不動産で行う会社も増加してきた。国内事業の本業の収益性低下を、割安になった収益不動産獲得による安定収益で補おうという動きもみられた。

ここに平成25（2013）年1月から「アベノミクス」と呼ばれる大胆な金融

緩和策がとられ、不動産価格は低金利が好影響し、大都市圏では大幅な上昇、地方都市においても回復基調にある。円安効果による海外投資家の急激な増加という要因もあって、市況的にはかなり強含みで推移することが考えられている。

4 不動産市場の今後と担保不動産に対する留意点

近年の海外投資家の増加による価格上昇は力強いものがあり、特に大都市圏における高額不動産の購入が目立つ。大都市圏での取得競争激化が、次第に地方都市圏においてもみられるようになり、地価・不動産価格の下げ止まりから緩やかな上昇へ転じていることが、平成27（2015）年１月時点の公示地価などをみても明らかな状況となった。

ただ、海外投資家頼りの側面は、世界的な不況時において極端な価格下落を招く可能性を含むことを認識しておくべきであろう。一定の価格のボラティリティを覚悟したうえで、不動産をみていかないといけない時代になったものとも考えられる。

加えて近年では相続税控除額の引下げもあり、その対策として借入れを行って不動産を取得することも増加している。賃貸用アパート・マンションや大都市のタワーマンションへの需要が大きなものとなっている面はある。

一方で、不動産の価値の根源は収益力であり、収益力の獲得のためには物件の魅力度を常に維持し、高めていかねばならない。日本では不動産については完成後あまり手入れをせず、経年減価をやむなしと考える向きが強いが、やはり計画的な建物修繕の必要性、ビルのリニューアルやテナントミックスの変更等を適切に行い、収益性向上を図ることが重要となる。

収益性の維持・向上のための施策は不動産所有者が行うべきものではあるが、金融機関が担保不動産として取得している以上は、適宜物件の実地調査を行い、問題点を整理したうえで、所有者（債務者）に対してこれを還元し

36 第1章 担保不動産総論

てゆくことで、収益性向上に貢献することが重要となろう。

　元来不動産、特に土地の価格は下がりにくいと考えられてきたが、バブル経済前後、リーマンショックを通じて不動産の価格変動は大きなものとなってきた。しかし、収益性の高い物件、テナント入居のために努力を重ねてきた物件、街づくり等も考慮してつくられた物件については一時的な下落はあっても、また復活するケースも多くみられる。収益性維持・向上のために所有者に加え金融機関も適切に事後管理を行っていくことが今後は必要になるものと考えられる。

POINT

担保不動産の価値
⇒国内景況感、世界景気により大きな上下変動が存在する可能性がある。
　世界的なマネーパワーの動きに十分注意する。

　　　↓

一方で、不動産の経済価値の根源は収益力にある。
[所有者による不動産価値向上のための施策の推進]
　・計画修繕
　・建物リニューアル
　・テナントミックスの適宜変更
営業担当者についてもこのチェックと協力姿勢が重要

第 7 節

担保不動産をみていくうえでの留意点

1 不動産の投資期間との関係（長期投資における留意点）

不動産開発事業は分譲マンション等の比較的小さなプロジェクトでも2年程度、大規模なオフィスビルや商業施設開発となると3〜5年程度かかることが多い。一方で、近年の不動産価格の動きをみると価格の上下変動が大きくなっている。また景況感次第で賃貸料についても大きく変動するため、一期間だけの収益性をみてその価値を判断するのは早計な側面がある。

POINT

不動産価格・賃貸料・収益のボラティリティがかつてより大きくなっている。

↓

単年度だけでの分析では不十分な側面がある（中長期的な視野の必要性）。

元来、長期保有を前提とした機関投資家等は、一定のボラティリティに動じず保有を続けることで、長期的な投資利回り確保を目標としている。したがって、企業の株価の上下変動のように、非常に短い期間のなかでの動きで一喜一憂することは好ましくない。もちろん、長期的なトレンドをみて将来的な収益性もきびしいと想定される場合は、やや売り急ぎ的な価格でも売却してしまうほうが合理的といえることもありうる。担保不動産をみるにあたって、特に長期投資を前提とした物件については、過去および現状の価格や賃料、利回り、空室率等の要因を時系列的にとらえ、将来予測をしながら向

38 第1章 担保不動産総論

き合っていくのが一般的で、金融機関も長期投資を前提とした不動産事業に対する貸出の場合は、同様の流れをつかむ必要がある。加えて、適切な事後管理、不動産オーナー等との情報交換を密にすることで、ベストな対応策がなされているかも考える必要があるだろう。

　収益用不動産のみならず、大規模な分譲住宅業等の不動産事業を行っている企業でも考えてみたい。このような企業は、不動産を一度に全部分譲せず、素地の状態で一定期間置き、その後市場における需要動向等をみながら徐々に販売計画を立てるのが通常である。一度に売却すると短期間で回収できるメリットはあるが、同一世代が固まる等の人口面での問題が発生することも考えられ、街の世代分散ができないといったデメリットもある。

　したがって、時期によっては所有価格が簿価を下回ることも当然に出てくる。この場合は評価減などの措置も行うことになる。時期によってはその逆で、簿価を大きく上回ることが出てくる可能性もある。

　金融機関としては、長期投資不動産を貸出債権の担保として取得している場合は、自己査定の観点から定期的な時点観測は不可欠となる。また評価減や減損は、企業経営に大きな影響を与えることも考えられるため、不動産価格の変動要因を常に頭に入れなければならない。もちろん長期投資を前提とした物件であっても、将来要因が弱いものばかりであれば、損切り的なことを提案してゆく必要がある。一方で、価値減少を最小にとどめる視点も重要である。

　昨今の状況では、不動産価格について大きなボラティリティが存在しているため、過去の利用動向や将来要因からみて比較的強い要因がある場合は、損切りをせずに我慢強く保有するほうが得策なケースも考えられる。長期投資の不動産をみる場合には、一時点だけではなく、期間的な流れもみつつ判断することも必要であると思われる。

第7節　担保不動産をみていくうえでの留意点　　*39*

2 今後のマクロ的な要因の変化への対応

　日本国内を取り巻くマクロ的要因としては、人口の減少、高齢化進展、商業立地の変化といったものがある。短期的な要因では、新幹線等の新たな交通機関が開通することによる好影響（近年では九州、東北、北陸新幹線等の開業や私鉄と地下鉄の相互乗り入れによる集客の増大や支店立地の可能性）がある一方、経済学でいうストロー効果が発生し、企業の支社・支店が交通インフラが整備された都市部へ集約して地方の衰退傾向につながった例も存在した。

　地方都市についてはもともと不動産需要自体が小さいこともあって、将来的な地価、不動産価格は弱含みな面ばかりがみえる。

　このため、できるだけ魅力のある不動産の新築・改造が重要になるものと考えられる。旧来からの利用ばかりではなく、たとえば商業ビルを思い切って医療系ビルに転換する、住居系用途のものに建て替えるという施策をとることで、新たな需要も認められ市街地の有効活用が可能になる。なかなか容易ではないが、やや大きな視点でとらえる必要があるものと考えられる。

　今後は、インバウンドを中心とした海外からの観光客の増加に対応した施策も必要である。このような環境のもと、不動産への投資・整備がはたして万全な状況であるのかもう一度見直し、今後に対応した施策も求められるであろう。したがってできるだけたくさんの成功事例の研究を行い、その都市や地域に合ったモデルをつくっていくことも大事である。これらは容易なことではないが、積重ねが重要であることも認識しておきたい。

3 金融機関における不動産に関する継続的な教育の必要性

　前述のとおり、不動産はかつてに比べると価格のボラティリティが高くなっており、また都市や地域要因といった側面の変動もかつて以上に激しくな

40　　第1章　担保不動産総論

っている。法規制を含めた不動産を取り巻く環境の変化は非常に激しく、また理論的な側面で不動産の経済価値をとらえるといっても、一辺倒の考え方のみでは判断を誤りかねない。

　顧客とのリレーションを深めてゆくためには、いままで以上に不動産に対する法規制や市況、さらに今後の動向、成功事例・失敗事例を踏まえた研修を行職員に対し行う必要がある。かつてのように、審査や担保調査の外注化といった要因もあり、OJT等で知識を習得できる機会が少ないため金融機関内部における研修の重要性は大きい。

4 金融検査体制と不動産のとらえ方

　やや視点を変えてみると、金融機関は監督官庁の行政指導のもと、日々の営業活動を行っているものである。その時期における行政の考え方が検査等で現れてくるため、金融機関関係者は常に検査上の問題意識を頭から離すわけにはいかない側面がある。複眼的な視点で論理的に不動産をとらえ、さまざまな情報を取得する必要があると考えられる。

第7節　担保不動産をみていくうえでの留意点　*41*

第2章

担保不動産についての基礎知識

　第1章では金融機関における担保取得の概念、今後の留意点について解説を行った。本章では、具体的に担保不動産について知っておくべき基礎知識について解説を行う。法的側面のほか、土地・建物の物理的側面、注意点などについて検討する。

　業務の分業化などもあり、金融機関職員が、不動産をみる機会はかつてに比べて減ってきており、OJT等で知識吸収を十分には図れていない印象を受ける。このため、必要不可欠な知識を以下に解説することとした。

第 1 節

不動産とは何か

1 一般的な定義

　不動産とは、民法86条１項の定義によると「土地及びその定着物」を指す。具体的にいうと「土地」「建物」「建物及びその敷地」等が該当する。

　このほかに土地、建物に「工作物」「機械器具」「構築物」等を含め、これらの構成要素をまとめて１つの不動産としてみなされる財団というものが存在する。代表的なものに工場財団、観光施設財団、道路交通事業財団等が存在する。土地とその定着物（建物）を不動産と規定する民法に対し、財団は民法以外の法律（工場抵当法など）により規定されている。

2 財団と組成にあたっての留意点

(1) 財団の種類

　現状では以下の財団が存在する。根拠法や土地・建物以外の主な組成物件をあげると次のとおりとなる。

財団名称	根拠法	土地・建物以外の主な組成物件
工場財団	工場抵当法	工場、地域冷暖房施設、ケーブルテレビなど
観光施設財団	観光施設財団抵当法	ホテル、旅館、遊園地、スキー場など
道路交通事業財団	道路交通事業抵当法	バス事業など
鉱業財団	鉱業抵当法	鉱山、採石場での事業

44　第２章　担保不動産についての基礎知識

| 港湾輸送事業財団 | 港湾輸送事業法 | 港湾事業 |
| 漁業財団 | 漁業財団抵当法 | 定置漁業、養殖場 |

財団の組成は、土地（所有権：保存登記されたものとは限らず登記された地上権、賃借権でも可能）、あるいは建物（所有権、賃借権：いずれも登記されたもの）が必要となる。

このほか、鉄道会社等の用地・駅舎等の建物、線路、信号、踏切などをまとめた鉄道財団・軌道財団も存在する。これらは所管が国土交通省となり、登録原簿（鉄道抵当原簿）において抵当権が管理される。

(2) 財団組成の現状と留意点

a 財団における構成物件の管理

財団は構成物件の管理が煩雑といった面があり、昭和60年代から平成10 (1998) 年前後までは、新規組成が少なかったが、確実な保全を企図する金融機関からの要請もあり、新たに組成されたものも存在する。そもそも財団は、土地・建物以外に組成物件を設定し、金融機関から借入れをする際の担保としての価値をあげることにあったといわれている。今日では工場などにおいて土地・建物以外の機械などに莫大な資金が使われるのに対し、単なる抵当権の場合、土地・建物以外について抵当権の効力が及ぶわけではないため、担保としてみなされず、多額の投資で貸金の目的となった機械器具等を組み入れないのには権利関係的に問題があった。

この問題を解決するため、工場内にある設備なども含めて1つの不動産とみなすことで、追加となった機械器具等の価値分の担保力が加えられ、金融機関からより多額の借入れができるようにしたものである。

財団を組成する際には、所有者側としては組成物件の目録と配置図を作成する必要がある。もちろんたとえば工場財団を組成する場合に、敷地・建物内にあるすべての資産を財団として組成するわけではない。ただ組成物件は

第1節　不動産とは何か　　*45*

多岐・多数にわたるケースが一般的で、更新、取替といった行為も当然にして頻繁に起きてくるものである。特に取替を行うと当然にして目録・配置図からこれを除外・追加しなければならなくなる。これを俗に「財団の洗い替え」と呼んでいるが、この作業はなかなか煩雑である。古くから財団を組成している企業では、洗い替えを長い期間行っていないケースが多々存在する。こうなると保全上、財団組成が有効かどうか非常に微妙な面がある。洗い替えを長期間行わないことで、いったい何が組成されているのか、もはや撤去されているのかということがわからなくなってしまうため、注意が必要である。

POINT

[財団を構成する要素]

- 敷地（土地、もしくは登記された地上権・賃借権）

- 建物（所有権、もしくは登記された賃借権）

- 機械器具

- 工作物・構築物

- 車両など

---

b　担保不動産に財団物件がある場合の注意点

　目録が現状と一致しているかどうかを把握することは肝要である。ただ、金融機関職員が多岐にわたるこの組成物件の存在の確認を行うことは、重要とはいえ時間もかかり現実的ではない面がある。

　ただ、目録をよくみることには意味があると考えられる。組成物件の内容に目を通しておくと、機械の種類や工場の生産ライン等の理解が深まり、設

備面で融資先との話合いの深耕が可能となる。

また、目録のなか、特に構築物において調整池や舗装、植栽といった項目もあがってくることがある。たしかに財団の価値をあげるためにはさまざまなものを組成することに一定の意味はあるが、これが担保処分において価格に反映されるかどうかは微妙であり、どこまでが経済価値をもつものとして認定すべきかも十分注意しなければならない。

(3) 担保価値把握における留意点

不動産のうち建物については償却資産であり、使用開始とともに中古になり、同時に価値も急速に減少してしまうものであり、通常は取得価格（購入価格）での売却は期待できないと考えられる。もちろん、リニューアルや大規模修繕を行うことによって、経済価値維持に努めることは行われるが、通常は新築時の経済価値が最も高く、ここから減価していくものと考えられる。

財団に組成される機械器具、工作物といったものも償却資産であり、当然に期間経過によって価格は下がることになる。金融機関においては取得価格を基準として減価償却相当額などを基準として価格を毎年下落させ、これに掛目を掛けてこれらの担保価値を把握するのが一般的となっている。

近年、不動産の経済価値について不動産が生み出す収益性を中心にみるようになり、コスト（積算）主義よりも収益主義が徹底されているが、財団評価においては積算価格をベースに査定することもまだ多く、特に工場の場合は収益還元法の適用の熟成化が進んでいないこともあり、各構成要素の価格の査定は重要であるという考え方がまだ残されている。

たとえば工場財団を考えてみよう。そもそも工場として稼働している場合、収益還元法の適用は工場としての収益をベースに考えられるものであり、適切と考えられるが、製造業企業の業況が悪くなった場合、工場の事業継続が行われないことも想定される。特に経営破綻した場合において、同種

第1節　不動産とは何か　*47*

の製品を製造する工場への売却が行われる場合には、この収益価格には一定の説得力があるものの、多種の製品を製造する工場の場合、過去の収益データはあまり意味をもたないことになる。さらに、工場としての継続がなされない場合は転用価値を判断することになる。すなわち建物や設備の撤去および更地化を行うことが合理的と判断された場合は、更地価格からこれらの撤去費用や土壌浄化費用等を控除することが適切と判断される場合もある。また設備が旧式の場合、財団組成物件の積算価格をそのまま採用して担保評価額とすることにも、現実的な担保処分にそぐわない面があるといわざるをえない。

　もちろん、財団組成を行うことは担保価値の増大に貢献することは一般的に考えられるものではあるが、直ちに増えるという考え方はやや後退してきている面があり、むしろ担保価値の増大よりも、資産全体の保全を目的とした考え方に転換してきている。

　一方で、近年では設備等については、投資額が高いものについては動産担保として取得するケースも出てきている。土地・建物を不動産担保として取得したうえで、主要な施設については動産担保として取得を行うケースも考えられる。

48　第2章　担保不動産についての基礎知識

第 2 節

担保としての不動産と動産の関係、設備のリース活用

1 不動産担保か動産担保か

　土地・建物、あるいは財団については、不動産担保としての取得が考えられる。

　一方で、企業が保有する在庫商品、機械設備、家畜などの動産を活用した資金調達の円滑化を図るため、平成16（2004）年11月「債権譲渡の対抗要件に関する民法の特例等に関する法律の一部を改正する法律」が成立し、平成17（2005）年10月に動産譲渡登記制度の運用が開始された。動産譲渡登記制度は、法人がする動産の譲渡について、登記によって第三者対抗要件を備えることを可能とする制度であり、これを活用した担保取得も近年は行われるようになった。たとえば高額の機械設備をもつ製造業企業に対し、かつては財団組成を行うことで保全を図るのが一般的であったが、土地・建物に対する抵当権設定に加え、動産担保として機械設備を取得する方法が加わるかたちとなった。

2 工場抵当法による三条目録の提出による保全

　工場財団と類似しているものとして工場抵当があり、工場抵当法2条・3条に規定されている。これは土地・建物に加え、機械器具類にも抵当権を設定登記したい場合において、機械器具の目録（いわゆる「三条目録」）を法務局に提出することで登記の一部とみなす制度である。

工場財団は比較的大きな工場において設定されるケースが大半であるが、三条目録の活用は、比較的小さな工場において行われてきたものである。これは抵当権の設定の登記を申請する際に、抵当権の効力の及ぶことを企図する機械、器具、その他工場の用に供する物についてを記載した目録を提出することで、この目録が登記簿の一部とみなされ、その記載内容が登記されているものとしてみなされる。したがって、記載物件についても抵当権の効力が及び、第三者に対する対抗要件を具備することとなる。

3 設備のリース活用と不動産担保における留意点

工場や大規模な観光施設財団等において、機械器具・設備などを自社保有せずリース形態にするケースが増加しており、これによる金融負担の軽減を図るところも多くなってきている。

不動産所有者が、設備の一部においてリースを活用する場合のメリットには次のものがある。

---

① リース料を支払うことで設備コストが明確に把握できる。

② リース料は基本的に経費として損金処理ができる。

③ 償却資産としての管理事務業務がない。

大規模なオフィスビルや商業施設ビルについても空調機械設備や昇降機などのリース資産が存在するケースがあり、抵当権設定においてはその及ぶ範囲等について十分に注意する必要がある。いざ抵当権を実行する段になって、この部分に抵当権が及ばないとなると処分が容易でなくなる可能性もあるため留意したい。リース物件の存在を把握するためには、建物等の簿価台帳による記載内容を確認するか、もしくは所有者へ直接確認を行うことが簡便である。

POINT

■不動産担保

①　通常は土地・建物が構成要素となり登記を行う

　　一般的な物件はこの方法で保全が図れる。

②　財団組成によって機械器具、工作物・構築物の保全を行う

　　機械設備などを有する工場や観光施設、車両も含めた担保徴求が望ましい道路交通事業財団などの場合に有効

③　工場抵当法三条目録

　　財団組成を行うほどの大きな工場でないものの機械器具を含めた保全を行う場合に有効

［留意事項］

　　建物などの主要設備にリース物件がある場合、処分等に影響が出る可能性があるため注意が必要

第2節　担保としての不動産と動産の関係、設備のリース活用　　*51*

第 3 節

土地をみるうえでの留意点

　次に、不動産をみるうえで、土地・建物といった構成要素ごとにおける留意点について考えてみたい。ここでは、最初に土地をみるうえで不可欠となる点を整理してみよう。

　土地の調査においては、何よりもまず、その範囲を特定することが第一義の重要ポイントとなる。この特定についてみてみたい。

1 　位置の特定と境界確定

　土地の特定を行うにあたっては、まず位置を特定するために登記情報と法務局に備え付けられている公図写で図面上の照合・確認を行う。次に実際に現地に赴き、接面道路との境界、隣接地との境界を確認し、対象不動産となる部分を特定する。

　なお、境界確定そのものについては測量なども行う専門の土地家屋調査士・測量士に任せる必要がある。通常は債務者（あるいは担保提供者となる所有者）からこれらの成果となる測量図・実測図などを取得し確認を行うこととなる。

(1)　境界確定の方法

　土地の位置と境界の確定は、所有者が行うもので、隣接する土地所有者同士の立合いで行うものである。道路等の公有地との境界確定は「官民査定」、民有地同士は「民々査定」と呼ばれており、前者は道路管理者である国・県・市町村の役所、後者は隣接地所有者立合いのもと実施される。ただ、土

52　第 2 章　担保不動産についての基礎知識

地の境界をめぐる紛争は後を絶たず、また一度確定したからといって安心できない面がある。特に民々の境界については注意する必要があり、確定箇所には動かしにくい金属鋲等の設置を行い紛争の予防措置を講ずる必要がある。ただ、これを故意に動かすことが行われないとは限らない。このため立合い時には測量業者が写真などを撮影して位置の証拠を残すようにする。

(2) 地積測量

　よくある質問に、登記簿上の地積は現実の測量面積と一致するかというものがあるが、一致しないケースが多々存在する。地積測量はこの境界確定を行ったうえで境界点を基準として行うことになるが、国土調査が実施された地域でない場合、公簿地積とここで測量した地積とに差異が生ずるケースのほうが多いといえる。この点については十分な注意を要する。

　不動産の売買は、土地の境界確定をしたうえで測量を行い、実測面積をベースに行うべきではあるが、すべての不動産取引においてこれを行っているとは限らず、「現況渡し」と呼ばれる、あるがままの状態で引渡しがなされることも多い。この場合、売買契約書には登記数量を用いることが一般的となっている。

　このため、地積測量図・実測図等が債務者・所有者から提出されている場合には、実地調査において境界杭等が存在するかを確認しながら、これと照合する必要がある。測量図と公簿地積が異なる場合は、境界位置、地積の差異の発生原因、測量図の信頼性などに十分に注意しなければならない。

　なお、測量業者に依頼しての測量作業は通常かなり時間がかかる。隣接地や道路管理者との立合いに加え、測量結果を出すまでにも相当の時間がかかるため、公簿地積に疑義がある場合については早めに測量作業を開始する必要がある。疑義がある場合あくまでも簡易的に実測面積を測る方法ではあるが、現状を示している住宅地図をもとに概測地積を机上で測り、公簿地積と比較する方法がある。正確な数量がわかるものではないが、公表面積が、現

第3節　土地をみるうえでの留意点　　*53*

実の面積と大きな差異があるかどうか等は判定できる。

2 公法上の規制

　不動産にはさまざまな法規制がかけられており、これらの規制次第で土地利用や建物の建築用途に大きな制限を受ける。主な法規制の内容は以下の表のとおりである。

〔不動産を取り巻く法規制の一部〕

法　　律	規制内容と事業との関連
都市計画法	市街化区域、市街化調整区域の指定 開発行為の認定と開発許可制度 用途地域の指定 地区計画などの指定
建築基準法	敷地と道路の関係の規制 容積率の指定、建ぺい率の指定 建物用途の規制 建物の仕様等の規定
農地法	農地の売買に関する規制 農地の転用に関する規制
宅地造成規制法	宅地造成を行う際における造成基準の設定
土地区画整理法	土地区画整理を行う場合の仮換地指定 換地処分前における所有権などの権利の規定 保留地等の処分に関する規定
市街地再開発法	再開発事業を行う際の方式の指定
自然公園法	国立公園、国定公園内における開発、建物の建築に関する指定
森林法	森林の伐採や開発行為を行う際における規制

　これらの法律により規定されている、土地利用に関する規制内容をまとめると次のとおりとなる。

54　第2章　担保不動産についての基礎知識

(1) 都市計画法との関係（都市計画区域・都市計画区域外、準都市計画区域）

都市計画法において、都道府県はその将来像を含めて都市計画を策定し、都市計画区域を設定することが規定されている。

都市計画区域内においては、通常、市街化区域と市街化調整区域に分けて（「線引き」と呼ばれる）市街化の進展・抑制を図りながら都市の成長を管理することになるが、この区分けが行われていない場合は、非線引都市計画区域となる。いわゆる線引きは昭和40〜50年代にかけて行われた市町村が多く、指定後については特に市街化調整区域では大きな規制がかかることになっている。

一方で、都市計画区域の指定を受けていない区域、あるいは都市計画自体を策定しておらず区域設定をしていないケースもある。これは都市計画法の規制がかかる条文範囲が狭まり、その分の有効活用は可能と考えることもできる。ただ、この指定がなされた区域については市街化の傾向があまりみられない区域が大半で、すなわち開発傾向は低く不動産の流動性そのものが低

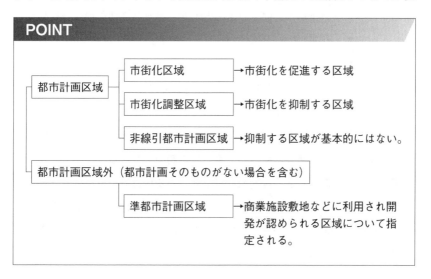

第3節　土地をみるうえでの留意点　55

い区域である可能性が高いものと考えてよい。したがって経済価値があまり高くないことも考えられる。

ただ、この都市計画区域外のエリアについても、近年大規模な開発行為（具体的にはモール形式の商業施設の建設など）が入ることが多くなってきたことにかんがみ、準都市計画区域が新設され、開発許可取得等が必要となっている。

(2) 市街化区域と市街化調整区域、それぞれの留意点

都市計画法により都市計画区域に指定されると、市街化区域・市街化調整区域・これらの指定がない区域の3つに分けられることになる。それぞれの区域の特性は次のとおりとなる。

a 市街化区域

市街化区域は、都市計画において市街化を促進することを前提とした区域を指す。市街化区域内においては、用途地域を指定し、それぞれ建築できる建物の用途の指定を受けるとともに、建ぺい率・容積率が指定され、その範囲であれば建物の建築が可能となる。ただし、建築基準法に従った建物であることが前提となる。

b 市街化調整区域

市街化調整区域に該当する場合は、市街化を抑制することを目的としているため、建物の建築や開発は原則的にはできない。開発や建物の建築においては、開発許可の取得が必要となるケースが大半で、またいわゆる線引き前から存在した建物の建替えについても一定の制限を受ける。

例外的に次にあげたものは開発許可不要、あるいは許可取得の可能性が高いが、建築するにあたっては管轄する行政機関によく確認することが必要となる。市町村により、取扱基準は異なるが、開発許可の要否、建築可能なものの例をまとめると次のとおりとなる。

56　第2章　担保不動産についての基礎知識

開発許可不要	・農家資格者が建てる農業施設 ・集落内居住者の生活に供するごく小規模な店舗
開発許可が取得できる可能性がある	・日用品店舗（小売業、修理業、理容業、美容業）、診療所など ・自動車修理工場（道路運送車両法に基づく認証工場） ・ガソリンスタンド、ドライブイン ・線引き前宅地（かつ現在地目が宅地）における建築物 ・分家住宅 ・大規模既存集落の自己用住宅 ・市街地縁辺集落の専用住宅、併用住宅（事務所、店舗併用のみ）、共同住宅 ・自治会施設（会館、屋台小屋、防災倉庫など） ・公共事業により移転する建物（土地収用法の対象事業によるもの） ・既得権による自己用建築物
特殊なケース （開発許可が取得できる）	・物流総合効率化法で指定されたもの 高速道路のインターチェンジの近隣のエリアおよび指定された路線（区間）施設上の認定を受けた場合、特定流通業務施設の建設が可能となる場合がある。

POINT

■ ［参考］かつて存在した既存宅地制度

　いわゆる線引きの前から宅地として利用されてきた土地については、「既存宅地」として都道府県知事から確認を受けることができ、当時は既存宅地である証明が発行されていた。

　この場合、一定の建ぺい率・容積率かつ用途の範囲内であれば建物の建築が可能という制度があったが、平成13（2001）年5月に廃止され移行期間である5年間も現在では過ぎているため、この制度の利用はできない。ただし、地方公共団体によっては、かつてのように多様な土地利用を認めていないながらも、なんらかの建物建築等ができる

第3節　土地をみるうえでの留意点　　57

可能性を認めることがある。新規の担保取得における評価においては
これを積極的にとらえるべきではないが、処分や有効活用を行うにあ
たっては念頭に置いておくとよい。

c　市街化調整区域における建物建設の可能性

　市街化調整区域内における建築物の新築、改築および用途変更は都市計画
の制限を受けることになっており、基本的には許可制となっている（都市計
画法29条）。

　①　市街化調整区域内における建物の新築等について

　　　都市計画法29条および43条の但書において、以下のものについては適

〔都市計画法第29条・43条の適用除外事由に該当するものの例〕

農林漁業用施設	・農林漁業用住宅 ・農林漁業用の建築物
公益施設	・鉄道施設 ・図書館、公民館（地区集会所は含まない） ・変電所 ・その他公益上必要な建築物
都市計画事業等	都市計画事業として建築する建築物、都市計画で開発した区域内に建築する建築物、土地区画整理事業で開発した区域内に建築する建築物、公有水面埋立事業で開発した区域内に建築する建築物
その他	・非常災害時の応急措置として建築などする建築物 ・仮設建築物 ・既存の建築物の敷地内において行う車庫（規格制限も） ・建築物の改築または用途変更で当該改築または用途変更にかかる床面積が10m²以内のもの ・周辺の市街化調整区域内に居住するものが建築する敷地面積100m²、かつ延べ面積50m²以内の日用品店舗等 ・土木事業、その他事業に一時的に使用するための第一種特定工作物

58　第2章　担保不動産についての基礎知識

用除外事由に該当し、許可不要で建築ができる。

　一方で、都市計画法34条においては、開発区域周辺における市街化を促進するおそれがなく、かつ市街化区域内において行うことが困難または著しく不適当と認める開発行為について認めており、開発許可制度運用指針、または開発審査会で認められたものなどの建築は可能とされている。例示をすると以下のとおりとなる。

［開発許可制度運用指針によるもの］

・農家などの分家をするための住宅等

・収用対象事業により移転しなければならない建築物

・社寺仏閣および納骨堂（市街化調整区域に建設することがやむをえない場合）

・研究対象施設が市街化調整区域内に存在すること等の理由により、当該市街化調整区域に建設することがやむをえないと認められる研究施設

・開発許可を受けた開発行為に係る事業所、従前から市街化調整区域に所在する事業所に、従事する者の住宅、寮等（当該土地区域に建築することがやむをえないと認められるもの）

・土地区画整理事業の施行された土地の区域内における建築物

・既存集落であって、当該都市計画区域にかかわる市街化区域内の建築物の連坦状況とほぼ同程度にある集落において建築することがやむをえないものと認められる自己用住宅

・地区集会所

・既存建築物の建替え

・災害危険区域、土砂災害特別警戒区域等に存する建築物の建替え

・自然的土地利用と調和のとれたレクリエーションのための施設

・独立して一体的な日常生活圏を構成していると認められる知事が指定する大規模な既存集落において建築することがやむをえないと認めら

第3節　土地をみるうえでの留意点　　59

れる建築物（自己用住宅、分家住宅、小規模な工場、公営住宅など）

・人口が減少、かつ産業が停滞していると認められる地域等にあり、振興を図る必要があるものとして知事が指定した地域において立地することがやむをえないものと認められる工場等

・特定流通業務施設（知事が指定する4車線以上の国道、県道などの沿道、または高速道路などのインターチェンジ周辺に立地することがやむをえないと認められるもの）

・有料老人ホーム（優良なもの）、介護老人保健施設、社会福祉施設のうち、設置および運営が国の定める基準に適合するもので立地がやむをえないと認められるもの

・医療施設関係で設置および運営が国の定める基準に適合する優良なものであり、市街化を促進するおそれがないと認められるほか一定の要件を満たすもの

・学校関係のうち一定の要件を満たすもの

② 市街化調整区域内に所在する建物の建替え・増築、用途変更の可能性

市街化調整区域内においては、いわゆる線引き前に存在した合法的な建物については、一定の基準をもとに建替えを行うことができることになっている。市街化調整区域内に所在する建替えの可能性の判定は以下のフローチャート（参考）を参照されたい。

(3) 用途地域、その他の指定

a 用途地域

市街化区域に指定された土地は、住居系・工業系・商業系といった12種類の用途地域の指定を受け、それぞれの地域において建築可能な建物の用途が規制されている。なお、例外的に市街化調整区域においても用途地域が設定されることがある。

用途地域ごとに建築可能な建物の種類をまとめると次のとおりとなる。

〔市街化調整区域内において建物の建替えができるかどうかの判定フローチャート（参考）〕

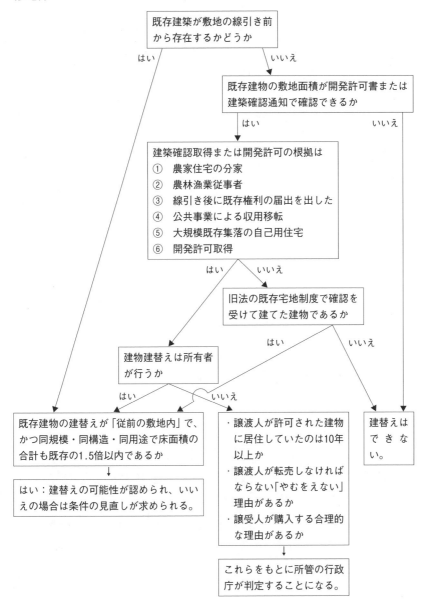

第3節 土地をみるうえでの留意点

〔用途地域による建築物の用途制限の概要〕

用途地域内の建築物の用途制限 ○建てられる用途 ×建てられない用途 ①、②、③、④、▲　面積、階数等の制限あり。		第一種低層住居専用地域	第二種低層住居専用地域	第一種中高層住居専用地域	第二種中高層住居専用地域	第一種住居地域	第二種住居地域	準住居地域	近隣商業地域	商業地域	準工業地域	工業地域	工業専用地域	備　考
住宅、共同住宅、寄宿舎、下宿		○	○	○	○	○	○	○	○	○	○	○	×	
兼用住宅で、非住宅部分の床面積が、50㎡以下かつ建築物の延べ面積の2分の1未満のもの		○	○	○	○	○	○	○	○	○	○	○	×	非住宅部分の用途制限あり
店舗等	店舗等の床面積が150㎡以下のもの	×	①	②	③	○	○	○	○	○	○	○	④	① 日用品販売店舗、喫茶店、理髪店及び建具屋等のサービス業用店舗のみ。2階以下。 ② ①に加えて、物品販売店舗、飲食店、損保代理店・銀行の支店・宅地建物取引業者等のサービス業用店舗のみ。2階以下 ③ 2階以下 ④ 物品販売店舗、飲食店を除く。
	店舗等の床面積が150㎡を超え、500㎡以下のもの	×	×	②	③	○	○	○	○	○	○	○	④	
	店舗等の床面積が500㎡を超え、1,500㎡以下のもの	×	×	×	③	○	○	○	○	○	○	○	④	
	店舗等の床面積が1,500㎡を超え、3,000㎡以下のもの	×	×	×	×	○	○	○	○	○	○	○	④	
	店舗等の床面積が3,000㎡を超え、10,000㎡以下のもの	×	×	×	×	×	○	○	○	○	○	○	④	
	店舗等の床面積が10,000㎡を超えるもの	×	×	×	×	×	×	×	○	○	○	×	×	
事務所等	事務所等の床面積が150㎡以下のもの	×	×	×	▲	○	○	○	○	○	○	○	○	▲2階以下
	事務所等の床面積が150㎡を超え、500㎡以下のもの	×	×	×	▲	○	○	○	○	○	○	○	○	
	事務所等の床面積が500㎡を超え、1,500㎡以下のもの	×	×	×	▲	○	○	○	○	○	○	○	○	
	事務所等の床面積が1,500㎡を超え、3,000㎡以下のもの	×	×	×	×	○	○	○	○	○	○	○	○	
	事務所等の床面積が3,000㎡を超えるもの	×	×	×	×	○	○	○	○	○	○	○	○	
ホテル、旅館		×	×	×	×	▲	○	○	○	○	○	×	×	▲3,000㎡以下
遊戯施設・風俗施設	ボーリング場、スケート場、水泳場、ゴルフ練習場、バッティング練習場等	×	×	×	×	▲	○	○	○	○	○	○	×	▲3,000㎡以下
	カラオケボックス等	×	×	×	×	×	▲	▲	○	○	○	▲	▲	▲10,000㎡以下
	麻雀屋、パチンコ屋、射的場、馬券・車券発売所等	×	×	×	×	×	▲	▲	○	○	○	▲	×	▲10,000㎡以下
	劇場、映画館、演芸場、観覧場	×	×	×	×	×	×	▲	○	○	○	×	×	▲客席200㎡未満
	キャバレー、ダンスホール等、個室付浴場等	×	×	×	×	×	×	×	×	○	▲	×	×	▲個室付浴場等を除く。
	幼稚園、小学校、中学校、高等学校	○	○	○	○	○	○	○	○	○	○	×	×	

区分	用途	1	2	3	4	5	6	7	8	9	10	11	12	備考
公共施設・病院・学校等	大学、高等専門学校、専修学校等	×	×	○	○	○	○	○	○	○	○	×	×	
	図書館等	○	○	○	○	○	○	○	○	○	○	○	×	
	巡査派出所、一定規模以下の郵便局等	○	○	○	○	○	○	○	○	○	○	○	○	
	神社、寺院、教会等	○	○	○	○	○	○	○	○	○	○	○	○	
	病院	×	×	○	○	○	○	○	○	○	○	×	×	
	公衆浴場、診療所、保育所等	○	○	○	○	○	○	○	○	○	○	○	○	
	老人ホーム、身体障害者福祉ホーム等	○	○	○	○	○	○	○	○	○	○	○	×	
	老人福祉センター、児童厚生施設等	▲	▲	○	○	○	○	○	○	○	○	○	○	▲600㎡以下
	自動車教習所	×	×	×	×	▲	○	○	○	○	○	○	○	▲3,000㎡以下
工場・倉庫等	単独車庫（附属車庫を除く）	×	×	▲	▲	▲	▲	○	○	○	○	○	○	▲300㎡以下 2階以下
	建築物附属自動車車庫 ①②③については、建築物の延べ面積の1／2以下かつ備考欄に記載の制限	①	①	②	②	③	③	※一団地の敷地内について別に制限あり。						① 600㎡以下 1階以下 ② 3,000㎡以下 2階以下 ③ 2階以下
	倉庫業倉庫	×	×	×	×	×	×	○	○	○	○	○	○	
	畜舎（15㎡を超えるもの）	×	×	×	×	▲	○	○	○	○	○	○	○	▲3,000㎡以下
	パン屋、米屋、豆腐屋、菓子屋、洋服店、畳屋、建具屋、自転車店等で作業場の床面積が50㎡以下	×	▲	▲	▲	○	○	○	○	○	○	○	○	原動機の制限あり。▲2階以下
	危険性や環境を悪化させるおそれが非常に少ない工場	×	×	×	×	×	①	①	①	②	②	○	○	原動機・作業内容の制限あり。作業場の床面 ① 50㎡以下 ② 150㎡以下
	危険性や環境を悪化させるおそれが少ない工場	×	×	×	×	×	×	×	②	②	○	○	○	
	危険性や環境を悪化させるおそれがやや多い工場	×	×	×	×	×	×	×	×	×	○	○	○	
	危険性が大きいか又は著しく環境を悪化させるおそれがある工場	×	×	×	×	×	×	×	×	×	×	○	○	
	自動車修理工場	×	×	×	×	①	①	②	③	③	○	○	○	作業場の床面積 ① 50㎡以下 ② 150㎡以下 ③ 300㎡以下 原動機の制限あり。
	火薬、石油類、ガスなどの危険物の貯蔵・処理の量（量が非常に少ない施設）	×	×	×	①	②	○	○	○	○	○	○	○	① 1,500㎡以下 2階以下 ② 3,000㎡以下
	火薬、石油類、ガスなどの危険物の貯蔵・処理の量（量が少ない施設）	×	×	×	×	×	○	○	○	○	○	○	○	
	火薬、石油類、ガスなどの危険物の貯蔵・処理の量（量がやや多い施設）	×	×	×	×	×	×	×	○	○	○	○	○	
	火薬、石油類、ガスなどの危険物の貯蔵・処理の量（量が多い施設）	×	×	×	×	×	×	×	×	×	×	○	○	
	卸売市場、火葬場、と畜場、汚物処理場、ごみ焼却場等	都市計画区域内においては都市計画決定が必要												

(注) 本表は、改正後の建築基準法別表第二の概要であり、すべての制限について掲載したものではない。
(出典) 東京都都市整備局ホームページ

第3節 土地をみるうえでの留意点　63

POINT

■注 意 点

用途地域の名称と現実の指定による制約において以下の点に留意する。

用途地域	留意点
工業地域	① 本来は工業系用途の建物の敷地を中心としての利用を前提とする。 ② ただ、住居系用途の建物の建築が可能である。このためマンション建設等が行われることもある。 ③ もともと工場敷地として利用されてきた土地が、転用でマンション敷地になることも多いが、新住民から騒音などについてクレームがつくこともあった。
準工業地域	① 規制上は12種類の用途地域のなかでは比較的緩い地域である。 ② 工場敷地から住宅、路線商業施設の敷地としての利用など、工業系以外の建物敷地としての利用も可能である。 ③ 建築用途が多様であるため、交通網の状況によっては路線商業地になっている箇所もある。
工業専用地域	① 工業地域や準工業地域と異なり、工業系用途以外の建物の建築ができない。 ② 不良債権処理時において、用途転用がむずかしいため工場跡地利用がなかなか進まないといった事態も発生した。

b 防火指定

都市計画法 9 条20項において「防火地域又は準防火地域は、市街地における火災の危険を防除するため定める地域」と規定されている。火災発生で特に危険なのが隣家への延焼であるが、この防止のために、都市計画法および建築基準法において防火指定地域を設け、延焼防止により火災被害を最小限に食い止めるように措置をとるようにしている。

このほか建築基準法22条に規定する区域がある。これは防火・準防火地域

以外の市街化区域において、特定行政庁が指定するもので、屋根を準不燃性能とし、外壁について延焼のおそれのある部分は準防火性能のある構造とするなどの規制が存在するものである。

c　地区計画

　地区計画は、ある一定のまとまりをもった「地区」を対象に、その地区の実情に合ったよりきめ細かい規制を行う制度である。これを指定することにより、用途地域の規制を、強化・緩和することができるため、各街区の整備・保全が図れるものとなっている。一般的な地区計画に加え、沿道地区計画、防災街区整備地区計画、集落地区計画などが存在する。地区計画は、その目標・地区の整備・開発および保全の方針を定め、住民による参加をもとに策定される。具体的には、次のものの計画が策定される。

・一般の都市計画で定められている道路・公園よりも小規模な生活道路や小公園についての施設の配置・規模の設定

・建築物等の制限。すなわち都市計画で定める用途制限・容積率・建ぺい率等よりもきびしい用途制限・容積率・建ぺい率の指定、デザインや壁面の位置の制限等の規定を設ける。

・樹林地等の保全についての規制をかける。

　一方で、地区計画については特例的に緩和・促進する方向で設定する、再開発等促進区・誘導容積型地区計画・容積適正配分型地区計画・高度利用型地区計画・用途別容積型地区計画・街並み誘導型地区計画が存在する。

再開発等促進区	土地の合理的かつ健全な高度利用と都市機能の増進とを図るため、地区計画において一体的かつ総合的な市街地の再開発または開発整備を実施すべき区域（再開発等促進区）を定め、地区内の公共施設の整備とあわせて、建築物の用途、容積率等の制限を緩和することにより、良好なプロジェクトを誘導

第3節　土地をみるうえでの留意点　　65

	するもの
誘導容積型地区計画	地区整備計画において、公共施設が未整備な段階の容積率（暫定容積率）と公共施設整備後の容積率（目標容積率）の2つを定め明示することで、土地の有効高度利用を誘導するもの
容積適正配分型地区計画	用途地域で指定された容積の範囲内で、地区計画区域内において容積を配分し、土地の合理的な利用を促進しつつ、良好な環境の形成や保護を図るもの
高度利用型地区計画	適正な配置および規模の公共施設を備えた土地の区域について、建物の容積率の最高限度および最低限度、建ぺい率の最高限度、建築面積の最低限度等を定め、道路に接して有効な空地を確保し、容積率制限および斜線制限を適用除外とすることにより、その合理的かつ健全な高度利用と都市機能の更新とを図るもの
用途別容積型地区計画	都心周辺部等の住商併存地域における住宅供給を促進するため、住宅を設けた場合に、容積率を緩和するもの
街並み誘導型地区計画	区域の特性に応じた街並みを誘導しつつ、土地の合理的かつ健全な有効利用の推進および良好な環境の形成を図るもの

d 開発許可制度

　面積が大きい土地については、都市計画法において、用途地域・容積率・建ぺい率に合致した利用が求められることに加え、開発許可の取得が必要となる。

　区域区分ごとに開発許可取得が必要な基準面積は次のとおりである。

〔都市計画区分と開発規模、開発許可取得の規制対象規格〕

区　分	規　模
市街化区域	1,000m²または条件により300m²以上
非線引都市計画区域	3,000m²以上
準都市計画区域	3,000m²以上
準都市計画区域以外の都市計画区域と都市計画区域外	10,000m²以上

〔地区計画決定の流れ〕

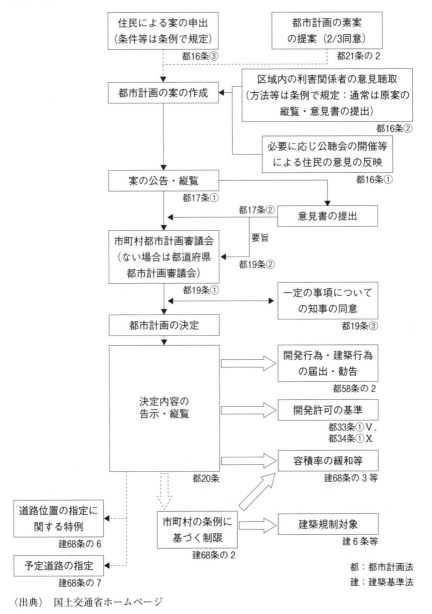

(出典) 国土交通省ホームページ

なお、市街化調整区域については規模によらず、開発行為を行う場合には原則開発許可の取得が必要となる。したがって、例外を除くと建物建設を行う際には開発許可が必要になると考えてよい。

　開発許可基準についての細かい規定は、都道府県または市町村により定められており、たとえば分割の際に築造される道路の幅員や形状についての規定、面積ごとに必要とされる公園施設の面積、ゴミ置場の設置基準、さらには学校の整備などを行うために必要となる教育負担金などが定められているケースもある。市町村の都市計画課等においてこの基準について問合せを行う必要があり、担保不動産が分譲物件の場合は、基準と合致しているかチェックすることが望ましい。

e　都市計画道路との関係

　都市計画道路とは、都市計画により築造される道路を指し、道路の新設のほか、拡幅といった計画が決められ、それに従って用地取得、道路工事が実施されることになっている。都市計画道路は計画決定してから実際に事業を行うまでにかなり期間があり、道路築造を企図して設定される計画決定段階と、実際に道路事業が開始されることになる事業決定段階ではその扱いが異なる。

　■計画決定段階における都市計画道路部分における建物建築についての規制

　都市計画法53条の規定により、あらかじめ都道府県知事（指定都市の場合は市長）の許可を受けなければならない。

　なお、次のいずれにも該当するものは原則として許可される。

①　階数が2以下であること

②　地階を有しないこと

③　主要構造部（壁、柱、梁、床、屋根、階段）が木造、鉄骨造、コンク

> リートブロック造、その他これらに類する構造であること

　また、非常災害時のため必要な応急措置として行う行為等については許可不要としている。

　なお、計画決定段階において建物の新築などが許可されなかった場合には、土地所有者は、都道府県知事（指定都市の場合は市長）に対し、その土地の時価買取りを請求することができる。

　事業決定段階において事業決定されると、道路の築造工事のための収用や立ち退き交渉が行われることになり、新たに建物を建築することができない。

　ただ、都市計画道路については相当以前から計画決定がなされていながら、事業決定が行われない区間が全国各地に所在し、最近では事業自体の見直しが行われるところも出てきている。かつて都市計画道路として指定されていた路線も事業廃止するところが出てきており、事業期間が長期化しているものについては現在も事業継続しているかいま一度確認すべきである。

　またあまりに長期化すると、土地所有者の土地利用権を阻害する側面もあることから、近年上記措置をやや緩和するケースも出てきている。事業の実施が近い将来見込まれず、かつ市街地再開発事業（たとえば土地区画整理事業や、都市再開発事業など）等の支障とならないと認められる場合において、容易に移転し、または除却することができるものである場合については、たとえば以下の要件まで緩和されている自治体も存在する。

> ①　階数が3階、高さが10m以下であり、かつ地階を有しないこと
> ②　主要構造部が木造、鉄骨造、コンクリートブロック造、その他これらに類する構造であること
> ③　建築物が都市計画道路区域の内外にわたる場合は、将来において、都市計画道路区域内の部分を分離することができるよう設計上の配慮

をすること

f　生産緑地

　生産緑地とは市街化区域において生産緑地地区制度に沿って管轄自治体より指定された地区を指すもので、生産緑地法により定められている次のような要件を満たすことを所轄自治体が審査したうえで指定される。

　■生産緑地の要件
① 　農林漁業などの生産活動が営まれている農地、または公園など公共施設の用地に適していること
② 　面積が500m²以上であること
③ 　農林漁業の継続が可能であること（用排水、日照等の条件が営農に適している等）

　生産緑地に指定されると、これを示す標識が設置されるほか、固定資産税が一般農地並みの課税となるばかりではなく、相続税の納税猶予の特例（所有者が耕作していない場合は除く）などが設けられている。また農業面でみると、農地等として維持するための助言や、土地交換のあっせんなどを自治体より受けることができる。都市農家にとって課税が低くなることは大きなメリットがある半面、次のことが求められる。

・土地の所有者または管理者等に、農地等としての維持管理を求められる。
・農地以外としての転用・転売はできない（農地としての転売については農地法による手続により可能）。
・生産緑地地区内において建築物等の新築・改築・増築や、宅地造成等土地の形質の変更はできない（ただし農業等を営むために必要であり周

辺環境に悪影響を及ぼさないものは市区町村長の許可を受けて設置することができる）。

・土石の採取、水面の埋め立て、干拓などが制限される。

生産緑地の解除については条件がきびしく、生産緑地指定後30年経過した場合、または土地所有者または主たる従事者が疾病・障害等により農業等の継続が困難な場合において、土地所有者の死亡により相続した者が農業等を営まない場合については、市区町村の農業委員会に買取申出を行い、買収が行われなかった場合について買取希望照会・農業経営者への買取あっせんを行ったうえで、生産緑地として買収する者がいない場合においてはじめて生産緑地の指定が解除されることとなる。

(4) 建築基準法との関係

建築基準法は都市計画法と密接に絡み合って制定されているもので、建物建設におけるより具体的な規制が記されている。主な内容をあげると次のとおりとなる。

a 道路と敷地の関係

土地の利用は建物の敷地としての利用が最も多いケースとなるが、いわゆる青空駐車場としての利用、資材置場としての利用など必ずしも建物を建設しない場合も存在する。ただ、建物の建設ができるかどうかは、土地の経済価値を大きく左右する。

建築基準法においては43条で、都市計画区域および準都市計画区域内において建物を建設する場合には、「建築基準法上に規定する道路」に敷地が「2m以上」接面していることが要請されている。

① 建築基準法に規定する道路とは

建築基準法42条では幅員4m以上を有する（一部地域においては6m以上を要求される等きびしい制限がかけられていることもある）次のものを道路と

第3節　土地をみるうえでの留意点　*71*

して認定している。なお、前面道路の建築基準法上の種類については、市町村、または都道府県の土木事務所などに設置された建築指導課等で道路の種別が確認できる。

　建物が建たない土地については、流動性が低く担保適格性が認められないこともあるため、疑問点がある場合は必ず確認する必要がある。関係会社による担保評価、外部の不動産鑑定会社による不動産鑑定評価書がある場合は、この点に問題がないか確認を行う。

(i)　幅員4mに満たない場合でも道路とみなすもの【建築基準法の42条2項道路】

・幅員が4mに満たない場合でも、幅員が1.8m以上あるもののなかで、特定行政庁の指定したものについては、その中心線からの水平距離2mの線をその道路の境界線とみなすと規定し、幅員が不足する場合については道路中心線から2m後退（セットバック）した位置を道路との境界とみなして建物建築を可能としている。

・セットバック部分については建ぺい率・容積率の計算上敷地面積とならないため、建築可能な建物の大きさが減ってしまうことになる。

・建築基準法42条2項道路は管轄の役所が判定するものであり、4m未満の道をセットバックして4m以上に広げたとしても、42条2項道路としての認定を受けていないと、建物敷地として利用できる建築基準法上の道路として認定されないことがある。

・角地や二方路地といった複数の道路に接面している土地の場合、いずれかの街路が建築基準法上の道路に面していれば建物の建築は可能である。ただし建築基準法42条2項道路が接面街路に存在する場合は、セットバックが必要となるので注意を要する。

(ii)　例外措置としての建築基準法43条の但書

　建築基準法では、これらに認定されていないものは同法に定める道路としてとらえず、建物建築が認められる道路ではないと考えている。

〔建築基準法が認定する道路（これらのうち幅員４m以上有するもの）〕

条　文	内　容	一般的な名称
１号道路	道路法にいう道路	国道、県道、市町村道
２号道路	都市計画法、土地区画整理法、都市再開発法等の法律に基づいてつくられた道路	区画街路等と呼ばれている
３号道路	建築基準法施行時または都市計画区域編入時にすでにあった道で現に一般通行の用に供しているもの	（建築基準）法以前道路、既存道路
４号道路	都市計画道路等で２年以内に事業が執行される予定があるものとして特定行政庁が指定したもの	計画道路
５号道路	道路の位置の指定を受けたもの	位置指定道路

　もっとも、これらに該当しないながらも、一定の基準をクリアした場合に限り、建物の建築が認められることがある。これが建築基準法43条の但書規定といわれるもので、「その敷地の周囲に広い空地を有する建築物その他の国土交通省令で定める基準に適合する建築物で、特定行政庁が交通上、安全上、防火上及び衛生上支障がないと認めて建築審査会の同意を得て許可したものについては、この限りでない」との記載がある。たとえば河川管理用道路や港湾施設道路は、道路法による道路ではないながらも道路構造や、自動車通行も頻繁に行われていることから大きな差異はない。また十分な幅員を有しながら、都市計画区域編入前からの道路ではなく、また位置指定道路に認定されていない道路も存在し、このような土地に面して建物がすでに建っている場合に、建替えを行うための救済措置的な色彩も強い。ただ、この認定基準はきびしいため、この但書が適用されるかどうかは行政に確認する必要がある。

②　２m以上接面するということ

　建築基準法上の道路に２m以上接面することが建物敷地としての利用の

第３節　土地をみるうえでの留意点　　73

大前提となる。この長さについて留意すべき点を以下に整理する。

路地状部分の存在	敷地に2m以上接面するということは、街路に接する部分のみが2mあればいいということではなく、有効宅地部分といわれる、路地状部分を超えた建物の敷地までの路地の幅が全区間で2m以上必要となる。 接面部分が2m、途中の通路状の区間が1.8mという幅の場合、建物の建築が不可となるので要注意である。
路地状部分自体の長さ	路地状部分の長さであるが、特定建築物といわれるホテル等の多くの人の出入りが想定される建物の場合、都道府県の安全条例などで、この長さが20mまでは建築可能であるが、それを超過する場合は建築不可と決めているケースがある。 このため、路地状部分が長い場合は、建物の建築が可能かどうか確認する必要がある。

〔注意を要する土地形状〕

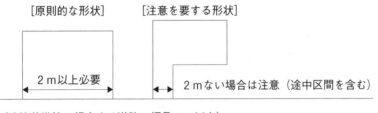

（建築基準法に規定する道路：幅員4m以上）

b　建ぺい率

　建ぺい率とは、敷地面積に対する建築面積の割合のことをいう。建築面積とは建物の敷地として利用されている部分の面積をいうが、この指定を行うことの意義としては、防災、特に防火上の効果（延焼を防ぐ）と日照や通風といった住環境への配慮を目的として指定されている。

　用途地域が指定されると、使用可能な建ぺい率、容積率が指定される。建ぺい率は角地の場合、指定のものより10％加算されるほか、第1種住居地

域、第2種住居地域、準住居地域、近隣商業地域、準工業地域、商業地域などの建ぺい率の上限が80%とされている地域において、防火地域内に耐火建築物を建てる場合には、建ぺい率の制限がない。よくあるケースでは、商業地域における耐火建築物の場合100%まで使用可能で、目いっぱい建物を建てているケースも多い。

　一方で、敷地内に通路や緑地を十分に確保し（これらを公開空地という）、建ぺい率を抑える形をとって建物を建設する場合に、次に出てくる容積率や斜線制限、絶対高さの制限の緩和を受けるケース（市街地の商業ビルやマンションに多い）があるが、これは「総合設計制度」と呼ぶ。

c　容　積　率

　容積率とは、敷地面積に対する建物延べ面積（延べ床）の割合のことをいう。建物の実際の延床面積のうち容積率に算入されない部分もあるため、厳密には容積率参入延床面積が基準となる。

　用途地域の指定と同時に建ぺい率・容積率は指定されるが、指定された数値よりも制限がかかるケースがある。以下はこの制限がかかるケースである。

■制限がかかるケース

①　道路の幅員による規制

　　敷地の前面道路が幅員12m未満の場合、次のとおりの規制を受け、これを反映させた容積率を「基準容積率」と呼ぶことがある。

・住居系用途の用途地域の場合……指定容積率と前面道路幅員×40%のうちのいずれか小さいほうの容積率に制約される。

・住居系用途以外の用途地域の場合……指定容積率と前面道路幅員×60%のうちのいずれか小さいほうの容積率に制約される。

　容積率は収益力に影響し、特に商業地域の場合600%を超えるケースもあり、道路幅員による制約は大きなものとなる。

②　日影規制

第3節　土地をみるうえでの留意点　　75

中高層建築物の増加で日照権の問題がクローズアップされたこともあり、導入された制度であるが、日照権があまり問題にならない商業地域、工業地域、工業専用地域においては適用されない。ただし、住居系用途地域に影響を与える場合は、冬至日において建築物が8時から16時（北海道の区域内においては9時から15時）までに発生する日影の量を制限することで建築物の形状を制限するものである。

③　絶対高さ制限

　第1種低層住居専用地域、第2種低層住居専用地域については住環境と日照権の確保の観点から10mまたは12mの高さ制限があり、実質的に容積率が規制されることがある。

④　斜線制限

　道路斜線、隣地斜線、北側斜線の3つの制限があり、それぞれで高さの制限を受けるため、容積率に制約を与えることがある。この制約を受けないために天空率を活用する方法がある。

　一方で、建ぺい率の項で説明したが、総合設計制度を利用し、敷地内に一定の公開空地を設けることを条件に容積率の割増しを受ける場合があり、この場合は緩和措置がある。

　このほか、特例容積率適用区域制度と呼ばれるものがある。これは、都市計画区域内のある一定の区域を定めて、その区域内の建築敷地の指定容積率の一部を、複数の建築敷地間で移転することができる制度で「容積率移転」と呼ばれている。アメリカのTDR（Transferable Development Rights：移転開発権、ないしは空中権売買）と呼ばれるものを日本の法制度に入れたもので、一方の建築延べ面積は指定容積率を超過することができるのに対し、もう一方は指定容積率未満となり、それらの合計延べ面積は現に定められている各敷地の指定容積率に対応する建築延べ面積の合計の範囲内にするものである。適用例としては東京都心部の東京駅丸の内口側エリアの再開発などがあ

76　　第2章　担保不動産についての基礎知識

る。これらの制度は一定の面積規模をもつ建物の敷地でないと活用はできないが、建築基準法の改正のつど緩和が行われることがある。

たとえば、平成6（1994）年の建築基準法の改正により、集合住宅の共有部分や地下室の一定部分は、容積率の算定に含めないことができるようになり、緩和要件に合致すると有効利用度が高まったといえる。これら容積率参入床かどうか、あるいは現実の使用可能容積率については、金融機関職員のみでは容易に判断がつかない可能性が大きいため、建設会社や一級建築士などに確認しながら現状の建物が合法的かどうかなどをよく吟味する必要がある。

d　ボリュームチェックの重要性

担保不動産が更地であった場合、この土地でいったいどのくらいの面積の建物の建築が可能で、賃貸床がどの程度で、年間の収益がどのくらい入るといった調査は、建物建設等を目的とした貸出などにおける審査では重要となる。そのため使用可能容積率がどのくらいかをチェックするものとして「ボリュームチェック」と呼ばれるものがある。

そもそも、指定建ぺい率や指定容積率、さらに道路幅員による制約（基準容積率）だけをみるのでは現実に使用可能な容積を正確に把握することはむずかしい。そこで建築士あるいは一級建築士事務所等に依頼してCADソフト等を使って使用可能容積率を計算してもらうことになるが、これを「ボリュームチェック」と呼んでいる。この作業結果を経て、経済価値判定の一助とすることが一般化している。特に前面街路が狭く、形状が悪い土地の場合、指定容積率の半分以下しか使用できない場合もあるので、ボリュームチェックは欠かせないものとなっている。

(5)　農地法との関係

対象不動産が現況あるいは登記地目上で農地（「田」「畑」）である場合、注意を要する。金融機関職員が農地とかかわる場面としては、通常は市街化区

域内の農地を転用前提に貸出を行うケースにとどまると考えられる。

　市街化区域内に所在する場合は、農地転用届を市町村の農業委員会に届け出ることで転用が可能であるが、市街化調整区域の場合、転用許可を取得することは容易ではないと考えるべきである。特に農用地指定を受けている農地改良を行った土地は、整備に多額のコストがかかっていることもあって、安易な転用前提を想定することは避けなければならない。

　農地かどうかの判断は、現地が農地として利用されているかどうか、登記情報上の地目が「田」「畑」であるかどうかをチェックすることがまず一義的なものとなる。また市町村役場内にある農業委員会に照会し、農用地指定を受けた土地であるかを調べることも必要となる。

POINT

■農地法による規制転用規制

① 　市街化区域以外の農地の転用

・4条許可……農地を農地以外のものとする場合

・5条許可……農地を農地以外のものにするため所有権等の権利設定または移転を行う場合

　　　　↓

都道府県知事の許可（都道府県においては、農地転用許可事務等を市町村に委譲している場合がある）

農林水産大臣の許可（4 haを超える場合）

※都道府県が学校、社会福祉施設、病院、庁舎または宿舎の用に供するために転用する場合には、許可権者と協議を行い、協議が調った場合には許可を受けたものとみなす。

② 　市街化区域内農地の転用

　農業委員会への届出制となっている。

農林水産省では、農地区分および許可方針（立地基準）を定めており、農地を営農条件および市街地化の状況からみて次の5種類に区分している。

区　分	営農条件、市街地化の状況	許可の方針
農用地区域内農地	市町村が定める農業振興地域整備計画において農用地区域とされた区域内の農地	原則不許可（農振法10条3項の農用地利用計画において指定された用途の場合等に許可）
甲種農地	第1種農地の条件を満たす農地であって、市街化調整区域内の土地改良事業等の対象となった農地（8年以内）等特に良好な営農条件を備えている農地	原則不許可（土地収用法26条の告示に係る事業の場合等に許可）
第1種農地	10ha以上の規模の一団の農地、土地改良事業等の対象となった農地等良好な営農条件を備えている農地	原則不許可（土地収用法対象事業の用に供する場合等に許可）
第2種農地	鉄道の駅が500m以内にある等市街地化が見込まれる農地または生産性の低い小集団の農地	周辺の他の土地に立地することができない場合等は許可
第3種農地	鉄道の駅が300m以内にある等の市街地の区域または市街地化の傾向が著しい区域にある農地	原則許可

第3節　土地をみるうえでの留意点　　79

POINT

■農地法との関係におけるチェックポイント

市街化区域の場合	農地転用届出が出されているか（受理通知があるか）をチェックする。
市街化区域以外の場合	現状のチェック……農地としての利用があるか（注） ↓ 登記地目のチェック……「田」または「畑」であるか ↓ 農業委員会でのチェック ① 農業振興地域内かどうか ② 農用地区域指定はあるか ③ 農地区分はどうか

※ なお、農地として利用されていない場合でも、登記上の地目が「田」「畑」である場合については農用地指定を確認する。

■農地法条文「第2章 権利移動及び転用の制限等」一部抜粋、略

第3条（農地又は採草放牧地の権利移動の制限）

　農地又は採草放牧地について所有権を移転し、又は地上権、永小作権、質権、使用貸借による権利、賃借権若しくはその他の使用及び収益を目的とする権利を設定し、若しくは移転する場合には、政令で定めるところにより、当事者が農業委員会の許可を受けなければならない。（以下略）

第4条（農地の転用の制限）

　農地を農地以外のものにする者は、政令で定めるところにより、都道府県知事の許可（その者が同一の事業の目的に供するため4ヘクタールを超える農地を農地以外のものにする場合には、農林水産大臣の許可）を受けなければならない。

80　第2章 担保不動産についての基礎知識

2　前項の許可は、次の各号のいずれかに該当する場合には、すること
ができない。

一　次に掲げる農地を農地以外のものにしようとする場合

　イ　農用地区域（農業振興地域の整備に関する法律第8条第2項第1
　　号に規定する農用地区域をいう。以下同じ。）内にある農地

　ロ　イに掲げる農地以外の農地で、集団的に存在する農地その他の
　　良好な営農条件を備えている農地として政令で定めるもの（市街
　　化調整区域（都市計画法第7条第1項の市街化調整区域をいう。以下
　　同じ。）内にある政令で定める農地以外の農地にあつては、次に掲げ
　　る農地を除く。）

　　(1)　市街地の区域内又は市街地化の傾向が著しい区域内にある農
　　　地で政令で定めるもの

　　(2)　(1)の区域に近接する区域その他市街地化が見込まれる区域内
　　　にある農地で政令で定めるもの

二　前号イ及びロに掲げる農地（同号ロ（1）に掲げる農地を含む。）
　以外の農地を農地以外のものにしようとする場合において、申請に
　係る農地に代えて周辺の他の土地を供することにより当該申請に係
　る事業の目的を達成することができると認められるとき。

第5条（農地又は採草放牧地の転用のための権利移動の制限）

　農地を農地以外のものにするため又は採草放牧地を採草放牧地以外の
もの（農地を除く。次項及び第4項において同じ。）にするため、これらの
土地について第3条第1項本文に掲げる権利を設定し、又は移転する場
合には、政令で定めるところにより、当事者が都道府県知事の許可（こ
れらの権利を取得する者が同一の事業の目的に供するため4ヘクタールを超
える農地又はその農地と併せて採草放牧地について権利を取得する場合（地
域整備法の定めるところに従つてこれらの権利を取得する場合で政令で定め

る要件に該当するものを除く。第4項において同じ。）には、農林水産大臣の
許可）を受けなければならない。

2　前項の許可は、次の各号のいずれかに該当する場合には、すること
ができない。

一　次に掲げる農地又は採草放牧地につき第3条第1項本文に掲げる
権利を取得しようとする場合

イ　農用地区域内にある農地又は採草放牧地

ロ　イに掲げる農地又は採草放牧地以外の農地又は採草放牧地で、
集団的に存在する農地又は採草放牧地その他の良好な営農条件を
備えている農地又は採草放牧地として政令で定めるもの（市街化
調整区域内にある政令で定める農地又は採草放牧地以外の農地又は採
草放牧地にあつては、次に掲げる農地又は採草放牧地を除く。）

(1)　市街地の区域内又は市街地化の傾向が著しい区域内にある農
地又は採草放牧地で政令で定めるもの

(2)　(1)の区域に近接する区域その他市街地化が見込まれる区域内
にある農地又は採草放牧地で政令で定めるもの

(6)　土地区画整理法との関係

　土地区画整理事業とは、街路の形状や幅員が悪く、また公園などの公共施
設の整備が十分に行われていない地域において、街路の直線化などを行うこ
とにより通行がスムーズになり、また整然とした区画が並ぶ土地にすること
で、環境面・快適性を向上させることに加え、土地の単価を上昇させること
により事業資金を供出することで、地権者の負担なく街区整備を行うことを
目的とする事業をいう。

　この事業を行うための法律に、土地区画整理法があり、宅地の改良を行い
よりよい形状などの土地に移転をする「換地」と事業資金を捻出するために

地権者が一部の土地を供出する「減歩」という手法を用いて事業が遂行されるほか、「保留地」と呼ばれる土地を用意し、これを第三者に売却することで、事業資金を充足させるものである。

　土地区画整理事業は通常長期にわたり、短い事業でも数年程度、長い事業であれば20年以上かかることもあるため、事業の途中で利用可能な宅地が整備された段階で、「仮換地」という将来的に権利関係が移転する場所において、地権者が土地の利用を行うことができるようにする仕組みが活用される。

　いったん土地区画整理施行区域に指定されると、売買そのものの制約は特段ないが、権利関係は従前地に残りながら、仮換地の使用収益開始日より仮換地上での土地利用が可能となり、この指定土地の公法上の規制を受けることになる。

■事業の流れ

　土地区画整理事業における一般的な流れを示すと次のとおりとなる。

> ①　地域住民との街づくり案の検討

↓

> ②　都市計画決定……土地区画整理事業の施行区域を都市計画決定する。
>   組合施行の場合、都市計画決定は必須ではない。

↓

> ③　施行規程・定款・事業計画の決定
> ・施行規程……施行者・権利者が準拠すべき規則を定める。
>   組合施行の場合は、定款を定める。
> ・事業計画……施行地区、設計の概要、事業施行期間、資金計画等を決定する。

↓

第3節　土地をみるうえでの留意点　　83

④ 土地区画整理審議会・総会の設置
・審議会……施行区域内の地権者の代表として選挙により委員を選出し、換地計画、仮換地指定等について審議等を行う。
・組合施行の場合は、組合員の総会で議決を行う。

⑤ 仮換地指定……将来換地とされる土地の位置、範囲が指定され、地権者による住宅等の建築が可能となる。
仮換地指定通知書と位置図が発行される。

⑥ 宅盤、公共施設の整備
・宅地の整地等の工事
・区画街路の築造、公園などの公共施設整備
※建物移転補償……仮換地の指定を受け、建物等の移転工事を実施

⑦ 換地処分……従前の宅地上にあった権利が換地上に移行する。
施行者による土地・建物の変更登記の実施

⑧ 清算金の徴収・交付……各地権者間の不均衡を是正するため、金銭精算を行う。

⑨ 事業の完了

a　土地区画整理事業施行区域内における留意点

① 物件の特定

　土地区画整理事業において仮換地指定がなされると、この位置において使用収益が開始され、将来的にはこの場所に換地処分がなされ、土地等の登記が移ることになる。したがって、指定前の従前地に権利関係は残るものの、不動産としての特定や実際の担保評価については仮換地をもとに行

うことになる。

　通常、土地や建物の登記情報や図面については法務局において取得ができるなど、公開されているものであるが、仮換地の位置を示す、仮換地指定通知書（もしくは仮換地指定証明書）、仮換地位置図については、施行者から土地の所有者にのみ渡されるものであり、担保取得する際は、土地・建物の登記情報に加え、これらを所有者からもらい、位置などの特定を行う必要がある。

② 区画街路について

　区画街路は換地処分前までは、所有権が確定しないため市道や県道等の認定を受けないが、建築基準法上の道路に認定されるため、建物の建築が可能になるのが一般的である。もちろん将来的には公道となるのが一般的である。ただし、事業の進展により舗装時期が異なることがあるなど、道路の通行等に制約がある可能性も否定できないため、土地の区画整理事業者か市町村の建築指導課等で確認する必要がある。

③ 清算金の有無について

　区画整理事業については、できる限り換地処分時の土地の価値を従前地の価値と合わせるように設定するが、同一にするのはむずかしい側面があり、この場合は清算金の授受、もしくは徴収というかたちがとられる。通常大きな金額にはならないケースが多いが、担保取得する場合においては清算金が発生する可能性に留意する必要がある。

④ 長期化する傾向がある土地区画整理事業

　現在の全国的な土地区画整理事業をみると、仮換地指定による使用収益開始決定は比較的予定どおり行われていても、換地処分の完了までとなると、当初計画よりも大幅に遅れるケースも存在する。この場合に、街路の舗装や上下水道等のインフラ整備にも遅れが生ずる可能性もあり、現実の使用に影響が出てこれが不動産価格に影響を与えることもあるため、供給処理施設の今度の整備状況等は、道路の整備状況を含め、上下水道やガス

第3節　土地をみるうえでの留意点　　85

を管轄する箇所できちんと確認しておく必要がある。

(7) 自然公園法との関係

　自然公園には、環境大臣が指定する国立公園・国定公園と都道府県が指定する都道府県立自然公園がある。なお管理は、国立公園が環境省、国定公園・都道府県立自然公園については都道府県が行う。

　自然公園地域内には、公有地ばかりではなく、民有地も含まれている。このため、自然環境の保護と快適で適正な利用が推進されることを目的として、自然公園法が制定されている。具体的には、国立公園内は特別地域と普通地域に大きく分かれており、特別保護地区や海域公園地区についてはよりきびしい制限がかけられている。

特別地域	自然公園の風致を維持するための地域。用途に応じて、第1種から第3種まで区別があるほか、よりきびしい特別保護地区も存在する。「許可」が必要な行為は次のとおり。 ① 工作物の新築・改築 ② 樹木の伐採、鉱物の掘採、土石の採取 ③ 河川・湖沼の取水・排水 ④ 広告の掲示 ⑤ 水面埋め立て、干拓、土地の開墾・形状変更 ⑥ 動植物の捕獲・採取、本来の生息地でない動物の放鳥獣 ⑦ 本来の生育地でない植物の植栽 ⑧ 施設の塗装色彩の変更、指定区域内への立入り ⑨ 指定区域内での車の使用など	
	第1種特別地域	特別保護地区に準ずる景観を有し、特別地域のうちでは風致を維持する必要性が最も高い地域であって、現在の景観を極力保護することが必要な地域
	第2種特別地域	特に農林漁業活動については努めて調整を図ることが必要な地域
	第3種特別地域	特に通常の農林漁業活動については原則として風致の維持に影響を及ぼすおそれが少ない

86　第2章　担保不動産についての基礎知識

		地域
特別保護地区	特別地域のうち、特に重要な地区。特別地域で許可を要する行為に加え、次の行為等には、「許可」が必要となる。 ・樹木の損傷 ・動物の放鳥獣（家畜の放牧を含む） ・植物の植栽・播種 ・物の集積・貯蔵、たき火	
海域公園地区	海域の景観を維持するための地区。 以下の行為等には、「許可」が必要となる。 ① 工作物の新築・改築 ② 鉱物の掘採、広告の掲示 ③ 動植物の採取 ④ 埋め立て・干拓 ⑤ 海底の形状の変更 ⑥ 物の係留、排水 ⑦ 環境大臣が指定する区域・期間内の動力船の使用	
普通地域	特別地域、海域公園地区に指定されていない自然公園の地域。 以下の行為には、「届出」が必要となる。 ① 工作物の新築・改築 ② 特別地域の河川・湖沼へ影響を及ぼすこと ③ 広告の掲示 ④ 水面の埋め立て・干拓 ⑤ 鉱物の掘採、土石の採取 ⑥ 土地や海底の形状の変更	

　自然公園法の指定がかかる物件としては、観光地における観光施設、ホテル・旅館、別荘などが考えられる。自然公園法についての詳細な調査は都市計画課などとは別の箇所で行うことが多いので注意したい。該当する市町村または都道府県、国立公園事務所などの関係役所において、その位置を示す図面を示し確認することとなる。なお、指定地域における建物の建設の際には建ぺい率・容積率がよりきびしく制限されているほか、色彩や意匠などについても制約が多いため注意を要する。

第3節　土地をみるうえでの留意点　87

⑻ 森林法との関係

森林法は、森林生産力向上を目的とした森林行政の基本法で、担保不動産が山林の場合、あるいは一部に山林が含まれる場合に、この指定を受けているかどうか注意を要する。森林関係の行政は都道府県の森林課などが所管しているケースが多く、指定の確認は位置図と登記簿謄本をもって確認することになる。

このうち、特に注意を要するものに「保安林」がある。保安林は農林水産大臣または都道府県知事が森林法25条に基づき指定するもので、伐採や開発に制限を加える森林で「水源かん養保安林」をはじめ全部で17種類が存在する。

立木伐採においては都道府県知事への届出または許可が必要となる。また、家畜の放牧、下草・落葉・土石・樹根の採取、土地の形質の変更については都道府県知事の許可が必要となり、きびしい制約がかかる。

■保安林の種類

水源かん養保安林、土砂流出防備保安林、土砂崩壊防備保安林、飛砂防備保安林、風害防備保安林、水害防備保安林、潮害防備保安林、干害防備保安林、防雪保安林、防霧保安林、なだれ防止保安林、落石防止保安林、防火保安林、魚つき保安林、航行目標保安林、保健保安林、風致保安林

このように保安林指定を受けると土地の利用に大きく制約がかかるため、単独で担保取得する場合については、その担保適格性は低いものになると考えられる。

3 環境面からの留意点

(1) 土壌汚染との関係

土地については、環境面からいくつか留意すべき点が存在する。第1にあげられるものに土壌汚染発生の可能性がある。

元来、工場の敷地としての利用等で有害物質を使用した生産工程等が存在した場合、なんらかの土壌汚染が発生するケースが多い。このため過去の土地利用については十分に注意する必要がある。埋め立てを行った土地の場合、外部から持ち込んだ土に有害物質が含まれる等、環境的な問題がないかという点も調べなければならない。

まれにではあるが自然由来で有害物質が存在することもある。フッ素等が一般的な環境基準値を上回る地域等が存在するが、この理由について明らかでないケースも多々存在する。このため、汚染事実の判定を行うためには、詳細な土壌汚染調査を実施することが必要となる。

ただ、この調査費用はそれなりに大きな額になることもあり、有害使用物質工場の閉鎖時など以外に、土壌汚染調査が頻繁に行われることはまだ少ない状況にある。

そもそも、土壌汚染は対象となる土地上でなんらかの汚染につながる土地利用を行っていたことばかりを原因とせず、近接地や場合によっては離れた場所から地下水を経由して汚染が発生するケースもあり、汚染発生は多彩な理由・ルートを経て生ずるものである。したがって、周辺の土地利用も十分に踏まえて汚染可能性を判断する必要がある。

現在では工場跡地の利用、特に住居系用途の建物への転用が増加しており、これに合わせるかたちで、土壌調査および改良技術は急速に進歩している。当然にして、なんらかの汚染があった土地も、土壌浄化がなされることで担保適格性が回復し、融資が可能になるものと考えてよい。

ただ、浄化が完了しても、過去に汚染事実が存在したことによる、Stigma（スティグマ：「汚名」の意味）と呼ばれる心理的な要素が残り、通常の土地価格より減価されることがありうるので留意したい。スティグマは転用後の用途が工場の場合はその程度は小さく、住宅や商業施設の敷地として利用される場合はある程度の減価が残る可能性があると考えてよい。

では、汚染可能性の有無はどのように調べるのであろうか。一般に地質調査会社に土壌汚染調査を依頼すると次の段階別での調査が行われる。

Phase 1 地歴および現状調査	土地の過去の利用状況を、過去の図面や役所や所有者等への聞取り調査を行うことで実施し、また現地調査を行い利用状況をみて汚染可能性がないか調査する。
Phase 2 サンプリング調査	対象地土壌の一部（特に汚染可能性があると考えられる箇所を中心に）を採取し、採取調査する。
Phase 3 より広範囲な調査および対策計画の策定	対象地全体、あるいは汚染可能性が高い箇所についてポイントを策定した調査（メッシュ調査ともいう）を行い、具体的な物質に基づいて対策計画を策定する。

(2) 高圧線の存在

対象地上、あるいは付近に高圧線が通っている場合、通常、土地の価値は通常下落する。特に住宅地や商業地についてはこの影響度は高い。

一方で工業用不動産の場合には高圧電力を必要とするのが通常であり、工場団地や工場集積地については高圧線が通過する箇所が多数存在する。このため地域内における減価は住宅地に比べると小さい。

高圧線が通過する場合は、土地の登記情報をみると地役権が設定されているケースが多い。地役権は当然にしてこの利用箇所が存在し「要役地」と呼ばれているが、登記情報にこの場所と利用内容が記載されている。

4 供給インフラからの留意点

土地を利用するにあたり、居住、生産活動、商業活動などさまざまな利用

90　第2章　担保不動産についての基礎知識

方法が存在するが、どの場合においても必要となるのが、上水道・下水道・電気・ガスといったインフラである。すでに接続がなされ、使用が行われているケースの場合は問題が少ない。

　今後利用する場合については、使用量や必要とする電力容量、接続する水道管等の口径といった点で、現状のままでよいかあるいはなんらかの整備のための工事費用や負担金がかかるものなのか、もしくはそもそもインフラ的にむずかしいものか調査する必要がある。

上水道	① 居住、商業、生産活動に応じて適切な供給ができる水道管が存在するか確認する。 ② 土地の分譲などを行う場合に、現状の水道管では十分供給ができないこともありうるので注意する。 ③ 工場等の場合、一般的な上水道を利用するとコスト高になるため、工業用水の利用や井戸水の利用といったものも考えておく必要がある。
下水道	① 公共下水道がある場合、これへの接続に問題がないか確認しておく。 ② 公共下水道がない場合には、浄化槽などの施設が存在するか、その後河川放流する際に環境面での問題がないか確認する。
電気	① 送電線を経由した送電に問題がないか確認する。 ② 工場等は高圧電圧での送電線との接続がポイントとなる。
ガス	① 都市ガス供給区域かどうか確認する。 ② これ以外の場合についてはプロパンガスによる供給となる。

5　自然災害との関係

　災害発生は突然で、かつ過去の経験則すら超えるものが多くなっており、完全な対策をとることはむずかしい面がある。

　ただ、発生可能性の予測研究は常に行われてきており、「災害ハザードマップ」（あるいはこれに類するもの）を用意している市町村あるいは都道府

第3節　土地をみるうえでの留意点　*91*

県も多い。

　自治体では、河川氾濫による水害・土砂崩落可能性のある地域・津波発生における予測高といったものを提示し、予防を呼びかけており、これらを参考とするのが1つの方法となる。最近では液状化の可能性を示したものもあり、参考となる。

■自然災害として考えられるもの
　・河川の氾濫による水害
　・土砂崩落（がけ崩れ）の可能性
　・地震時における土地の液状化の可能性
　・津波発生の可能性

6　地耐力・地盤との関係

　大地震が発生すると土地の液状化が起き、建物に大きな被害が発生することになる。東日本大震災では埋立地の一部で大きな液状化が発生したケースがあったほか、高台の住宅地においても盛土の宅盤について被害が発生した一方、切り土については被害が比較的軽微な結果になったエリアがあったことは記憶に新しい。

　土は最も粒子の大きい岩から、最も小さい粘土まで大きく分けて5つのカテゴリーがあり、大きいものから「岩盤」「砂礫」「砂」「シルト」「粘土」の順に粒子が小さくなっていく。一般に粒子が大きいほど土の強度が大きくなり、小さいほど弱くなる特性があり、岩盤質の石土地が最も強く、粘土質の土地ほど地盤が弱いと考えられている。なお、地盤の強さを表す指標にN値というものがあり、土質と主に利用される用途に基づき必要とされるN値を満たした地盤であることが土地利用上求められる。

92　第2章　担保不動産についての基礎知識

建物については杭を打って建てることが多いが、強固な地盤にまで届いていることも大事となる。

7　文化財保護の観点からの留意点

　土地利用は、文化財保護法の規制を受ける。ここでは埋蔵文化財の存在がいちばんの問題となる。「周知の埋蔵物文化財包蔵地」として指定を受けているかどうかは、通常市町村の教育委員会に属する文化財課あるいは生涯学習課等において、地図などの位置を特定する資料を提示することで調査することができる。

　旧来からの市街地の場合には城跡などの包蔵地指定を受けているケースも多く、現実には指定地でも建物の敷地として利用しているケースもあり、き

■試掘調査とその後の取扱い

行政機関による試掘調査の実施（注）
　建物の敷地として利用されていない箇所において、試掘調査を行うもので、これにより出土可能性を調べる。

　　試掘調査で特段の出土品がない場合
　　　工事において注意をしながら土壌掘削を行う旨の指導を受け、出土品があった場合には速やかに届けることになる。

　　試掘調査で出土可能性がある場合
　　　発掘調査（本調査）が実施される。費用については土地所有者サイドが負担するケースが出てくるので注意を要する。また、期間的なものについても規模や出土状況によって異なるので、費用見積りとともに、役所の窓口で確認されたい。

（注）　遺跡の内容や規模によるが、おおむね1〜3日程度と考えられる。試掘費用を公共サイドが負担するケースも多いが、役所の窓口で確認する必要がある。

第3節　土地をみるうえでの留意点　　93

ちんと調べて対処ができれば土地利用そのものを大きく阻害するものではないことも多い。

建物の建築等、土地の掘削を伴う土地利用を行う場合、前頁のような行政からの指導を受けることになる。

なお、建物の建築や土地の形質の変更を行わない場合は、特段の調査を行うことは通常ない。すでに整地した土地の上を青空駐車場として利用するといった場合は該当しない。

8 　地下埋設物の有無

過去に工場等で利用された土地の場合、地下部分に設備が残っていることが考えられる。このような地下埋設物の存在は土地の減価につながるため、地下埋設物が存在するかどうか過去の土地利用等を踏まえて調査を行わなければならない。

9 　目にみえにくい権利設定

土地には地役権が付着していることがある。たとえば無道路土地からの通行権、水路利用等で設定されるケースも多く、設定内容をよく確認する必要がある。逆に道路への直接接面がない土地において、地役権による通行権を前提としている場合は、この所有者と将来的に通行権が確保できるか検討する必要がある。

その他の特殊な権利として、最近では、主にリゾート地等で「眺望権」を登記するケースが多く、この権利付着がどのようなものか確認する必要がある。権利関係の詳細は登記情報には現れないため、個々の契約書等を確認することが求められる。

94　第2章　担保不動産についての基礎知識

第4節

建物についての基礎知識

1 建物とは

建物とは土地に定着する工作物のうち、屋根・柱および壁を有するものである。屋根はあるが壁がないものは、通常構築物として扱われる。民法上建物の定義は特段なく、建築基準法による建築物、不動産登記法による建物の定義をみると次のとおり記載されている。

建築基準法による建築物	土地に定着する工作物のうち、屋根および柱もしくは壁を有するもの、これに附属する門もしくはへい、観覧のための工作物または地下もしくは高架の工作物内に設ける事務所、店舗、興業場、倉庫その他これらに類する施設（鉄道および軌道の路線敷地内の運転保安に関する施設ならびに跨線橋、プラットホームの上家、貯蔵槽その他これらに類する施設を除く）をいい、建築設備を含むものとする。
不動産登記法（不動産登記準則）による建物	建物とは、屋根および周壁またはこれに類するものを有し、土地に定着した建造物であって、その目的とする用途に供し得る状態にあるものをいう。 一般的な概念としては次のものをいう。 ・屋根および周壁などの外気を分断するものを有することが必要である。 ・土地に定着したものである。 ・当初から一定の利用目的をもって建築されるものであるから、その目的とする用途に供しうる状態にあること

不動産担保においては不動産登記法による建物を原則として建物として考え、これに該当しないものは構築物または工作物として取り扱うのが一般的

となっている。

2 建物における面積の基準

　では、この建物の面積は登記簿に記載されているものが、いちばん適切なのであろうか。そもそも、実際の建物面積と、建築士が描く設計図書の面積とでは違いがある。またマンションのような区分所有建物の専有面積は、登記上では内法面積（壁の内側の面積）だが、売買では壁芯（壁の中心を基準とした面積）であるため、数字が異なる。

　不動産鑑定評価や担保評価などを行う場合にはこの建物の評価対象となる面積をなんらかのかたちで確定しなければならないが、通常は登記面積または建築確認通知に記載された面積のいずれかを用いることになる。

　建物については、長い年月を経たものであれば増改築を行うことが多く、これにあわせて登記簿の面積を修正すべきであり、担保としてみるうえでも修正は必要と考える。ただ、現実には面積修正を行っていないケースもみられる。

　外形的な点で増築箇所が判明したとしても、増築の際に建築確認を新たに取得していないケースも多く、詳細な面積がわからないことも多い。ただ参考として、市町村が課す固定資産税については比較的細かくこの面積について調査を行っている場合がある。したがって、固定資産税課税台帳（あるいは納税通知書）に記載されている建物面積と登記面積が異なる場合は、この原因を調べるとよい。

　また未登記の建物についても固定資産税課税台帳上は面積が記載されていることがある。未登記である以上、抵当権設定はできないが証書記載などを行い、保全を図ることが必要となる。

96　第2章　担保不動産についての基礎知識

3 建物の合法性

　建物は、土地上に建設されるものであるが、土地の項に記載したとおり、市街化区域に所在する土地については用途地域が指定され、同時に建ぺい率や容積率といった建物の建設についての規制が定められている。またこれに加え、建築には建築基準法等に規定するさまざまな技術基準などにも合致していることが求められる。

　建物の設計は通常一級建築士事務所等が設計図面を作成し、これをもとに建築確認の審査機関（かつては市町村または都道府県の建築指導課などが担当していたが、現在は民間会社による審査機関が中心的存在となっている）による審査を経て適法であると判断され、建築確認を取得し、実際の建築をスタートさせる。建物の建築が終わると使用開始前に工事完了検査を受け、施主への引渡し後、建物の使用が開始される。

(1) 建築確認と検査済証

　金融機関の担保不動産においては、建物は当然合法なものでなければいけない。このために、まずは所有者などから建築確認通知と検査済証をみせてもらう、あるいはその写しを徴収することが不可欠となる。この内容については通常行政機関でも確認することができ、通知書等の記載内容の整合性を確かめるために、記載事項証明書等の書類を取得することもできる。

　ここでよくある厄介なケースとして、建築確認を取得しておきながら検査済証を取得していない（工事完了検査を受けていない）ものが時々出てくることがある。これはなんらかの違法行為を行っている可能性（たとえば駐車場として建築確認を取得していながら店舗に改装しているなど）があるので、この背景を十分に調査する必要がある。

　建築確認・検査済証は、建築物と昇降機（エレベーター・エスカレーター）の双方において発行される。これらの書類があるからといって、直ちに合法

第4節　建物についての基礎知識　　97

建物かどうかの判断はつきにくい面がある。たとえば改装を行っているケースで、用途的には不適合になっていることも考えられる。詳細な調査を行うためには内覧を行い、設計図書などとの照合を行うことが不可欠になるが、金融機関職員がここまで実施するのは現実的ではないとも考えられる。このため、後述するエンジニアリングレポートの活用等が合法性確認の方法となる。

POINT

■建築確認通知および検査済証を取得しているかの確認

　市町村または都道府県の建築指導課等で調査することができ、多くの役所では取得内容を記載した「台帳記載事項証明書」を取得することができ、一定の手数料を支払えば第三者でも取得ができる（建築時期によってはとれない場合もあるので注意したい）。建築確認の概要書という敷地図面等が記載されたものを閲覧、あるいは複写できることがあるが、これについては保存期間が短いため古い建物の場合は確認できないことが多い。

⑵　違法建築物の考え方

　金融機関としては、違法建築物について厳格に対処することが望ましいものと考える。ただ、是正が容易であれば是正を前提とした対応が現実的でもあろう。

　なお、既存不適格建築物は、現行法には合致していなくても建築当時の法規になんら抵触していないため、違法建築物ではないので注意したい。

⑶　合法使用でない典型例

　合法使用ではない典型的なものとしては、容積率を超過するケースが多

く、たとえば容積率不算入が認められる駐車場部分を事務所や倉庫として利用するケース等が考えられる。簡易的に駐車場を店舗として利用しているケースなどさまざまあり、このような物件はできる限り早急に合法使用に是正してもらうことが肝要である。

(4) いわゆる既存不適格ビル

既存不適格という言葉は、法律施行前から存在するものについての既得権保持的な意味合いを指す。

建物において既存不適格のものは多く、特に容積率に関する既存不適格ビルが多く存在する。この典型例は、都市計画法においては昭和39（1964）年の改正による容積地区指定前の建物絶対高制限しかない時代のビルで、この使用容積率が現行の指定容積率を超過しているものを指す。

都市の中心部に多く、建替えを行うと床面積が小さくなってしまうことから、耐震改修等で現在も利用しているものが多いことが特徴といえる。これは合法物件であり、この点のみでみると、融資継続に特に問題はない。

(5) 容積率についての留意点

建物の合法性を確認するうえで、最も重要となるのが容積率オーバーの物件ではないかという点である。この点についての確認方法などを少し解説したい。

a 容積率不算入規定

登記面積上の敷地面積と建物の延床面積からみた際に、容積率を上回る建物面積があることが多い。これは延べ床すべてが容積率計算上算入されるものではなく、たとえばビルやマンションにおいて、駐車場として利用している区画については一定の基準で容積率の不算入が行われる。

これは駐車場整備の観点から緩和規定が設定されたものといえる。一方で、これを悪用し1階部分を当初駐車場として建築確認を取得しておきなが

第4節 建物についての基礎知識 99

ら、後日事務所等容積参入される用途に変更してしまうビルも存在する。これは違法行為となるので要注意である。

b　総合設計制度

建築基準法59条の2により、大規模なビルの場合、公開空地を設ける等により斜線制限の規制を緩和し、さらに容積率のボーナスをもらうことがあり、これによるビルは指定容積率を超過した建築物になっていることがある。総合設計制度を活用したビルかどうかは、市役所等の建築指導課等で確認することができる。

この制度が使える敷地は通常2,000〜3,000m²以上で、法律上は500m²以上となっているが行政機関では1,000m²以下では受け付けないところも存在するようである。

c　都市再生特別地区

国は大都市において、都市再生緊急整備地域の指定を行い、整備を促したが、この地域内において、既存の用途地域に基づく規制を適用除外として、開発者の提案により指定された地区で、大幅な容積率のボーナスをもらうかたちのものが多い。

ただし、建物内に公共関連施設（たとえば大学等）を入れることを前提としたものが多く、これらの用途変更ができない点に留意する。

4　エンジニアリングレポートとは

不動産担保をみるうえで、最近よくとられるようになったものとしてエンジニアリングレポート（通称ER）がある。これは、証券化不動産や大型の投資用不動産の売買、これらに対する不動産鑑定評価を行う際に作成されるものである。

建物の状況を把握するための専門家による調査書類であり、この内容について少し解説する。

(1) 作成会社と準拠基準

ERは、通常ゼネコンや建物調査会社、一級建築士事務所等が作成するものである。一級建築士をはじめ有資格者が関与して作成される。作成における準拠基準には、一般社団法人日本ビルヂング協会連合会が策定した「不動産投資・取引におけるエンジニアリング・レポート作成に係るガイドライン」があり、これをみるとERとは、次の4つの報告書が一体化したものを指している。

・建物状況調査報告書

・建物環境リスク評価報告書

・土壌汚染リスク評価報告書

・地震リスク評価報告書

それぞれの書類の記載内容は次のとおりとなっている。

(2) 記載内容

a 建物状況調査報告書における記載内容

通常は以下のものが記載されている。

立地や建築・設備の概要	位置や構造、電気・給排水・衛生設備、昇降機の概要
設備等の更新・改修履歴	建築後の更新修繕履歴と今後の計画
構造概要・設計基準	構造とこれに対する性能評価、設計に対する性能評価等
遵法性	建築確認・検査済証の有無、建築基準法等への準拠状況、既存不適格箇所の存在、是正の必要性の指摘
緊急修繕更新費用	直ちに修繕・更新が必要な箇所の指摘と費用の査定

第4節　建物についての基礎知識　*101*

短期および長期修繕更新費用	長期修繕計画に基づく修繕・更新費用
再調達価格	現時点において対象建物を再建築した場合の価格（設計・監理料は含まない価格）

b 建物環境リスク評価報告書

　建物が人体などに対して影響を与える環境基準に適合しない事項がないか記載するもので、通常は、アスベスト使用箇所の存在の有無、PCB油が混入されているトランスの存在の有無とその保管状況を目視とヒアリング等で実施したものが記載されている。

　これらの問題点が発見され、対策をとる必要があるなど、詳細な調査が必要な場合は、外部委託によって踏み込んだ調査結果を踏まえた内容が記載されていることもある。

c 土壌汚染リスク評価報告書

　これは敷地についての土壌汚染状況の有無、可能性についての調査結果が記載されるもので、通常は地歴調査や周辺の土地利用動向、土壌汚染の可能性を調べた結果について記載したものである。いわゆるPhase 1調査のものが一般的で、より詳細な調査を行う場合には、土壌浄化方法の策定を含めた、外部への委託を行うことが多い。

d 地震リスク評価報告書

　ERには、地震による予想最大損失（PML：Propable Maximum Loss）と呼ばれるリスクについての調査結果が記載される。

　すなわち建物の耐震性能を詳細に分析したものではなく、耐震診断を行う場合は、構造計算専門の事務所に設計時の構造計算書などを持ち込み、別途調査が必要となる。したがって、この地震リスク評価報告書には耐震補強などに関する記載はない。

(3) 建物の合法性などの判断における活用方法

ERは、敷地と建物の双方についての現状や問題点などが記載されている
レポートであるが、建物の合法性、既存不適格箇所の存在、設備の更新状況
といった専門的な点はこれを参考とすることができる。

建築確認・検査済証の取得状況	これらの取得が行われているかについて書面による審査を行うとともに、その後の使用に違法使用がないかといった観点を設計図書をみながら目視などを行った調査結果が記載されている。
改装箇所の合法性のチェック	改装、一部増築などが行われている場合に、新たな建築確認取得が必要であったなどの調査が行われ、合法的に行われているか調査がなされている。
既存不適格箇所のチェック	既存不適格は違法建築ではないことから、直ちに是正が必要なものではない。とはいえ現行法基準にできるだけ近づける努力は必要であり、この箇所について認識しておくことは重要であると考える。
設備の更新状況	空調・電気・衛生設備といった施設は、一定の経年で更新が行われることが不可欠であるが、これらがどの程度行われているか、書面および目視調査をもとに記載されている。

(4) 長期修繕計画（大規模修繕）についての記載の活用方法（資本的
　　支出の査定）

建物の長期的な修繕計画を立て、これをもとに大規模修繕などを適宜行う
ことは、建物を維持していくうえで必要不可欠なことである。修繕・更新箇
所については現在までに行われた履歴がER内に記載されているが、今後必
要となる箇所の指摘とその金額を示しているものが修繕計画である。ERに
よりその記載期間は異なるが、一般的には10年から30年程度の期間におい
て、現在の物価基準をもとに算出された金額が記載されている。これをみる
と、比較的近い時期でどの程度の修繕等の費用がかかるかがある程度予測で

第4節　建物についての基礎知識　　*103*

きる。

　もちろん、修繕や更新はこの計画に従って必ず行われなければならないものとは限らず、設定している期間よりも設備が長い期間で使用できることもある。ただ大きな参考となるため、不動産鑑定評価における収益還元法の適用において、長期修繕を行うための資本的支出の額の査定においても活用されている。

5　建物の物的な面での留意点

　建物は大きく分けると躯体（スケルトン）と設備（インフィル）に分けられる。近年では躯体部について仕上げ（外部、内部）を分けるようになっている。

　躯体は木造、鉄骨造、鉄筋コンクリート造、鉄骨鉄筋コンクリート造の主に４つが存在し、これらを合体させたつくりのものも存在する。一方、設備は電気・空調・衛生・昇降機等といったものに分けられる。設備の内容は、機械や配管関係が中心となるものであることから、躯体部分に比べると設備部分の耐用年数・使用年限は短いのが通常である。

　ここでは、金融機関が押さえておきたい建物の基礎知識について簡単に整理を行う。

(1)　建物の構造

　建物は通常、屋根・柱・壁・床といった構成要素があり、躯体を構成する構造体としては、何よりも屋根と柱が重要となる。一方で、建物の耐力を壁にもってきた、いわゆる「壁構造」建物も存在し、この場合は壁の状況が重要となる。近年では耐震性能を上げるため壁を厚くするケースも多く、特に耐震改修工事を行う際には耐震壁と呼ばれる、窓を壁に変更したり、いままでの壁厚により厚みを加える工事などもなされる。

104　　第2章　担保不動産についての基礎知識

構造体を構成するものと、そのチェックポイント例をあげると次のものがある。

屋根	屋根の役割として主には防水があり、風雨を防ぐ重要な役割をもっている。屋根の傷みが発生すると建物内に水が入ることになるが、室内のみならず躯体を形成するコンクリート内に浸入することも多い。水が構造体に入ると通常の耐用年数、使用年限よりも利用可能な期間が短くなってしまうことがありうる。 建物調査を行うにあたっては、何よりも屋上に登り、屋根の防水状況（コンクリートまたは鉄板の状況を確認する）、コーキングの状況をチェックし、傷みが激しい場合は十分に注意する。
外壁	外壁も屋根同様風雨を防ぐとともに、外観上の大きな役割をもっている。このため、タイル貼りの外壁の場合はタイルの浮き具合などを確認するとともに、吹付塗装のものの場合は色の変色状況もチェックする。外壁が傷むとタイルなどの落下により事故が発生するため十分に注意する。 浮き具合などは外からみただけではわからないが、専門業者による詳細な調査では、打音調査といって実際に壁部分を叩いて音の状況でチェックすることになる。
柱 （構造体）	構造体は建物内部などでみることができる場合があるが、通常はパネルで囲まれる、あるいはクロスが貼られる、塗装がなされるなどして剥出しの状態は少ない。 建物の使用年限等を調べる場合にはコンクリートの状況（中性化進行度）を調査する必要があるが、これは専門業者の領域となる。

(2) 物理的耐用年数（または使用年限）と経済的耐用年数

建物の耐用年数を示すものとしてはさまざまなものがある。法定耐用年数について考えると、たとえば税務上のものを1つの基準として考えることになるが、現実の建物の物理的状況での耐用年数の算定は容易ではない。一方で、経済的耐用年数という概念があり、会計上や不動産鑑定（経済的残存耐用年数という概念）などでこれに類する概念のものが使われている。これは現実の経済価値を基準として考える耐用年数であり、物理的側面での使用年

限とは異なる面がある。この場合、鉄筋コンクリート造の建物について躯体部分を50年程度で判断しているケースが多いものと考えられる。

　一般的に、経済価値という側面を十分考慮すると「建物の使用年限＞建物の経済的耐用年数」の関係が成り立つと考えられる。使用可能年限を超えた経済的な耐用年数設定は通常は考えられない。ただ建物の適切なメンテナンス、修繕・更新を適宜行うことで「建物の使用年限≧建物の経済的耐用年数」あるいは「建物の使用年限＝建物の経済的耐用年数」までもっていくことは可能なのではないかと考える。

　一方で金融機関にとってみると、融資の償還年限というものがある。これが建物の物理的な側面とはまったく別で、償還年限は貸金が最終的に回収されるまでの年限を指すものである。ただ、経済的残存耐用年数（新築時の経済的耐用年数から経過年数を控除したもの）を下回った場合、論理上では償還前に建物の価値がなくなってしまうというかたちでとらえられかねない面もあり、きちんと整理しておく必要もある。

　そもそも、建物の使用年限（物理的使用年数）をどのように考えるべきであろうか。これについては建物の個別性があり一概にはいえず、また立地環境の自然条件によっても異なることは明白である。国土交通省が策定している計画修繕の前提をみると、鉄筋コンクリート造および鉄骨鉄筋コンクリート造の建物耐用年数について65年程度を基準としていることが参考となる。仮にこれを１つの指標として考え、現実にはこれよりも若干の余裕があるものと考えると建築後70年程度が使用年限と考えられる。

　もっともこの年数を経る間に、建物を取り巻く法規の改正が行われることは想定される。もちろん建築時の法律に合致していれば既存不適格建築物であり、あくまでも合法建築物である。ただ、たとえば防災上の観点、たとえば耐震性能との関係を踏まえると通常の計画修繕に加え、耐震補強工事が必要となる場合も考えられる。また、時代の変化とともに意匠面での大きな変化が商品価値を落とすということも容易に考えられる。いわゆる歴史的建築

106　　第2章　担保不動産についての基礎知識

物になるような外観であればよいが、標準的なビルの場合、経年とともにその意匠的な側面は現在のものより劣るのは当然であり、みた目と効用に関連性はない面はあるとはいえ、やはり商品価値としてきびしくなるものと推定される。

その意味では、鉄筋コンクリート造で仮に計画修繕想定年限である65年ないしはこれを若干超過した70年を使用年限とした場合に、これに呼応して十分な経済的な価値、使用価値があると考えるためには、主に次の点を適切に行っている、あるいは条件を満たしているかが大きなポイントになるものと考えてよいだろう。

検討項目	具体的な内容
適切な計画修繕の実施	躯体・設備あるいは仕上げに関する十分な維持管理、修繕が実施されているかどうか
建物の劣化の状況の調査	コンクリートの中性化の状況などを中心とした調査を行い、通常想定している劣化の範囲内で躯体維持がなされているか
耐震性能が十分であるか	現状の耐震性能を満たしているかどうか、耐震補強工事などを行っているものであるか
意匠面での商品競争力	適切なリニューアル工事を実施して、競争力のある外観、内装を有しているか
設備面での商品競争力	空調設備や照明設備などの交換が行われているか、共用部分について極端な陳腐化がみられないか

(3) 建物の計画修繕（長期修繕計画の策定と資本的支出の必要）

建物にはさまざまな部位があり、まず大きく分けると躯体と設備（さらには仕上げ）があるが、それぞれの部位ごとに修繕や更新、交換が必要となる。なぜなら各設備の交換部品がなくなったりすることで、使用ができなくなる可能性も存在するからである。

できる限り建物を長期使用する場合は、それぞれの耐用年数に基づいた計画を立て、不具合が発生する手前で修繕等を実施することが求められる。こ

の計画は、建物を実際に建設した建設会社が提案することが多いが、詳細か
つ正確に知るために「エンジアリングレポート」をとることや、プロパ
ティー・マネジメント会社に依頼して適切なコンストラクションレポートを
作成したうえで修繕等を実施することもありうる。

　もっとも、現実には計画よりも長く使用可能なものや、エネルギー効率等
の関係から早期に交換を行うほうが合理的なケースも多く、施主・管理会
社・各部位を取り扱うメーカー等と相談しながら、時々計画そのものの見直
しを行うことも肝要である。建物が使用年限まで利用ができ、賃貸料等の収
益を獲得するためには、まず計画修繕を適切に行う必要がある。

(4)　コンクリートの中性化

　建物の躯体部分のうち柱・壁・床部分が最も大きな割合を占め、これにつ
いては計画的な交換等は現実的に不可能である。したがって、屋根や外壁を
適切に補修・修繕して維持管理を行うことで劣化をできる限り防ぐことにな
る。

　では、この躯体部分の大半を占める柱・壁・床部分の劣化をどのように判
定すべきであろうか。これらの部分はコンクリートと鉄筋から構成されてい
るものであるが、劣化の度合いをみるにあたってはコンクリートの状況をみ
ることが最も適切で、その判定方法に「コンクリートの中性化調査」があ
る。そもそも鉄筋コンクリート構造の建物は、コンクリート（セメント）が
硬化する際に生成される水酸化カルシウムの強アルカリ性で、内部の鉄筋の
劣化（腐食）を防止しているが、これが期間経過で一般的な大気等と反応し
て中性化し、これが深まることで鉄筋の防錆機能が低下して腐食が進むこと
となる。したがって中性化の進行度（深さ）を調べることで建物の残存耐用
年数を調べることができる。

a　具体的な調査方法

　コンクリート中性化調査は、通常建物の一部（たとえば柱、梁、床スラブ部

分等）をコアサンプルとして抜いたうえでこの状況を調査する方法をとる。

コンクリートは経年劣化すると中性化が進むが、この進行度（深さ）を測ることで使用年限が判定できるというものである。具体的には中性化の進行度による深さとコンクリートのかぶり厚さを比較して使用年限を調べるものである。

POINT

■コンクリートの中性化＝建物の劣化がわかる

中性化進行度（深さ）とコンクリートの「かぶり厚さ（注）」との関係で調べる。

（注） かぶり厚さとは……鉄筋コンクリートの鉄筋部分からコンクリート表面部分までの最短の厚さを指す。これが厚いほど鉄筋への影響が少なく、耐用年数が長いことになる。鉄筋コンクリートの場合、通常そのかぶり厚さは約30mm程度が多い。

中性化が進むとそれだけ、鉄筋が表面に出る確率が高くなる。中性化はコンクリートである以上進行するのはやむをえないが、標準的と考えられている中性化の進行度と建物の経過年数を式（中性化理論式：浜田式と呼ばれるもの）で表すと次のとおりとなる。

■経年に応じた標準的な中性化進行度式

基準中性化の深さ（mm）＝ $\sqrt{（経年／7.2）} \times 10$

［例示］

建築後27年経過したビルで考えてみよう。上記浜田式の経年に27を当てはめはめると、$\sqrt{（27／7.2）} \times 10 ＝ 19$mmとなる。

この式で求められたものみると、標準的なコンクリートの場合27年経過すると19mm中性化が進行することを意味する。これ以下の数値の場

第4節　建物についての基礎知識　　*109*

合、ビルのコンクリート劣化速度は遅いと考えられ、想定している使用
年限よりも長くもつことを意味する。

一方で、中性化が完了するまでの長さ（あと何年もつか）を示す式として
は次のものがある。

■中性化完了時期までの予測式（$\sqrt{t}$則と呼ばれるもの）

基本式……$C = A\sqrt{t}$

　　　　　C：中性化深さ（mm）

　　　　　A：中性化速度係数（ケースバイケースで算定する）

　　　　　t：経年（年）

［例示］

　10年経年の鉄筋コンクリート建物で、中性化深さが10mmの場合、鉄
筋かぶり厚さ30mmの深さまで中性化が達するまでの期間はあと何年か
上記式に入れてみよう。

　基本式は、$10 = A\sqrt{10}$

　A（中性化速度係数）$= 10 \div \sqrt{10} = 3.16$と求められる。

　基本式に下記数字を代入

　　C　中性化深さ　　：30

　　A　中性化速度係数：3.16

　$30 = 3.16\sqrt{t}$

　$\therefore t = 90$（年）

　$90 - 10 = 80$（年）

中性化完了時期まであと80年となる。

110　　第2章　担保不動産についての基礎知識

(5) 耐震性能との関係

a 耐震性能についての歴史

建物の使用年限との関係で最も重要な側面に、耐震性能がある。耐震性能は大きな震災が国内で発生するたびに見直され強化されてきている。東日本大震災以降では、「建築物の耐震改修の促進に関する法律（通称、耐震改修促進法）」が改正・強化され、一定規模の特定建築物については耐震診断の義務づけが行われている。これはホテルや病院などといった特定建築物は不特定多数の人の利用が前提となるものであり、加えて避難確保上特に配慮を要する者が利用する老人ホーム、小・中学校等といった建物の安全性をより強化することを目的としている。

〔建築基準法と耐震性能の流れ〕

昭和25（1950）年	建築基準法制定
昭和46（1971）年	柱の補強規定の追加
昭和56（1981）年	新耐震設計法の採用
平成7（1995）年	耐震改修促進法施行
平成12（2000）年	限界耐力計算法の導入
平成18（2006）年	改正耐震改修促進法
平成19（2007）年	構造計算適合性判定
平成25（2013）年	耐震改修促進法改正（特定建築物）

b 現行における建築基準法における耐震基準

現行の建築基準法では、昭和56（1981）年6月改正の基準を「新耐震基準」と呼び、これに合致することが要請されている。ここで想定している、地震規模と耐震性能は次のとおりとなる。

・中地震時（80〜100gal程度）……震度5強程度

柱梁壁にひび割れが生じない（無被害）。

・大地震時（約300〜400gal程度）……震度6〜7程度

柱梁壁に部分的なひび割れが生じるが、倒壊や特定階の落階等は生じない。

［注意点］

① 現在のいわゆる「新耐震基準」は、昭和55（1980）年7月建築基準法施行令の一部改正公布、昭和56（1981）年6月同上施行の手順で行われたもので、新耐震制度の適用は昭和56（1981）年6月1日以降に建築確認申請が提出されたものを指し、これ以前の建物は旧耐震の建築物となる。

② これ以前の建物すべてが、耐震性能が低いということを意味するものではない。実際に計算すると現行基準を満たすものも存在するので注意を要したい。

平成25（2013）年の耐震改修促進法の改正では、ホテルや旅館といった特定建築物については延床面積5,000m^2、学校関係の建物は1,500m^{2}以上について耐震診断が必要となっている。使用年限との関係で考えると、建物の耐震性能は新耐震基準を満たすことがある程度必須になってきているが、この基準を考えるにあたっては耐震診断が必要となる。

c　現状行われている耐震性能診断

耐震性能の診断は非常に緻密な作業が必要となり、時間とコストがかかる作業といえる。現状行われている耐震性能診断のグレードを示すと次のとおりとなる。

	診断法
第1次診断	簡易簡便計算
第2次診断	壁や柱の耐力をそれぞれの箇所ごとに計算する
第3次診断	精密診断

d 耐震性能を示す数値と耐震補強工事

これらの耐震性能診断の結果、表される数値に、Is値（構造耐震指標）がある。耐震性能が満たされていると考えられるためには、通常、Is＝0.6以上であることが要求されており、学校などさまざまな人の出入りがあり耐震性能が高いことが要請される建物についてはIs＝0.7以上が要求されている。

通常、建物の各階X方向・Y方向について算出し、不足部分については、耐震補強を行う等の方法を講ずることになる。耐震補強は、耐震壁を設置する（たとえば窓をなくして壁にする）、制震ダンパと呼ばれる油圧式の筋交を入れる、柱の補強（耐震強度が弱い階の柱を強化するため厚くする）といった工事をもって行われる。これらの工事を行うことにより、目標とするIs値の基準を上回るように補強工事が実施される。耐震性能が低い建物については、さまざまな箇所において耐震補強工事を行うことが必要となる。

この工事は、テナントビル等の場合、テナントが事業・営業活動などを行いながら比較的容易に実施できるケースもあれば、工事の箇所や規模によっては、テナントを一度移転させなければいけないケースも出てくる。また補強箇所自体が建物の意匠（見栄え）に大きく影響することも考えられるため、この点の影響もできる限り小さい方向で検討する必要がある。なお近年は補強コストを抑え、意匠面での影響が小さい設計も行われるようになってきている。

e 地震リスク評価（損失額の予想を示すもの）

Is値とは別に、証券化不動産等の世界では、PML値と呼ばれる数値を求めることが一般化している。

PML値とは、耐震性能をもとに地震による予想最大損失を示したもので、通常は建物のエンジニアリングレポートに記載されることが多い。一般的な設定では最大損失をもたらす再現期間475年相当の地震が発生し、その場合の90％非超過確率に相当する物的損失額の再調達価格に対する割合を示したものである。

一般的に、数値に合わせたリスク判定を行い、リスクが高いと判断された場合には、地震保険についてより高めに設定することや、収益還元法の適用において還元利回りを高く設定する等を行うことがある。

POINT

■損失（補修工事費）／総建替え工事費＝PML値

　10％以下：リスクが低い

　10〜15％：標準

　15〜20％：リスクがやや高い

　20％超過：リスクが高い（→地震保険の付保、還元利回りに反映される）

---

(6)　建物の意匠と耐震補強工事との関係

適切な計画修繕が行われ、物理的な耐用年数が十分に認められ、耐震性能をクリアあるいは補強を実施できた場合でも、やはりビルとしての経済価値をあげるうえでは外観および内部の意匠が、現在のものと遜色がないことが求められる。

一方で、耐震補強工事においては、壁の増設や筋交の設置、さらに柱を補強することなどが必要となるため、外観上や内部でやはり大きなマイナスが生ずることがある。このため、耐震補強を行う際には、意匠面での工夫が必要となる。通常は耐震補強を行う際、意匠デザインの設計事務所を入れることも多い。耐震補強と意匠面の向上をうまく両立させた設計のビルも多く、ビルの物理的耐用年数に加え、賃料の引上げに成功する例もある。

(7)　有害使用物質の有無

建物の有害使用物質としては、アスベストとPCBが代表的なものとしてあげられる。これらの存在は人体への影響が考えられるため、除去・撤去、

114　　第2章　担保不動産についての基礎知識

その他の対策をとることが不可欠となる。また金融機関の担保不動産として考えた場合、安全性の側面から対応策が不十分な場合は不適格と判断されかねない側面もある。

a　アスベスト

　アスベストは天然素材の石綿（天然鉱物繊維）で、不燃性や耐熱性、耐腐食性が高く、かつては耐火被覆材等に多用されてきたものであるが、健康被害が大きいこともあり現在では使用されることはない。アスベストには次の３種類があり、空気中に浮遊すると中皮腫や石綿肺、肺ガンの原因になるといわれている。

種　類	使用禁止
青石綿（クロシドライト）	平成7（1995）年4月（製造を含めて禁止）
茶石綿（アモサイト）	平成7（1995）年4月（製造を含めて禁止）
白石綿（クリソタイル）	平成12（2000）年10月原則禁止

　アスベストとは異なり、人工鉱物繊維であるロックウールやガラスウールというものがある。これら自体には発ガン性がないとされている。ただ、その製造時期（建物の建築時期）によっては一部にアスベストを混入させているものが存在する。したがって、使用部材の名称だけをみてアスベストの含有の有無を判定することは困難である。アスベストが使用されている可能性がある箇所としては次のものがある。

吹付アスベスト	壁や鉄骨、柱、天井に白い綿状のものをみることがある。これが吹付によるもので、天然鉱物繊維を使用しているものが、吹付アスベストである。かつては多くの箇所でみられたが、さまざまな対策措置が行われるようになっており、あまりみかけなくなった。ただし、機械室等で依然として使用されているケースもみられる。
飛散性アスベスト 非飛散性アスベスト	建物の建材には、成形板と呼ばれるさまざまな物質を含有させてつくられる板があり、その効果により保温材や

第4節　建物についての基礎知識　　*115*

断熱材・耐火被覆材という名称がある。このなかには、アスベストを含有しているものがあり、飛散性の有無で飛散性アスベスト、非飛散性アスベストに分けられている。吹付アスベストや飛散性アスベストについては石綿障害予防規則（平成17（2005）年7月1日施行）により、アスベストの発散や粉塵にばく露するおそれがある場合は、除去などの措置を講じなければならないことになった。また、非飛散性アスベストを含め建物改修や解体の際には飛散防止のための対策をとる必要がある。アスベスト使用に対する社会の目がきびしくなってきており、問題がある建物を含む不動産の場合処分がむずかしい、あるいはこれらが含まれる場合の建物取壊し費用が非常に高額になることがありうるので十分に注意したい。

b PCB使用機器・部材

かつては壁や窓枠等のシーリング材や、工場やビルの変電施設のなかにPCBが使われていた時代があった。また現在でもPCBは、受電設備の旧式のトランスに含まれていることも多く、トランスそのものを交換した場合でもPCB油が混入している機器については処分ができないため、建物内に保管されていることが多い。

このためおおむね昭和50（1975）年以前に建設された建物の場合、PCB使用機器の存在を注意して確認する必要がある。

PCB使用機器の回収機関であるJESCO（中間貯蔵・環境安全事業株式会社）は、なかなか稼働がスタートしなかったものの、稼働後には急ピッチで回収が進められてきている。

6 建物設備をみる際の基礎知識

建物の設備には大きく分けると、電気・空調・給排水・衛生・昇降機といったものが存在する。それぞれの特徴とみるうえでの留意点をまとめると、

116　第2章　担保不動産についての基礎知識

以下のとおりとなる。

電気設備	・電気設備は通常、受変電設備と弱電設備がある。ビル等の大規模な建物には通常、高圧で受電を行い、これをキュービクルとトランスと呼ばれる変圧装置で電圧を下げ、弱電装置に引き継がれて各コンセントなどで使用する。 ・非常用の電源として、自家発電装置を用意しているところがある。これはディーゼルエンジンによるものが多い。近年BCP（非常時においても事業などを継続させる計画）の観点から発電装置を重視するところも出てきており、規模の大きなビル等ではエンジン用の油タンクを大型のものに変えることもある。 ［留意点］ 　受電装置のトランスのうち旧式のものにはPCB油が混入しているものがあり、新しいものに取り替えられている場合でも、過去のPCB油混入のものを保管しているケースもある。
空調設備	・空調設備は冷水と温水を使って空気温度を調節し、共用部分やテナント部分に適温の空気を供給する。大きく分けて水冷式と空冷式の2つの方式が存在する。 ・空調設備の耐用年数は比較的短く、13〜15年程度で更新・交換が発生するので注意を要する。
給排水衛生設備	・一般のビルは市町村等の水道から供給を受け受水槽に入る。地下あるいは低層階に設置された受水槽からポンプで高架水槽に揚げ、自然落下で各階に供給するケースが多い。 ・かつては水圧が低いため、中高層階に水を揚げることができなかったことから、このような方式をとるところが多かったが、最近では水圧の上昇もあり直結方式といって市町村等の水道から各階に供給するケースがある。 ・近年の環境面に配慮したビルでは、上下水に加え中水施設を有しているところも存在する。この場合、トイレなどの水については中水を使用している。 ・水道管などの寿命は水質に影響する面が大きく、含有物質によっては詰りが多くなり比較的短い期間で交換するケースもある。
昇降機	・エレベーター、エスカレーターの双方がある。ワイヤー式

第4節　建物についての基礎知識　　*117*

	のエレベーターの場合、屋上部分にエレベーター機械室が存在するが、油圧自走式の場合はこれがない（一般的に2～4階程度の低層のもので使用される）。
共用部分	・オフィスビルの場合、就業者の環境を十分にチェックする必要がある。給湯室や洗面所、パウダールーム、リフレッシュコーナー、喫煙室の設置状況がどの程度であるか調査する。

第 5 節

担保評価と不動産鑑定評価手法

　金融機関職員にとって、担保取得を行うにあたり、担保適格性や不動産を構成する土地・建物の状況を調査することが不可欠なこととなるが、これに加えて担保価値を査定することも重要になる。

　もちろん事業資金融資の場合、当然にして企業の収益稼得力とその持続性や成長性を基礎に融資を行うことが大前提になるが、やはり保全としての観点からは担保価値を上回る貸金は債務者の信用に従うことになり、万一の場合の処分価値を認識しておくことは非常に重要なことと考えられる。

　ここでは、まず不動産およびこの市場の特性について解説を行い、これをもとにつくられている不動産鑑定評価基準と担保評価における実際の状況を踏まえて検討を行う。

1　不動産の特性、不動産市場の特性

　不動産の評価手法を理解するにあたり、まずは一般財とは異なる不動産および不動産市場がもつ特性を整理する。

　そもそも不動産には固有の特性があり、また不動産市場には情報の公開性の低さや特有の取引事情というものがあり、これが不動産の経済価値に大きな影響を与えているため、不動産評価手法のみでは経済価値の把握がむずかしい側面がある。

(1)　不動産の特性

　不動産の特性はいくつか存在するが、経済価値を左右する大きなものとし

ては次の4つが存在する。

①	個別性	不動産は基本的には2つとして同じものが存在しない。 →構成要素である土地・建物それぞれの個性がかみ合い、より強い個別性が認められる。
②	稀少性	土地は再生産ができるものではなく、また優良物件については市場にあまり存在しない。 →購入希望者が多い物件については、価格が上昇する傾向が強いものである。
③	代替性	個別性・稀少性は強いものの、購入動機・目的、収益性において類似のものが存在する。
④	地域性	不動産は単独で存在せず、地域を構成したうえで存在し、この地域と個々の不動産がうまく機能することが重要となる。

　不動産の特性としてまず「個別性」があげられる。不動産は二つとして完全に同じのものはまず存在しない。

　そもそも不動産は、土地・建物といった要素から構成されるが、このうち土地は基本的に再生産ができるものではなく、当然にして完全同一な土地は二つと存在しない。すなわち土地は有限なものであり、「稀少性」という特性も併せ持っている。不動産は、この土地が建物と一体化することで、通常利用される形態である「建物とその敷地」になるが、土地と建物という2つの「個別性」が加わり、より「稀少性」が強まることとなる。

　不動産市場が活況を呈する時期においてはこの稀少性が非常に重視され優良物件に需要が集中し、この価格が急騰する傾向がある。優良物件として認識されるものは時代により異なる。

　不動産には強い個別性・稀少性という特性がある一方で、購入者は類似の商品であれば当然購入対象として検討を行うことになる。まったく希望するものと異なるものであれば、需要者は購入を取りやめることになるが、たとえば投資用不動産として希望する立地と類似した立地に同予算内で購入可能なオフィスビルが存在する場合には、当初の希望を変更して、この物件を購

120　第2章　担保不動産についての基礎知識

入しようとする考え方も生まれる。この市場におけるメカニズムを「代替性」と呼ぶ。

　代替するものを取得する需要があり、これを実際に購入する人が存在すると不動産の経済価値が発生することになる。

　これらとは別に、不動産の特性に「地域性」というものがある。不動産は他の不動産とともに一定の地域を構成し存在するものであり、「地域性」という概念が不動産の効用発揮の大きな位置づけにあると考えてよい。

　地域の分類は、住宅地地域や商業地地域、工業地地域といった用途性で判別することが一般的である。なお、商業系の建物と住居系の建物、工業系の建物が混じり、地域としてはっきりとした判別をしにくいものを、混在地地域という。本来、地域の特性を十分に活かすためには純然たる用途性が判別できるほうが合理的と考えられる。土地の利用方法は都市計画法や建築基準法といった公法上の規制上で、用途制限というかたちでの縛りが設けられる。ただ、土地の利用はこの範囲では自由であり、他の異質な用途も混ざることも考えられる。複数の不動産が集合することで「地域」が形成され、個々の不動産は地域のもつ特性のなかで効用を発揮することになるのが一般的といってよい。

　また、地域性は不動産の代替性の判定において重要な要素となる。購入者にとって代替のものを探す場合には、一般的に類似性が高い地域のなかから希望する条件の物件について選定を行うことになる。したがって、不動産の特性をつかむためには、地域性の把握もきわめて重要となるといえる。

(2)　用途の多様性・不動産の最有効使用

a　用途の多様性

　不動産には「地域性」という他の経済財がもちえない特性を有しているが、法規上に問題がなければ、さまざまな用途での使用が考えられる。

　たとえば幹線道路沿いに大規模な土地があったとする。法規上クリアでき

たとすると、この土地を使って郊外ロードサイド型、あるいは大手スーパーマーケットを核店舗とする商業施設に転換するといった利用もできるし、全体を使って分譲マンションとする、一部をスーパーマーケット等の利便施設、一部を分譲マンションとするという使い方もある。最近では物流関連の施設を建設することや、研究所施設等が入るオフィス形態のビルの敷地として利用するということも考えられる。

　もちろん、経済合理性の範疇を超えるとたとえば青空駐車場としての利用などさらに複雑多岐にわたるが、通常の不動産所有者は経済合理性を重視するのは通常である。したがって、担保不動産は、地域性にある程度合致し、収益性や利便性が認められる物件であることが当然にして必要となる。

b　不動産の最有効使用

　このように、さまざまな使用方法が存在するなかで、不動産を規制する都市計画法や建築基準法などの法律をクリアし、かつ合理的かつ有効な使用方法であることが最大の経済価値を発揮するものと考える。ここで不動産についての特性として「最有効使用」という概念があげられる。

POINT

■「不動産鑑定基準」に記載されている最有効使用の定義

　最有効使用とは「不動産の効用が最高度に発揮される可能性に富む使用をいい、現実の社会経済情勢のもとで客観的にみて、良識と通常の使用能力を持つ人による合理的かつ合法的な最高最善の使用方法に基づくもの」を指す。この定義をみてわかるように、合理性・合法性が求められる点はいうまでもないが、この最有効使用という概念は他の財には存在せず、不動産独特のものである。

　不動産の経済価値を判定するにあたっては、最大に引き出すためには対象不動産の「地域性」「個別性」を十分に踏まえたうえで、最有効使用はいっ

たい何かを検討し、これをもとに収益性や有効需要を判定する必要がある。

(3) 不動産市場の特性

不動産については前述の特性が存在するが、不動産市場においても特性がある。以下ではこれについて簡単に解説を行う。

a 市場における公開性の低さ

不動産市場の特性の1つに、情報等の「公開性の低さ」があげられる。情報の非対称性ともいわれているが、たしかにネット社会の進展もあり不動産情報の公開性は高まっている。たとえば、財務省や都道府県等の公売、裁判所の不動産競売等は均質な情報提供が行われるようになっている。国土交通省では「不動産の取引価格情報制度」をホームページ上で公開しており、実際の取引について一定の情報公開がなされてきている。

ただ、市場の中心となる不動産業者については、新築マンションや分譲戸建住宅の場合はある程度定価販売が一般的になっているものの、通常の売買価格については情報を公開することは少なく、企業における不動産取得についてもIRの関係から表に出ることはあっても、基本的には秘匿性が高いものであり、容易に知ることができない。

売買情報のみならず、賃貸情報についても居住用のものについては広告という形態である程度の公開はなされているが、オフィスや店舗についての契約賃料は通常表に出ることはあまりない。不動産市場においては、情報の公開性が低いという側面がある。

金融機関職員にとって不動産売買情報は非常に重要であり、日頃から売買価格や投資利回りについての情報を集め、価格や賃料の水準をつかんでおくことによって取引先との情報交換等において優位性を発揮することができるケースもある。特に不動産情報については不動産会社のなかでも特定の人物に集中するケースが多く、このような人との接触で動向把握などを行うことも有効であると考える。

第5節　担保評価と不動産鑑定評価手法　*123*

b 不動産取引の背景に存在する取引事情

　不動産は、通常高額な商品としてとらえられるものである。ただ取引においては売手、買い手、それぞれが置かれている立場により、実際の売買代金は大きく変動する。一般市場でいわれる相場に比べて割安に物件を取得することもあれば、やはりほしいという購入者が高めの金額で購入することもありうる。

　相場価格より低くなる（売り急ぎ）場合、逆に高くなる（買い進み）場合を例示すると次のとおりとなる。

　仮に不動産の売買価格についての情報を取得することができた場合に、こ

〔相場価格より低くなる例（売り急ぎ）〕

要　因	背　景
相続のための売り急ぎ	分割のための現金化、相続税支払期限が近いため
転居のための売り急ぎ	転居不動産の購入資金調達のため
資金繰りのための売り急ぎ	企業等で金融事情が逼迫し現金が必要なため
企業の法的整理	一定期間での物件処分が求められる。
関係会社間売買	利益供与的な側面から価格を下げたケース
親族、知人間取引	人的関係による恩恵的な取引がなされた場合

〔相場価格より高くなる例（買い進み〕

要　因	背　景
隣地買収	経済合理性から高値でも購入したい向きがある。
営業上の場所的限定	立地などを特に重視するケース。たとえばパチンコ店舗やソシアルビル等の場合、営業上ほかの場所に比べ優位性が高いと通常の稀少性を超過した取引が行われることもある。
関係会社間取引	中間利益の稼得を目的とした売買のケース
親族、知人間取引	人的関係による恩恵的な取引がなされた場合

124　　第2章　担保不動産についての基礎知識

の価格を市場実勢とそのまま認識するのではなく、一般的な相場感覚と比べて高いか低いかという側面から分析するとともに、これと離れた水準である場合はなんらかの取引事情があったかを調べることも有効といえる。

2 価格三面性と不動産鑑定評価基準における評価手法

(1) 価格三面性と不動産の価格決定メカニズム

不動産の担保価値の査定は、不動産市場において処分を行ううえで、いったいいくらで売却できて回収ができるかということが基礎として実施する。もちろん多数の売買事例を集めて、これをもとに検討を行えば、おおむねいくらで売れるということはわかるものであり、取引件数が多い住宅用不動産の場合、これが最も確実であると考えられる。しかし、担保不動産には商業用不動産、特にオフィスビルや商業ビル、賃貸マンション、ホテル、工場、さらにはリゾート施設として営業している物件などさまざまなものがあり、売買事例ばかりではその価値が導き出せない側面がある。そこで鑑定評価手法を用いることになる。

そもそも物の価格決定メカニズムには「価格三面性」というものがある。これは物の価格が費用性・市場性・収益性の3つの観点が絡まって決まるというものであるが、不動産の価格もこの3つの観点から成り立つものと考えられる。

ただ、前述のとおり、不動産は一般のものにはない地域性や個別性、最有効使用との関係といった面、不動産が売買される市場にはいくつかの特性があり、これらを十分に理解しておくことも必要となる。

金融機関職員としては、何よりも担当する地域における不動産市場の状況、特性を理解するとともに、担保不動産の個別性をより深く調査することで、担保価値や流動性、有効活用などの提案ができるものと考えられる。

第5節　担保評価と不動産鑑定評価手法　*125*

POINT

■不動産の価格形成要因

　通常の物の価格三面性に加え、不動産の特性、市場の特性を加味して考える必要がある。

[物の価格を決定する価格三面性を基礎とする]
・費用性
・市場性　　　　　種別・類型によって重視する項目が異なる。
・収益性

↑　　　　　　　　　　　　　　↑

[不動産の特性]
・個別性
・稀少性
・地域性
・最有効使用との関連性

[不動産市場の特性]
・公開性の低さ
・取引事情の存在

⑵　価格三面性と不動産鑑定評価手法

　価格三面性をもとにつくられた不動産鑑定評価手法には次の3つが存在し、不動産の類型や特性に応じて、これらの手法を用いて評価を行うことになる。

　価格三面性それぞれに応じた評価手法を用いて求めた価格を「試算価格」と呼ぶ。試算価格は、最終的な鑑定評価額を指すものではなく、それぞれの手法適用で求めた価格の状態であり、これらを分析・調整しながら不動産の経済価値を判定する。

　鑑定評価額を決定するためには、これらの価格を調整することが必要になるが、この調整はそれぞれの類型の特性などに応じて行うこととなる。たとえば投資を前提とした不動産（賃貸オフィスビル・賃貸マンション）といったものは収益性を重視すべきと考えられるため収益価格を中心に考えるなど、

126　第2章　担保不動産についての基礎知識

■三面性と評価手法・試算価格・具体的な方法

三面性	評価手法	試算価格	具体的な方法
費用性	原価法	積算価格	土地・建物の再調達原価を減価修正する。 　　　　土地の再調達原価 　＋）建物の再調達原価 　－）減価修正額 　＝）積算価格
市場性	取引事例比較法	比準価格	取引事例を比準することで価格を求める。 　取引事例価格×修正率＝比準価格 　複数の取引事例を収集し分析する。
収益性	収益還元法	収益価格	純収益を還元利回りで還元する。 　純収益÷還元利回り＝収益価格

これらの価格の軽重づけなどを行いながら最終的な経済価値判定を行ってゆくことになる。

不動産鑑定評価基準では、以前はあらゆる類型についてすべての評価手法を適用することを要請していたが、現在では合理的と考えられる手法を適用することとしている。

a　原　価　法

費用性に着目した不動産鑑定評価手法を「原価法」という。原価法は、まず不動産の構成要素である土地、建物について新規に新品の状態で入手することを想定した「再調達原価」を求め、次に建物の新築時等から時間が経過

〔主な類型と重視すべき試算価格の一覧〕

類型	積算価格	比準価格	収益価格	特　徴
更地		◎	○	・土地価格は通常、市場性と収益性を重視して考え、取引事例比較法と収益還元法を適用する。この場合の収益還元法は「土地残余法」という。 ・住宅地等は取引件数が多く、地域の趨勢、地価水準の動向を十分に把握すると取引事例比較法の価格で十分な説得力があるケースが大半となる。
一般戸建住宅	◎			・一般住宅は、安全性、快適性が重視されるため、収益指向は低い。総額感覚に非常に敏感になる必要。取引件数が多い土地の上の住宅は積算価格で査定したものが中心となる。
自己居住用のマンション		◎		分譲マンション1戸の価格は、通常取引市場が存在し、ここでの流通が一般化していることから、取引事例比較法による価格を基準として求めることになる。
賃貸住宅	○		◎	・賃貸マンションやアパート等の場合、投資目的であることから、投資採算性・収益性を重視して価格が定まる。 ・利回り重視で市場で取引されることが多い。
事務所ビル	○		◎	・投資目的のものが一般的であり、収益性が特に重要視される。 ・自社ビルについても、賃貸を想定して収益還元法を適用することが一般的である。
店舗ビル	○		◎	・投資目的のものが多く、収益性が特に重要視される。 ・テナントの入居率が悪い物件については、価格が極端に低くなるケースがある。
ホテル	○		◎	・収益性を重視して評価されるものが一般的であり、収益価格が中心となる。
日本旅館	○		◎	・収益性を重視して評価されるものが一般的であり、収益価格が中心となる。
ゴルフ場	○		◎	・収益性を重視して評価されるものが一般的であり、収益価格が中心となる。
工場	○		○	・本来は収益不動産だが、収益は把握がむずかしく、費用性、市場性が重視されて評価が行われている。 ・用途転換をも視野に入れた検討が必要

○は適用されるもの。◎は適用され、価格決定において重視されるもの。

すること等で経済価値が減価することを考慮し、再調達原価に対して、経過年数等に応じて発生していると考えられる減価を作業のなかで行って、試算価格である積算価格を求める手法をいう。

```
■原価法の計算式

[再調達原価]                    [減価修正]
土地の再調達原価（更地価格）  －  土地の減価修正   ＝  積算価格
建物の再調達原価                建物の減価修正
                              一体での減価修正
```

① 再調達原価の査定方法

それぞれの構成要素の査定方法は次のとおりである。

土地の再調達原価	・更地として取得することを想定し、更地価格を再調達原価とする。 ・更地価格は後述する取引事例比較法や土地残余法と呼ばれる土地の価格を求める収益還元法を適用して求める。
建物の再調達原価	・正確性が高いものとしては、一級建築士事務所等に建物の竣工図・当時工事請負契約書等の資料を渡し、これに記載されている実際に使用された資材や施工、要すると考えられる人件費、その他の諸経費といったものを積算してもらい「再調達価格」の査定を依頼するケースがある。ただし、これには時間と費用がかかる。 ・簡易的な方法としては、一般的には構造、種類、品等といった要素を考慮し、再建築を前提とした場合のコスト（単価を基準として求める）を査定することになる。 ・近年、使用資材の価格・人件費の高騰といった要因も考慮する必要がある。

② 減価修正

減価とは新品（新築）時でかつ最有効使用の状況にある不動産からの価

第5節　担保評価と不動産鑑定評価手法　*129*

値の減少を意味するもので、経過年数などに基づく物理的な要因ばかりではなく機能的、経済的な要因を含めて発生するものである。減価要因には物理的・機能的・経済的の3つの要因があり、その発生原因をまとめると次のとおりとなる。

	考えられる要因	発生原因
物理的要因	老朽化 摩滅、破損	時間的な経過により発生 実際の使用により発生
機能的要因	敷地と建物の不適応 形式の旧式化	そもそも場違い建築 周辺環境が大きく変化した。 設備面で時代遅れになった。
経済的要因	経済的不適応	周辺の立地環境に大きな変化 購入者の減少による流動性の変化

　不動産の構成要素ごとの減価の査定方法は以下のとおりである。

土地の減価修正	通常は減価修正を行わない。 例外的に一部が崩落しているなどの要素があれば当然にしてその修復に要する費用などは考慮することになる。
建付減価または 建付増価	最有効使用と現実の利用状況が異なり、経済的合理性に合致していない場合に、土地そのものに減価が発生していると考え施される減価を、建付減価という。 例外的に現状の建物の存在がプラスになるということがありこれを建付増価という。 ・指定容積率が変更となり、現状では再建築ができない建物（既存不適格建物という）がある場合に、合法的ななかで現状建築可能なボリュームを超過しているわけだから、この超過が土地に対し価値増に働くものと考え、建付増価と判定することがある。 ・建築基準法の総合設計制度を活用すると、指定容積率に対し容積率の割増しを受けることができる。この場合も建付増価が発生していると考えるケースがある。
建物の減価修正	通常は耐用年数に基づく方法と観察減価を併用する。

130　第2章　担保不動産についての基礎知識

	[耐用年数に基づく方法] ・耐用年数は、細かく分けると各部位や機械設備によって大きく異なるものであるが、通常、躯体部分と設備部分、仕上げ部分を分け、それぞれ経済的残存耐用年数を設定して求める。 ・躯体部分と設備部分、仕上げ部分の割合を求める方法としては、建築費の内訳をもとにするのが一般的であり、建築時の工事請負契約書等を参考にするとよい。エンジニアリングレポートがある場合は、再調達価格の記載部分に内訳が存在するので非常に参考となる。 [観察減価法] データや年数に基づく計算のみでは反映されない減価を施すもの ・緊急修繕……緊急な修繕が必要な箇所は耐用年数による減価に現れない部分が多い。この修繕を行わないと、経済的耐用年数程度の減価にとどまらないと考えられる場合には別途減価する必要がある。 ・市場性減価……建物に対して一般経済社会では不要と考えられる設備や造作がある場合は、市場性による減価を行う必要がある。 ※使用年限と経済的残存耐用年数は異なる概念である。 通常、鉄筋コンクリート造の建物は、適切な維持管理が行われていれば65〜70年程度使用可能と考えられており、物理的な使用年限は経済的残存耐用年数とは異なる概念であるといってよい。
一体での減価	指定容積率に比べ建物建築に使用されている容積率が低い場合には敷地を有効活用していないとみて、最有効使用と合致しないこととなる。このような場合には、土地・建物それぞれの減価修正に加え、一体での減価修正を加えることがある。

③　収益用不動産における原価法の適用の意義

　いわゆるバブル経済の崩壊後、地価が急激に上昇し高騰した積算価格に対する反省の意味から、収益還元法が重視されるようになり、近年は、原価法そのものをあまり重視しない向きが強い。しかし、土地・建物といった構成要素を適切に査定することで、本来であれば不動産がもちうる経済価値を適切に把握できる手法と考えられ、原価法は一定の説得力があるも

のと考えられる。したがって、積算価格と大きな乖離がある場合にその原因などをよく分析することも必要である。

b　取引事例比較法

市場性をもとに不動産価値を求める評価手法を、取引事例比較法という。建物およびその敷地といった複合不動産についてもこの手法を適用できる可能性はあるが、比較する要因が多すぎることから適用が困難であるため、通常は土地の価格を求める際に用いられている。

この手法は、実際の取引事例を多数集め、このなかから対象不動産と類似性が高いものを選択して、この取引価格について分析・比較することで対象不動産の経済価値を把握するものである。分析・修正（比較）作業については次の5つの要因から行われる。

要　　因	内　　容	分析・修正作業
取引事情	売買に至るまでの背景	事情補正
成立時点	期間経過による価格変動	時点修正
事例物件の個別性	地域の標準的使用物件と事例の格差修正	標準化補正
地域性の違い	地域性の違い	地域格差修正
物件の個別性	対象不動産のもつ個別性の反映	個別格差修正

取引事例そのものの秘匿性が高いことは前述のとおりであり、取引事例の収集等を一般人が行うことはむずかしい。したがって、これを適用するためには、不動産鑑定士に鑑定評価を依頼することが一般的である。

不動産鑑定評価書には取引事例比較法についての記述があり、この部分を十分に理解するためには、手法に対する知識は不可欠といえるので、以下において適用方法について解説する。各取引事例の価格（$1m^2$当りの単価で比較するのが一般的である）に乗じて修正を行うことになる。

①　具体的な方法の流れ

取引事例比較法について具体的な作業の流れを示すと次のとおりとな

132　第2章　担保不動産についての基礎知識

る。

取引事例価格（通常は単価）
  ↓ 事情補正（取引事情を修正する）
取引事情の存在の修正
  ↓ 時点修正
期間経過による価格変動の修正
  ↓ 標準化修正（事例の個別性を補正する）
事例が所在する地域の標準的使用の価格
  ↓ 地域格差修正（地域間の格差を修正する）
近隣地域における標準的使用の価格
  ↓ 個別格差修正（対象不動産の個別性を反映する）
比準価格

　これらそれぞれの作業は、補正率・修正率でとらえることになるが、式に表すと次のとおりとなる。

取引事例価格	取引事例価格を単価（1m²当り）で比較する
×）事情補正率	取引が成立した背景にある売り急ぎや買い進みといった事情がある場合はその要因を補正する
×）時点修正率	取引があった時点から把握しようと考えている時点までの間に地価変動があればこれを修正する
×）標準化補正率	地域の標準的使用の物件と事例の格差を修正する
×）地域格差修正率	地域の標準的使用をベースに地域の間の格差を修正する
×）個別格差修正率	対象不動産の個別性をもとに修正する
＝）比準価格	これらの補正率・修正率を乗じたもの

②　地域格差修正

　前述のとおり、不動産は複数集合することで地域を構成している。この地域にはそれぞれ標準的と考えられる使用方法（たとえば住宅地であれば敷

第5節　担保評価と不動産鑑定評価手法　*133*

地規模がどのくらいの戸建住宅街、商業地であればオフィスビル街、店舗ビル街といった地域性があり、それらのなかで標準的と考えられる使用方法）がある。

このうち、対象不動産が存在する地域を「近隣地域」と呼んでいる。地域格差修正作業は、この地域の標準的使用をベースにとらえその格差を修正するとともに、取引事例地、対象地それぞれの個別性を修正することで行われる。なお、近隣地域と類似性が高い地域を「類似地域」と呼び、通常、取引事例はこの類似地域のなかから選択することになる。必ずしも近隣地域と類似地域は近接しているものばかりではなく、一定の範囲内に散らばっているものと考えたほうがよい。このような近隣地域が散らばっている範囲を「同一需給圏」という。

本来、取引事例は鑑定評価の手法を適用することで補修正を行うにしても対象地とはできる限り類似性が高いことが求められる。格差要因が小さいものが規範性は高く、当然にして参考となるからである。その意味で地域性は重要であり、取引事例は「近隣地域内」→「類似地域内」→「同一需給圏内の類似地域周辺の地域」のように、その範囲を広げながら探してゆくのが一般的である。不動産の特性のうち「代替性」は、近隣地域・類似地域・その周辺の地域から認められるものであり当然ともいえる。一方で、一定数の取引事例を集めることも必要となる。ただ既成の市街地、特に中心商業地等は、郊外の新規の住宅地などに比べると売買が活発に行われることは少ないため、ある程度の格差があるものでも選択・採用しなければならないケースも出てくる。

c 収益還元法

収益還元法は不動産の収益性に着目した評価手法で、不動産が生み出す収益（賃貸料等から構成される収入から賃貸に要する費用全般を差し引いたもの）を、利回り（還元利回りと呼ばれる）で割り戻して不動産の経済価値を求めるものである。収益還元法にはいくつかの種類があり、主なものには直接還

元法と多年度還元法（DCF法）がある。

このうち直接還元法を式で表すと次のとおりとなる。

不動産の価格（収益価格）＝　純収益　÷　還元利回り

これをみると、収益価格決定要素には、純収益と還元利回りの2つしかなく、一見容易にみえるが、これら次第で価格に大きな変動があるという点からみると、この2つの要素を慎重に査定することが必要となる。

① 純収益とは

純収益とは、不動産が生み出す収益である「運営収益」から不動産運営に必要となる「運営費用」を控除したものを基準として考える。

賃貸用不動産を例にあげると、まずは賃貸借契約があり、これをもとに入ってくる賃貸料収入・共益費収入、さらに駐車場収入等があり、そのほかに看板使用料・場所使用料（自動販売機設置料や屋上の携帯電話アンテナ設置料）といったものが存在する。入ってくると考えられる収益は契約の賃料をベースに求めることができる。一般に事務室、居室、倉庫の賃料、駐車場、看板の使用料といったものが該当する。

オフィスビルについて収入を例示すると次ページのものが存在する。

② 潜在収益と運営収益

不動産の満室稼働を前提として入ると考えられる潜在的な収益を「潜在収益」という。

ただ、現実には、賃貸事業において満室状態が続くことは、一括賃貸の場合でない限り現実的ではないため、空室損失相当額を差し引いて考える必要がある。また、テナントの信用リスク等がある場合は貸倒れ損失相当額を差し引くこともある（このリスクを軽減するために敷金などを徴収するのが一般的であり、通常は差し引かれることはない）。これらの要因を差し引いたものが「運営収益」となる。

第5節　担保評価と不動産鑑定評価手法　*135*

〔不動産による収入の例示（オフィスビルの場合）〕

項　目	内　容
賃貸料収入	賃貸借契約に基づく賃料収入
共益費収入	賃貸借契約に基づく共用部分の共益費収入
水道光熱費収入	テナントが利用する水道光熱費収入（注）
空調使用料収入	テナントが利用する時間外空調使用料収入
駐車場収入	駐車場契約または時間貸駐車場の使用料収入
看板使用料収入	看板設置の場合の使用料収入
自動販売機設置料収入	自動販売機ベンダーから入る収入
携帯電話アンテナ設置料収入	携帯電話事業者から入る収入

（注）　賃貸住宅の場合は、水道光熱費などは共用部を除くと各住居による個別契約が原則
　　　となるためこの部分は入らない。

POINT

　　潜在収益

－）空室損失相当額

－）貸倒れ損失相当額

──────────────

＝）運営収益

---

③　運営費用

　不動産賃貸事業などを行うにあたっては、建物の維持管理や修繕、租税
公課、保険、さらにビル運営のマネジメントフィーやテナント誘致のため
の費用（仲介手数料など）が支払われることになる。

　不動産の収益性を分析するうえでは上記で求めた運営収益からこれらの
費用（運営費用と呼ぶ）について、実際のコストなどをもとに査定しなけ
ればならない。オフィスビルについてこれを例示すると次ページの表のと
おりとなる。

［不動産による費用の例示（オフィスビルの場合）］

項　目	内　容
維持管理費	エレベーター・空調機・受水槽・電気設備に対する保守・点検費 建物の清掃費（主に共用部分にかかる）
水道光熱費	ビル全体においてかかる水道光熱費
修繕費	日常の修繕などにおいて必要となる費用
プロパティー・マネジメントフィー	プロパティー・マネジメント業者に管理業務委託を行っている場合において必要となる費用
テナント募集費用	テナント入替時に必要となる仲介手数料等
固定資産税・都市計画税	土地・建物・償却資産にかかる税金
損害保険料	ビルの火災保険料など
その他費用	たとえば借地がある場合は地代など

④　一時金の運用益

　　不動産の賃貸においては一時金が差し入れられるのが通常である。この一時金については将来的には返還する必要があるものの、不動産事業者や投資家はなんらかのかたちでこれを運用することができる。したがって、運用益相当額は収益相当として計上することになる。

　　一般的には敷金・保証金などの性格をよくみたうえで、この金額に対して一定の利回りを乗じて求めることになる。

⑤　資本的支出

　　建物を使用年限まで確実に利用するためには、維持管理を適正に行うのに加え、時々において大規模修繕などを実施する必要がある。この例としては、空調機の交換、屋上防水や外壁の改修、さらに電気設備やエレベーター等の交換といった修繕が発生する。このような大規模修繕は計画的に行うべきものであり、大規模ビルの場合は建築当初、あるいは建築後10年

第5節　担保評価と不動産鑑定評価手法　　*137*

といった節目などに長期修繕計画を作成するのが通常となっている。この支出は「資本的支出」と呼ばれ、最終的にはこれも控除する必要がある。

　長期にわたって必要となる費用をどのように見積もるべきかが問題となる。この見積りには、修繕計画の策定と具体的な費用試算が必要となるが、不動産の証券化や不動産鑑定評価の現場では、エンジニアリングレポートを活用することになる。エンジニアリングレポートには長期修繕計画とその費用見積りの項目があり、ここに記載されている数値を資本的支出として計上することになる。

⑥　純収益の査定

　以上の構成要素をもとに純収益を求めることになるが、これを式に示すと次のとおりとなる。

運営収益	潜在収益（完全稼働を前提とした収益）から空室損失相当額・貸倒れ損失相当額を控除したもの
－）運営費用	不動産運営に必要となる費用
＋）一時金の運用益	徴収された一時金の運用を想定
－）資本的支出	長期的な修繕計画を前提とした支出
＝）純収益	

⑦　還元利回り

(ⅰ)　還元利回りとは

　還元利回りは、不動産が生み出す純収益から不動産の収益価格を求めるための利回りである。不動産を投資財の1つとして考えると、還元利回りは株式や公社債、預金金利といった金融資産の利回りとの間に牽連性が高いと考えられ、これから求めることが1つの方法となる。

(ⅱ)　還元利回りを求める方法

　求める方法としては一般に積上法と呼ばれるものと、取引利回りから求める方法の2つが存在する。

138　第2章　担保不動産についての基礎知識

積上法	一般に安全性・安定性が高いと考えられる金融資産の利回り（通常は日本の国債の利回りなど）に、不動産がもつ特性を加味して設定されるものといわれている。不動産がもつ特性は、危険性、非流動性、管理の困難性、資産としての安定性といった要素があり、これらを加味して求めることになる。
取引利回りから求める方法	不動産の投資事例を収集し、これ分析して利回りを求める方法。かつてに比べると公開情報も多少存在するため、これをもとにして求めるもの。 投資家のアンケート調査などから地域の標準的な投資利回りを査定し、これに対象不動産のもつ個別性を考慮して査定する方法等さまざまな方法がある。

(iii) 利回りをみるうえでの留意点

　不動産の収益力は、純収益をベースに判断するのが妥当であると考えられる。したがって、潜在収益や運営収益のみをみて費用面を考慮しないで判断基準とすることは妥当性を欠く。

　投資利回りとして表示されているものにはグロス利回りと呼ばれる潜在収益あるいは運営収益を基準としたものも多く、特にワンルームマンションや1棟売りのアパート、ビル等の広告にこれが記載されているケースもみられるので注意を要する。

⑧ DCF法とは

　DCF（Discounted Cash Flow）法とは、不動産運用をもとに獲得される毎期の純収益と投資期間満了時において売却後に入る売却価格それぞれの現在価値を求め、これを合算したものを収益価格ととらえるものであり、一般的な投資家の投資スタイルを基準として考える収益還元法といえる。

d　賃貸されていない不動産における収益還元法の適用

　対象となる不動産が賃貸されているものであれば、賃貸借契約に基づく賃料等の収入を基準として純収益を把握し、収益還元法の適用を行うことができる。一方で、収益用不動産でありながら賃貸されていないもの、もしくは

第5節　担保評価と不動産鑑定評価手法　　*139*

オフィスビルなどでありながら自社使用のものについて、収益還元法を適用するにあたっての純収益の把握はどのように行うべきか以下で検討を行う。

① 事業用不動産の場合

(i) 収益認識の基本的な考え方

たとえばホテルや旅館、ショッピングセンター、工場といったもののように、所有者が自己不動産を使って営業を行うことにより収益をあげる不動産の収益認識は、賃貸用不動産が賃貸料等をベースに査定されるのに対し、事業収益をベースに考えられるものである。

この方法には、事業収益を基準として賃貸料を査定する方法がまず考えられる。ただ、このような類型は賃貸事例があまりないケースが多く、また仮に賃貸物件は存在しても、賃料の秘匿性が高く、容易に情報収集ができないといった特性があり、査定した賃貸料を同様の物件の賃料水準と比較し、その妥当性を検討することができない。このため、事業収益を分析し、賃貸料相当額を査定して収益還元を行うこともされるようになってきている。

そもそも、事業収益から不動産に帰属すると考えられる収益は、企業収益から経営・労働・資本に対して配当される残余であるととらえることができる。事業会社の損益計算書をみると、営業利益は売上高・売上原価・販売費および一般管理費の3つの要素から求められるものである。

事業収益＝経営・労働・不動産・資本が結合して得られるもの

↓

売上高から不動産に帰属する部分を不動産の純収益として認識するあるいは賃貸料として認識する

［留意点］

・売上原価や販売費および一般管理費のなかに不動産の減価償却費が含まれていることがある。償却前の純収益をベースにとらえることを前提とすると、不動産の減価償却費を営業利益に加算する必要がある。

・減価償却費のなかには不動産以外に機械、器具、什器、備品といったものが含まれており、営業利益のなかからこれらが寄与すると考えられる部分を控除する必要があるため、どのような機械・器具が収益に貢献しているのか十分注意してみなければならない。

・事業収支が赤字の場合に、どのように考えるべきかは大きな問題となる。この場合は収益改善、事業再建計画を立て、適切な運営を行った場合に得られると考えられる収益を予想することが求められる。これは容易ではない。やはり専門知識をもったコンサルタント等の活用が必要となる。

② 自己使用不動産の場合

　たとえば本社ビルとして利用されているオフィスビル、社宅として使用されている1棟のマンションといった不動産については、収支データは原則ない。この場合については、第三者に賃貸することを想定し、そこから得られると考えられる賃貸料をベースに収益を認識する。

　賃貸を想定するにあたり、類似建物が多数賃貸物件として存在する場合は非常に容易である半面、賃貸物件が周辺に存在しない、あるいは類型的に存在しない場合もある。この場合は、やや距離のある場所の賃貸事例、他の類型の賃貸物件をある程度推定できる場合は、これを活用する。

e　土地残余法

残余法は、土地・建物が一体化した複合不動産が収益用不動産である場合に、構成要素である土地・または建物部分の収益価格を求める方法である。

第5節　担保評価と不動産鑑定評価手法　　*141*

土地部分の価格を求める土地残余法がよく使われる。

たとえば賃貸マンションである場合に土地部分の収益価格を求める方法を考えてみると、マンションの賃貸運営による賃料や経費をもとに査定した純収益のうち、建物に帰属する純収益部分を控除したものを土地に帰属する純収益と考え、これを土地の還元利回りで還元して収益価格を求めるものである。

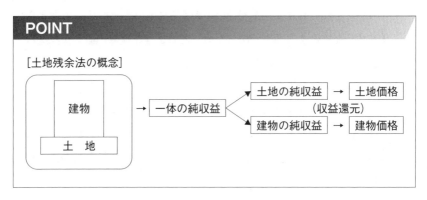

一方で、更地について適用されることがあり対象地上に最有効使用の建物を建築することを想定し、この賃貸借などを想定して、土地に帰属する純収益を求めるものである。したがって、適用にあたっては、少なくとも土地の公法上の規制や市場における土地利用動向などを考慮して、建物の簡易的な設計図を描き、ここに描かれてくる賃貸面積などをもとに賃料を査定するなどの作業を行うことになる。

土地残余法の場合における還元利回りであるが、土地の利回りを基本利率とし、償却資産である建物については躯体・設備、仕上げと分け、それぞれの耐用年数に応じた償却率を加算することになる。したがって、土地と建物では当然にして還元利回りが異なることになる。一方で、土地・建物の価格をもとに利回りを加重平均すると、おおむね一体の不動産での還元利回りに近づくものと考えられる。

なお、更地の場合には、建物が建築される間は未収入であるので、この点を補正した純収益を土地の還元利回りで還元して収益価格を求めることになる。

f　試算価格の調整

不動産評価手法を、類型などをもとに選択して適用した結果、複数の試算価格を求めることになる。ここで求めた試算価格は、あくまでも検討途上のものであり、最終的な価格を決定するまでのプロセスとして「調整」という作業が存在する。

求められたいくつかの試算価格は、もちろん近似値に収まることもある。ただ乖離が発生するのが通常で、このため、いったいどの価格を重視して最終的な判断を行うかが重要となるが、この調整について考案を行う。

一般的には試算価格の再吟味（手法の内容と各構成要素の点検）を行い、最有効使用との関連性を再度検証したうえで価格を求めることとなる。

① 　試算価格の再吟味

通常のオフィスビル、商業ビル等の賃貸用不動産の場合、評価作業においては、積算価格と収益価格を求めることになるが、これらの再検証ポイントをあげてみる。

② 　その他の検討事項

試算価格ばかりで判断すると、不動産の本源的な価値を見失ってしまいかねない側面が存在する。ここでは以下の点にも留意して総合的に勘案して価格を決定する必要がある。

更地価格との関係	収益価格が更地価格を下回る場合は最有効使用の状態にないものと考えられるため、取壊しを前提とし更地価格から取壊し費用を控除した価格も参考とする。
取引事例の総額水準	通常、複合不動産として取引事例比較法を適用することは少ないが、同類型の不動産の売買価格の総額水準を調査する。市場取引の水準が把握でき参考となる。

第5節　担保評価と不動産鑑定評価手法　　*143*

〔積算価格〕

土地価格	・単価と総額との関係は適格かどうか……比準価格をベースに土地価格を求めている場合、規模による格差を十分に反映しているか検討する。 ・稀少性や収益性を十分に考慮した価格となっているかどうか。
建物価格	・再調達原価は適切かどうか……標準的な建築費としてとらえているものが適切か。 ・耐用年数は適切か……税法の耐用年数やその他の建物の耐用年数設定と経済的残存耐用年数には大きな違いが存在することも考えられる。
土地・建物一体	・総額が高額の場合、市場性が減退することはないか。

〔収益価格〕

純収益	・収益・費用は実額をベースとしているか……維持管理費等を賃貸料収入に対する一定割合として査定した場合や、大規模修繕のための積立を建物の再調達原価から求めている場合、実際のものと乖離がある場合が考えられる。 ・賃貸を想定した場合……第三者賃貸を想定した場合、仮に1棟貸しが前提となると周辺相場賃料を下回る水準でないと取引が成立しない可能性がある。
還元利回り	・不動産のリスクを十分に反映しているか……取引利回りの水準を再検証する。

第 6 節

不動産の所有と運営の昨今の動向
（プロパティー・マネジメントの重要性）

　不動産はかつて所有者が管理・運営を行うのが当たり前であった。もちろん設備の管理や清掃、テナントリーシングといった業務を所有者がそれぞれの業者に外注することは当然にして行われてきたが、これらの発注はあくまでも所有者が行うものであったといえる。

　一方で、不動産のなかでもたとえば賃貸オフィスビルや賃貸されている商業テナントビルは収益用不動産であり、所有者としては収益の最大化を求めるようになる。もちろん投資家のスタンスにより最大の収益という意味合いは異なり、長期保有を前提とする投資家からみると一定以上の収益を長期かつ安定的に稼ぐことを求めるであろうし、比較的短期の投資で最大に収益を獲得すること（転売も想定している）を目的とする投資家にとっては、転売時期近くで純収益が高いことを求めるかもしれない。たとえばある時期においてみかけ上、高賃料単価のビルであれば、取引において優位性が発揮できる可能性もある。

　オフィスビルを例にとって考えてみよう。この純収益は、賃貸されている事務所床から獲得される賃貸料・共益費、空調使用料、テナントからの水道光熱費、駐車場使用料収入、その他の収入などから構成される運営収益から、ビル運営に必要となる費用、すなわち維持費管理費・修繕費・PM費用・テナント募集費用・公租公課・保険料などを控除して求めるものである。収益の極大化を考えた場合、収入部分の増大を企図し、かつ着実に余分なコストをカットすることで費用を削って、差額である純収益の幅を大きくすることが求められる。これはあくまでも「余分な」ものであって、必要不

可欠な部分をカットすることと異なるものである。

このためには、まず収入面で非常に多くのテナント情報を集め、より条件のよいテナント誘致を図り、一方で必要費用については洗練されたコスト意識をもち、それぞれの業者に発注する能力が必要となる。このスキルを不動産所有者に求めることは困難であり、通常は専門家であるプロパティー・マネジメント会社を活用することが必要となる。これを「所有と経営の分離」と呼んでいる。

いろいろな類型のなかで、比較的古くからオフィスビルや商業テナントビルについてはこの分離が取り組まれてきたもので、J－REITや投資法人・私募ファンドといった世界では、アセットマネージャー業務（AM）、プロパティーマネージャー業務（PM）という2つの業務が存在し、それぞれ別の企業が請け負っているケースが多い。これに対し、個人や一般事業法人が保有する不動産についてはAM業務とPM業務の外注化が必ずしも進んでいないケースが多い。したがって、担保不動産をみるうえでは、この不動産の本来の能力が発揮され、利益の極大化が確保できているかを十分に検証する必要がある。

ただ、PM業者に依頼することが、直ちに利益の極大化に結びついているかは微妙な面がある。PM業者に依頼すると当然にしてPM費用がかかることになる。一方でPM業者が介在することで、建物の維持管理コストが削減でき、ビルの延命提案が可能であれば、賃貸事務所ビルの経済価値を決めるうえでも大きなポイントになる。逆にいうと適切なコスト管理とテナント募集、さらにはビル維持のための更新提案等がきちんと行われているPM業者を選定することが重要になる。

PM業者の設立母体をみると、不動産会社（主に総合不動産会社）が設立した関連会社、建設会社系（主にゼネコンや設計事務所が母体になったもの）、施設管理会社系（ビルマネジメント、メンテナンス等を中心とした維持管理を行ってきたノウハウを活用）、設備メンテナンス系（電機メーカーなどエレベーター

146 第2章 担保不動産についての基礎知識

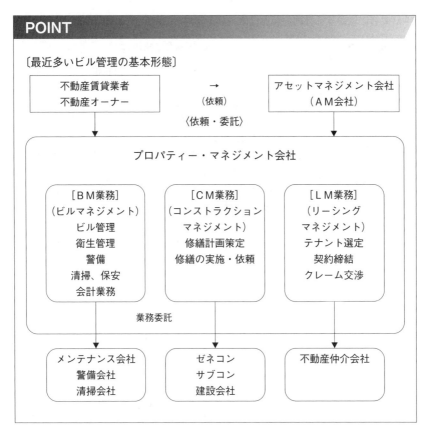

や空調設備に強い)、生命保険が母体になった関係会社系(自社ビルを中心にこのノウハウを活用)、商社系(さまざまなネットワークを有しておりこれを活用)、オフィス仲介業系(主にテナントリーシングに強い)が中心となっている。これに、外資系企業による進出も目立ち、アメリカなどでは一般化していた物流施設への投資に対する運営業務を行うところが増えている。

PM業者に依頼する業務分類と具体的な業務内容を示すと以下のとおりとなる。これだけ多岐の業務がオフィスビルなどを運営するうえでは必要になるため、仮に事業会社が単独で不動産管理運営まで実施することはなかなか現実的ではない側面も考えられる。

〔PM業者に依頼する業務分類と具体的な業務内容の例示〕

業務分類	具体的な業務内容
① 物的管理業務（BM業務）	・清掃衛生業務……共用部分の清掃、外壁清掃。PM会社が清掃業者に委託する。 ・設備保守業務……エレベーター、空調・給排水設備、消防、駐車場、受変電設備に関する保守点検、検査。PM会社が有資格業者に委託する。 ・警備管理業務……警備員配置、機械警備管理。PM会社が警備会社に委託する。 ・定期検査業務……エレベーター、受水槽等の法定点検。PM会社が有資格業者に委託する。
② 会計管理業務（BM業務）	・家賃・共益費の請求、入金確認 ・電気料金・水道料金等の精算 ・オーナーへの収支報告、会計報告に関する計表・資料作成 いずれもPM会社が行うことが多い。
③ 賃貸管理業務（LM業務）	・テナント募集業務 ・契約（含む賃料改定、更新）交渉、契約書作成 これらは不動産仲介業者に委託する。 ・テナント対応 ・原状回復の管理 いずれもPM会社が行うことが多い。
④ 総括管理業務（BM・LM・CM業務）	・管理業務計画の企画、立案、作成 ・外注業者選定 ・オーナーへの事業報告業務 いずれもPM会社が行う。
⑤ コンストラクション関連業務	・大規模修繕計画に企画、立案 ・建物診断（屋上や外壁、機械設備の定期的な診断） ・修繕、改修の企画、立案（適切なオフィス環境を維持するために不可欠な内装改修等の提案） ・修繕工事の監理・監督、請負 いずれもPM会社が建設会社等に依頼し、独自の判断も含めた意見を所有者に提示する。

第3章

処分換価性に関する留意点

　不動産担保は、融資返済が滞ったときに売却を行って、貸金の回収を行うことを目的に債務者から徴求するものである。このため万一の場合に、ある程度の時間がかかるのはやむをえないとしても、できるだけ早く、大きな問題なく売却し、資金回収ができることが大前提となる。ただ、世の中の不動産は容易に売却ができないものも多く、注意が必要となる。

　ここでは、この処分換価に影響が出る権利関係、建物の経済価値の減少を防ぐために行うリニューアルの重要性について解説する。

　なお、近年では、不動産の権利関係などをうまく整理する手法が、20年近くにわたる不良債権処理のなかから築き上げられていることや、大企業による土地利用形態・所有形態の変更があるなかで、かつては投資適格性が低いと考えられていたものの、現状では一定の適格性が出てきているものも存在する。たとえば底地はかつては担保適格性が低いという見方が強かったが、現状では一定の事業規模・信用力がある企業に対する借地の底地であれば、建物を建てて賃貸することよりもむしろリスクが低いと考えられる場合もあり、時代の変遷で不動産に対する見方が変わった部分もみられる。このような背景も踏まえたうえで以下に解説を行う。

第 1 節

権利形態における留意点

まず、不動産の権利形態からみて処分換価性に影響が出ると考えられるものを整理する。留意すべき権利形態として次のものを選択した。

- ・共有物件
- ・担保不動産が建物のみの場合
- ・借地権付建物の場合
- ・底地
- ・担保外建物が存在する土地
- ・未登記建物が存在する土地
- ・他人地介在土地
- ・越境物件
- ・保留地

---

1 担保不動産が共有物件の場合

対象不動産が関係者あるいは第三者との共有持分となっている場合、完全所有権物件と比べて買い手がつきにくいケースが多い。

他の共有者の属性がしっかりとした共同ビルであれば、収益の配分や維持管理に要する費用負担、売却時の優先順位を定めた契約や覚書があり、この内容をよく確認する必要がある。この点での問題が少なく、市場において売買が成立すると判断される場合は、共有物件であっても処分換価性への影響

150 第3章 処分換価性に関する留意点

は小さいと判断できる。一方で親族間での共有物件の一部などは売却の時に問題になることが多いため注意したい。

2 建物のみを担保取得する場合・敷地が借地権の場合

建物のみを担保取得する場合は、敷地を利用する権原について十分調査する必要があり、この権原がない場合、将来的に不確定要素が強く処分がむずかしくなるものと考えられる。したがって、安全性の観点から十分に吟味し、担保評価などにおいては慎重に査定を行う等の注意が必要となる。

(1) 敷地が借地権の場合（借地権付建物）

敷地が借地権の物件を担保取得するケースも考えられる。借地権は登記されることもあるが、地主が借地権登記に協力する義務はなく、一般的には登記されることは少ない。このため、土地賃貸借契約書などによって、借地権が確実に成立しているかについて確認することになる。借地権は口頭でも成立するが、金融機関の保全の立場からみると契約書の存在は重要となる。

このほか、地主の抵当権設定に対する承諾書を取得するなど、保全面に注意する必要がある。

借地権は都市部であれば借地権取引の慣行があるが、地方によっては借地権取引そのものがなく慣行として熟成されていない場合もあり、借地権部分に経済価値があるものとは限らないので注意したい。

[借地権付建物の場合の留意点]

① 借地権付建物の購入者

通常は次のものが考えられるため、購入者として現れる可能性を十分に検討する必要がある。

第1節 権利形態における留意点　　*151*

(i)　不動産事業を前提とする投資家・一般需要者（借地権としての権利関係・経済価値があると考え、建物が生み出す収益力を基礎として購入を検討するもの）

(ii)　実際に借地権付建物を居住や営業などに利用することを前提に購入を検討するもの

(iii)　底地権者（借地権を併合することで、完全所有権の建物およびその敷地とすることを目的とするもの）

　(i)の購入者が現れるケースは都市部でかつ、建物の規模もある程度大きく賃貸料収入等の収益も相応に入るものが想定され、十分な需要があるものと考えてよい。一方で、(ii)のケースの場合は、住宅ローン、無担保に近い事業ローンとして査定を行ったうえで十分返済能力が高いと考えられる場合に、保全を補強する意味での担保としての効力にとどまるものと考えられる。(iii)の購入者へ売却する以外に処分が困難であると考えられる場合は需要が低いものと考えられ、担保適格性が低いものと考えてよいだろう。

② 地域における借地権取引の慣行の有無との関係

　都市の中心市街地における借地権については、相続税路線価における借地権割合が70〜90％と高く、取引実態も多数存在することが一般的である。一方で、たとえば地方圏の住宅地などはそもそも借地権付住宅自体が少なく、また完全所有権の建物そのものの総額水準が低い場合などは買い手が現れにくい可能性がある。このような場合、底地権者による建物の買取り以外はむずかしいものと考えられる。

③ 建物の残存耐用年数・借地権の残存期間との関係

　普通借地権であれば、借地権の更新ができる可能性が高く市場性があるものと考えられる。この場合、更新料がかかる点に留意したい。また建物の残存耐用年数が短い場合は、建替えが必要となる可能性があり、この場

合については建替えのために地主へ承諾料を支払う必要がある。

⑵ 国有・公有地上の建物

国有地や港湾用地等の公有地上に建っている建物については、敷地部分に借地権は設定されない。通常は土地の使用許可を取得しているため、担保取得は建物のみとなる。

このため、使用許可の内容を十分検証したうえで適格性の有無を探ることとなる。建物の収益性、目的となっている事業の継続性、使用許可等の継続性なども踏まえたうえで、よく検討する必要がある。

3 底 地

借地権の目的となっている土地、すなわち底地は一般に担保適格性は低いといわれてきた。たとえば都市の中心部において長期間にわたって借地権が設定されている土地は、賃借人の権利が非常に強く、また地代も現状の地価からみるときわめて低く、収益性が乏しいと考えられたからである。また底地については、通常、借地人による権利併合を目的とした売買以外には購入されるケースが少ないことも、担保適格性を低く判断する要因とされてきた。

しかし近年、工場跡地等でロードサイド店舗用地等に借地権設定（定期借地権のケースが多い）を行うケースが増えていることも事実で、底地を担保として徴求する事例も出てきている。賃借人が一定の信用力がある企業で、借地契約期間において安定的な地代が入るものと考えられる場合については、担保適格性があると判断されることが多い。

底地の担保価値を考えるにあたっては、収益還元法が中心となる。通常は地代から土地の固定資産税を控除したもの（そのほか費用として認識すべきものがあれば控除する）を底地の純収益と考え、これを還元利回りで還元する

第1節　権利形態における留意点　　*153*

ことになる。借地権と異なり底地割合という考え方はないが、相続税路線価の借地権割合をもとに、底地相当の割合を査定して更地価格に乗じる、いわゆる割合法に準じた方法をとることで検証するのも妥当と考えられる。

4 担保外建物および未登記建物が存在する場合

　土地あるいは建物およびその敷地を担保徴求する際に、敷地上に担保に入らない建物が存在する場合、追加での担保徴求を行うことになる。追加ができれば適格性になんら影響はない。しかし、債務者がこれに応じない、あるいは担保提供者以外の第三者が所有する物件である場合は、注意すべきである。この建物が換価処分時においてなんらかの詐害行為に用いられることがあるからである。

　特に注意をすべき点としては、未登記建物が存在する場合である。この場合はまず所有者を確認する必要があり、そのうえで担保取得するために登記を行うことが望ましいものと考えられる。ただ現実的に簡易な建物の場合、登記がなされないことも多い。いざ処分となると別の所有者が出てくるなど、後で問題になることが多いため、できれば証書記載を行う等で抵当権者の主張が可能になるようにしておきたい。

　担保評価上で、未登記建物の建築面積相当分を建ぺい率で割り戻した面積を、敷地面積から除外する方法を規定上制定している金融機関も存在する。ただ、この未登記建物の敷地部分が大きい場合は担保適格性そのものが低い可能性があるので十分に注意したい。

5 他人地介在物件、越境物件

　担保不動産は、完全所有権でかつ第三者が所有する土地等が介在しないことが適格性上必要となるのはいうまでもない。ただ、古くからの赤道や水路

154　　第3章　処分換価性に関する留意点

が残っているケースが多く（通常は国有あるいは公有地）、これらが介在する場合は、道路や水路部分の付替や買収を行い、一体の土地にするよう努めなければならない。

建物の敷地として利用する場合などは、これがかかる敷地所有者である第三者から権利主張をされると大きな問題になるので十分注意したい。

6 保留地

土地区画整理事業で、新たにつくられた宅地のうち事業資金回収のために売却する土地を保留地という。これは区画整理事業期間の途中で、宅地としての利用が可能になった際、順次売却される。この土地は換地処分が行われるまで登記が行われることがないため、売却から換地処分時点までは登記簿上存在しない。したがって、抵当権の設定ができないため、対抗要件を具備せず、担保としての適格性はないといわれている。

ただ、土地区画整理事業は通常は一定の信頼された組織で行われていることを勘案すると、保留地そのものの所有権消滅リスクは低く、またローンが出ないと現金での購入が要求され、売買がなかなか進まないという事態も想定される。施行者に対する事業費のつなぎ融資、保留地買受希望者への融資の担保として利用できないかということが過去から問題になってきた。公的金融機関のなかには保留地買受希望者の購入資金について融資を行うケースも最近は出てきた。

法的な側面では、あくまでも抵当権の設定ができないという点がまずあり、停止条件付抵当権の設定は可能ではあるが、登記簿上の記載はこれではできないため、第三者への対抗要件を備えるものではない。このため、保留地の買受予定者が施行者に対してもっている保留地譲受権・その他保留地に関するいっさいの権利について譲渡担保として取得し、保留地売買が解除された場合の備えとして売買代金返還請求権に質権を設定すること以外には保

全の方法がない。なおこの質権設定については施行者に届出を行うことが不可欠となる。

　保留地があくまでも予定地である以上、この完成が何よりも重要であることから施行者の信用力が必要で、通常は公的機関が施行主体であることが信用力審査の１つの方法であるが、民間の場合はその事業遂行能力・企業の信用力を十分に確認しなければならない。また買受人の権利が確実に存在するか、売買契約書、保留地譲受権証書などで確認するとともに、施行者に対して保留地権利台帳を確認することも重要となる。

　実務的には次のような書類を用意することが多い。

・施行者と金融機関の間で結ぶ保留地予定地担保に対する協定書
・施行者と買受人連名での換地処分後担保設定についての念書
・買受人名義の登記済証を引き渡す旨の承諾書
・譲渡代金返還請求権への質権設定承諾書

第2節

一括賃貸、関係会社賃貸における留意点

　担保不動産が賃貸物件であるケースは多く存在する。賃貸物件はマルチテナントと呼ばれる複数の賃借人に貸されているケースと、シングルテナントと呼ばれる単独の賃借人に貸されているケースがある。シングルテナントの場合には、いわゆる「サブリース形態」をとっている場合も存在し、担保取得した場合に留意しておくべき点がいくつか存在する。

1　一括賃貸されている物件の留意点

(1)　一括賃貸の増加

　オフィスビルやテナントビルは、建物所有者が個々の賃借人と個別に賃貸借契約を締結するケースが過去では一般的であった。しかし近年において、「サブリース形態」と呼ばれる、不動産会社などに一括で賃貸し（マスターリース契約を締結する）、ここからエンドユーザーに転貸する（各テナントに対して、サブリース契約を締結する）ケースのものが増えている。

　一括賃貸の形態は、オフィスビル、商業ビルに限らず、賃貸マンション・アパート、最近では物流施設・ホテル・ヘルスケア不動産（主に有料老人ホーム）において活用され、その幅は広くなった。ただ、物流施設やホテル・ヘルスケア不動産については、エンドユーザーが単独であるケースが多く、このような1社への賃貸形態といわゆるサブリース形態とでは趣を異にする。

　ここでは「サブリース形態」について、まずその注意点を考えてみたい。

第2節　一括賃貸、関係会社賃貸における留意点　　*157*

⑵ 「サブリース形態」における留意点

この形態におけるメリットとデメリットをあげると次のものが考えられる。

メリット	・建物所有者にとってみると個々の賃貸借契約の締結やテナント管理といった煩雑な事務作業から解放される。 ・マスターリース契約で賃料が一定期間については固定されており、テナント空室発生でも安定的な収益獲得が可能となる。 ・すべての契約ではないが、賃貸アパート、マンション等では管理なども一括で行う契約を併せて締結することが多く、建物管理業務からある程度解放される側面がある。
デメリット	・中間にマスターリース業者が存在することで、エンドユーザーからの収入全額が入らないため、不動産が生み出す最大の収益獲得ができない可能性がある。 ・建物管理契約がセットになっている場合、自己によって個別に管理業務委託契約を結ぶ場合よりも費用が高いケースが存在する。 ・建物建設がセットになっている場合、建物建築費が高いケースも存在する。 ・賃貸アパートやマンション等で「保証」をうたう広告や営業トークを用いることがあるが、期間の保証なのか、賃料の保証なのかよく考える必要がある。

⑶ 賃料改定における注意点

一括賃貸形態においては賃料をどのように設定するかが大きなポイントとなる。最近ではまずみなくなったが、かつてのバブル期においては増額改定を前提としたマスターリース契約が多く存在した。これは、建設会社や不動産会社によって、借入申込人が金融機関から融資を受けるために返済計画と合致させるようにつくられたものも多かった。

いまではオフィスの賃料などの上下変動がみられ、十分なリスクを考慮してビル建設を行うのが一般的になっているが、当時は賃料が下がるという感覚は乏しく、企業や個人がマスターリースの保証賃料を前提に、多額の融資

を受けてビルを建設することが多くみられた。返済計画に賃貸借契約を合わせたようなものは、一見合理性が高いと思われた。しかし、バブル崩壊後、エンドユーザーからの賃料収入が大きく下落し、マスターリースを締結した不動産会社にとってはこの賃料と保証したマスターリース賃料の差額負担に耐えられない状況になった。そこで、不動産会社サイドは、所有者サイドに減額を要求する事例が相次いだ。

オーナーサイドからみると返済計画に大きく影響するものであり、特に当時、担保価値目いっぱいに借入れを行っていたこともあって、マスターリース賃料減額は当然にして返済に影響することから、認められるものではなく、訴訟を起こす事例も相次いだ。その当時、オーナーサイドは、マスターリース契約を「総合受託方式」と解釈し、この方式である以上、賃料の減額請求権は認めないとした。

一方でマスターリースを締結した不動産会社サイドは、借地借家法32条1項の適用によって賃料の減額請求権はあるものと主張し、最高裁の判例において借地借家法32条1項が適用され、賃料減額請求権が認められる結果となった。

仮に増額改定がうたってある契約があった場合、経済状況からみて、将来的に本当に増額が認められるか、あるいは減額される可能性があるかどうかをよく吟味する必要がある。その意味では長期の保証契約そのものが、不安定なものであるという点を十分に認識しておく必要がある。

(4) マスターリース先の信用リスク・情報開示の重要性

賃料形態に加え、やはりマスターリースを行っている先の信用度についても十分な調査が必要となる。信用力の高い不動産業者の場合、テナント収集力が高い面があるが、あまり高くないと考えられる場合はよいテナントを集められない可能性も存在する。

また、オーナーサイドとしては、包括型の契約であることに安心せず、で

第2節　一括賃貸、関係会社賃貸における留意点　　*159*

きる限りエンドユーザーの賃貸状況が把握できるように、マスターリース先に情報開示を依頼し、現状におけるビルの本来の収益力を探る努力も必要となる。

(5) マスターリース契約における収益認識の留意点

いわゆる「サブリース形態」におけるマスターリース契約の賃料が長期にわたって保証されているケースについては、単純にその賃料を収益の基礎とするばかりではなく、たとえばテナント部分の単価ベースでの賃料が市場賃料と比べ高いか低いのか、エンドユーザーの契約先の信用力がどうかという点をあらためて調査し、将来における変動（減額発生の可能性）の有無を十分に検討する必要がある。

(6) 一括賃貸型のマンション・アパートにおける留意点

オフィスビルや商業ビルの場合、不動産会社からの提案を通じて建物建築・テナントミックス、さらに建物管理といった形態で、ビルの管理・運営が行われるケースが多く、建築費やリーシングにおける家賃設定、さらに管理業務におけるコスト設定や中長期修繕計画の策定において、所有者の意向を反映させやすい側面が強い。

一方で、一括賃貸前提のマンション・アパートの場合、建築からテナントリーシング、管理を包括で契約する形態が多く、大半が当初提案した不動産業者に建物の管理・運営を依存せざるをえない状況にある。この場合において以下の点に注意を要する。

注意点	ポイント
建物建築費	提示された建築費が、実勢の建築相場から比較して極端に割高でないか
契約内容	一括契約賃貸内容において賃貸人にとって不利な条項が存在するなど問題点はないか

賃料の安定性	保証型の契約において将来的に大きく賃料が引き下がる可能性があるか
費用水準	管理費用や修繕費用が一般的な水準より割高ではないか

(7)　担保不動産が一括賃貸物件の場合に必要となること

　一括賃貸形態は、不動産会社から建物建設からリーシング、さらにテナント管理・建物管理といった側面で煩雑な業務から解放されるケースが多く、オーナーサイドからみると非常に有効な側面はあるが、このような不動産を担保取得する場合にはいくつかの注意点がある。

a　賃貸借契約書の熟読

　一括賃貸契約は、締結する不動産会社やビルの特性、テナント収集可能性などに応じて締結されるものであり、さまざまな形態で締結されることになる。したがって、契約内容によっては、オーナーサイドに入る賃貸料に相応の上下変動があり、融資の返済に大きな影響を与えてしまう可能性がある。

契約期間	一括契約の期間がどの程度か確認する。たとえば住宅系不動産の場合、建物は通常新築から10年程度まではテナントを集めやすいが、その後は競争力が低下しがちである。契約期間が10年未満である場合、契約期間満了後に撤退する可能性がある。
収入形態	一括賃貸契約における賃料形態には次のものがある。 ・定額のもの……賃貸借契約は通常2年または3年で賃料更改が行われる。一括賃貸の場合、これよりも長期で契約が結ばれる場合が多い。賃料改定についての記載の有無を十分に確認する必要がある。 ・エンドユーザー賃料に従うもの……この形態の場合はエンドユーザーからの収入で変動するためいわゆる賃料保証形態ではない。
敷金・保証金	一括賃貸の場合、賃貸市場における敷金が差し出されることが一般的であるが、この額が大きい場合は建設協力金的な色彩が強いケースも存在する。このような場合、期間に応じた返済が約定に記載されていることが多いので注意する。住宅系不動産の場合、敷金がオーナーに回らないことが多い。

第2節　一括賃貸、関係会社賃貸における留意点　　*161*

b　現状の賃貸相場と一括賃料の乖離状況の把握

　一括賃貸は、エンドユーザーの賃料を基準にオーナーサイドにマスターリース賃貸料が支払われるケースもあるが、期間を定めて定額の一括賃貸料を支払うケースのほうが多いのが実情である。

　景況が大きく変動する時期においては、賃貸料収入が上下変動することも考えられ、特にビル賃料水準が高い時期に一括賃貸料を設定している場合については、景況感の悪い時期の相場賃貸料と大きく乖離していることも考えられる。この場合に、賃料改定期において一括賃貸料が大きく下落することが予想され、貸金の返済原資に大きく影響することも想定されるばかりか、賃料改定後の担保評価において収益還元法による収益価格が下落することで、担保価値が下がってしまうことも想定される。

　このため、エンドユーザーからの賃貸料についてはできる限り情報開示を受け、この単価について現状の相場と乖離があるかどうか把握することが重要で、ゆえに将来の賃料改定要因をウォッチしておくことが肝要となる。

c　建物の経年に応じた修繕の実施と収入状況の調査

　一般的に建物が古くなると賃料単価が下がる。これは経年劣化に加え、建物の機能劣化（たとえばオフィスビルの場合、天井高が低い、空調の性能が悪い等）といったことが影響するもので、この影響をできるだけ抑えるために経年に応じた修繕を実施することが必要となる。傾向的に賃貸オフィスビルや商業テナントビルに比べると、住宅用建物のほうが経年による賃料減額が大きく、特に新築のアパート・マンションが随時建設されるエリアにおいては、既存入居者が新築物件に転居してしまうことも考えられるため影響度は高い。

　一方で、一括賃貸を行っている場合この修繕の実施も契約内容に入っていることがあり、要請するスペックが賃借人サイドに依存されながら、費用負担についてはオーナーサイドが支払う形態のものも存在する。このため、適切な修繕計画であり、かつ妥当な修繕費用であるかもよく調査する必要があ

る。

修繕を実施することで、収益の上昇、あるいは現状維持が可能になる等の費用対効果についても検証する必要がある。

d　建物の建設企図と現状の有効利用性の相違の有無

通常、賃貸物件の場合、収益獲得を目的としたものであり、これを担保取得しているケースの場合、この建設資金に対する貸金が大半であると考えられる。一方で、当初の建設企図がたとえば商業ビルであった場合に、商業立地環境の変化で集客力が大きく落ちるなど、建設当時からみると建物の優位性が落ちることで、有効活用度が低くなってしまうケースも存在する。

このような場合には、一括賃貸料が大きく引き下げられてしまい、ビルの経済価値が大幅に下落することも予想されるため、大きなリニューアルなどを行うなどの集客力向上を目的とした施策を検討しなければならない。

もちろん有効利用度を高めるための工事費用の経済合理性も十分に検証する必要がある。

2　関係会社に賃貸されている物件の留意点

賃貸物件のなかには、所有者が賃借人の親会社であるなど、関係会社間で賃貸がなされているものも存在する。担保不動産の評価を行う場合に、通常、賃貸物件は収益還元法を適用した収益価格を基準として担保評価額を決定することが多いが、この基礎となる賃貸料を関係会社間で取り決めた賃貸借契約そのままで把握してよいものであろうか。

そもそもこのような関係会社間の賃貸の場合、当初の建築費の返済額を基準として賃料設定がなされているケース、関係会社に有利な条件で賃料設定が行われているケースなどさまざまな事情があることが多い。したがって賃貸借契約が存在する場合でも、締結されている賃料水準が妥当なものであるか検証を行うことが不可欠となる。

第2節　一括賃貸、関係会社賃貸における留意点　*163*

ただ、かつてに比べると極端な相場乖離はみられなくなった。たとえば上場企業などの場合は利益移転等の観点から、関係会社間の賃料設定において適正な水準であるか市場賃料との比較を行っているところも多く、なかには賃料の鑑定評価をとって設定しているケースもある。したがって、契約締結の背景を含めた調査も重要といえる。

　むしろ気をつけるべき点は、建物の特殊性である。これは自社使用物件の場合も同様とも思われるが、仕様面で親会社・関係会社の意向が強く出ている場合などがあり、第三者に賃貸することがむずかしいケースも存在する。用途がオフィスビルや社宅といった形態の場合はまだ賃借人を見つけることが容易であるが、工場や店舗といった場合には、個性が強いがゆえに別の賃借人を探すことが困難なケースがある。この場合、せっかく担保不動産として取得したものでも、いざ処分が必要な時に買い手がつきにくいという問題が発生することも考えられる。

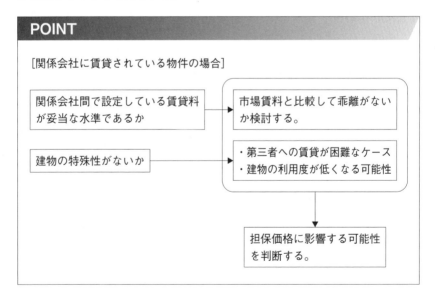

第 3 節

リニューアルの重要性と留意点

　担保として徴収している物件で、償却資産となる建物については経年とともに経済価値は減価することになる。建物を躯体（スケルトン）と設備（インフィル）として考えた場合、躯体部分についてはコンクリートや鉄筋の劣化が進むことはやむをえなく、できるだけ当初の建築において、丁寧な工事を行うことが、よりよい状態で長く使用できるポイントとなる。

　一方で、設備部分については修繕・更新、さらには取替を行うことができる部分が多く、これにより使用できる年限が延命化できる。通常躯体に比べて設備部分の耐用年数は短く、適宜取替等は不可欠なものとなる。たとえば電気設備や空調設備といったものについては、適切な使用年限を設定し、これをもとに適宜更新・修繕することが重要となる。これらは利用者からすると目につかない箇所が割と多い。

　一般的な設備更新などに加えて、仕上げ部分を含めた意匠変更を中心とした一般利用者からみて目にみえる部分において建物のリニューアルを行うことは、たとえば賃貸用不動産の場合賃料下落を抑える、あるいは空室発生の防止効果などが期待できる。またホテルや旅館などといったいわゆる収益用不動産についても、リニューアルによって稼働率や客単価上昇につながることも考えられる。建物に対する魅力度を向上させるリニューアルを、適宜担保不動産において実施することは、担保不動産における継続性の原則から考えても合理的と思われる。

　比較的頻繁にリニューアルが行われる類型について、実施箇所とその効果についてまとめてみた。

1 オフィスビル

実施箇所	効　果
外壁塗装、パネル交換	経年劣化印象を弱めるとともに躯体の延命化が図れる。
エントランスホールの改修	ビルグレードの向上と経年劣化印象を弱める。
照明器具の更新	同上、および環境面での優位化
各階のエレベーターホールの改修	同上
エレベーター籠の更新	同上
トイレ・洗面所の改修	ビルグレードの向上と入居者の利便性向上
給湯室の改修	入居者の利便性向上
リフレッシュコーナーの新設	入居者の評判からテナント退去予防
喫煙コーナーの新設	分煙の推進とテナント退去予防
テナント部分の壁クロス更新	経年劣化印象を弱め、テナント収集力を高める。
テナント部分のカーペット更新	同上
テナント床部分のOA対応化	同上、およびPC環境・利便性の向上
テナント室内の電源増加	PC環境・利便性の向上

　共用部分のリニューアルを行うことで、ビルグレードを向上させることができ、テナント収集力を高めることにつながるケースが多い。特にトイレや給湯室などについては賃貸希望者による内覧時に必ずチェックされることから有効と思われる。加えて、リフレッシュコーナー（自動販売機室）などが設置されていることも、好印象を与える。

　テナント室内についても、こまめな更新はビルの経年劣化印象を弱めることとなり有効と考えられ、中長期的に賃料単価の下落や空室発生をできるだけ少なくできる。

2 商業テナントビル

実施箇所	効　果
外壁部分の改良	経年劣化印象を弱める。
エントランスの改修	建物グレードの向上と経年劣化印象を弱める。
トイレ・洗面所の改修	清潔感の向上による顧客イメージアップ
テナントミックスの変更（フロアリニューアル）	強いテナントを集約することによる集客効果の向上と売上高上昇の可能性
飲食店舗の強化フードコートの強化	集客層に合わせた飲食店舗ミックスを行うとともに、施設によってはフードコートをターゲットに合わせて充実させるといったリニューアルを行うことも多い。
照明器具の更新	建物グレードの向上と経年劣化印象を弱める。環境への配慮イメージの強化
休憩スペースの新・増設	来客サービスの向上による来店頻度向上
授乳室等のスペースの新・増設	子ども連れの来客へのサービス向上による来店頻度向上

　商業テナントビルは、立地環境面での変化が激しいこともあり、かつてに比べると投資コストを抑える方向で建設されることが多い。ただ使用資材などのコストを削減しながらも、トイレや洗面所といった共用部分については、清潔感があり、また面積的にもゆとりあるつくりとする傾向がみられる。また、近年の商業ビルは休憩スペース等を多く設ける傾向がみられる。

　リニューアルという意味では、テナント構成を時代に合った形態に変更していくことも重要で、常に集客力のあるテナントを集積させることも重要となる。これについてはコンセプト設定をどのようにするかよく検討することも大事で、ミスマッチなテナントミックスは顧客流出につながりかねない。

　テナントの集客層にもよるが、子ども連れが多い施設の場合、食事を提供するフードコートを充実させ、人気店舗を入居させると家族層からの支持が

第3節　リニューアルの重要性と留意点　　*167*

高まる。また飲食店舗自体に著名店舗の入店が実現することで、ビルのイメージやグレードが上がることも考えられる。

3 ホテル・リゾートホテル・日本旅館

実施箇所	効　果
外壁塗装、パネル交換	経年劣化印象を弱める。
照明器具の更新	環境イメージの向上
エントランスホールの改修	建物グレードの向上と経年劣化印象を弱める。
パブリック施設の改修	宴会場や結婚式場といった、主に宿泊外顧客獲得可能性の増大 ホテルなどの競争力の強化
大浴場の改修	他のホテルなどとの差別化が図れる。 宿泊客を中心とした顧客獲得の可能性の増大
客室の改修	宿泊単価を中心とした売上高の増大

　宿泊施設は、経年変化とともに集客力が落ちる傾向にあり、特に新規に競合ホテルが建設されると、そちらに顧客が流れることも想定される。もちろん営業努力を積み重ねることで客室稼働率を上げることも可能ではあるが、適宜改修を行うことによって客室単価の維持・上昇を図ることができる。日本旅館の場合、客室に露天風呂を設置することで高単価を獲得できるケースもある。ただ一度に全室の改装を行うことは多額の費用がかかり、工事のために営業継続ができなくなる事態も考えられるため、試験的にいくつかの部屋を改装する、階ごとに改装を進めていくといった方法が一般的にとられる。この資金確保も今後の課題となる。

　宴会場、結婚式場といったパブリック施設・大浴場の改修を行うことで売りをつくることができると、他との差別化が図れることになり、全体の獲得顧客の増加につながることも考えられる。

168　　第3章　処分換価性に関する留意点

このようなリニューアルは、施設の意匠変更、改修などを中心とするため、費用が大きくなる。一方で、ソフト面を中心としたリニューアルはこれに比べて比較的費用を抑えることができる。たとえば、ビジネスホテルなどの客室フロアの一部にレディースフロアや禁煙フロアを設置するといったものが考えられる。

4 賃貸マンション・アパート

実施箇所	効　果
外壁塗装	経年劣化印象を弱める。
エントランスの改修	建物グレードの向上と経年劣化印象を弱める。
共用部の照明器具更新	環境イメージの向上
各居室のドア・居室床・内壁・カーペットなど床材の更新	経年劣化印象を弱め、賃料の維持・向上、空室発生を抑える。
居室の浴室の更新	同上
居室の台所部分の更新	同上

賃貸住宅は、地域により経年変化の割合は異なるが、新築物件が比較的多く建てられるエリアにおいては競争力の下落とともに賃料下落につながる側面が強い。したがって、外観に加え特に居室内部におけるリニューアルは不可欠である。一般的に建築後10年前後を境に競争力が落ちるともいわれている。

リニューアルを行うことで、建物の延命を図ることは適切な行動であると考えられる。一般的なリニューアル効果としては、①稼働率の維持・上昇、②賃料水準の維持・下落防止という側面が最も強いが、近年では環境面での効果を評価する声が強く、特に省エネルギーとなる場合は、コスト面に加え、イメージ面での効果も考えられる。

一方で、複数回にわたり大きなリニューアルを重ねると建替費用と近似に

なってしまうことも考えられる。したがって、リニューアル費用に対して、常にどれだけの経済効果があるかを検討し、効果が小さい場合には取りやめる、あるいは新たな建物の建築を検討する等の的確な判断が不可欠となる。

　なお、躯体・設備維持を行って安全性を確保することは最低限必要であり、費用対効果とは別に考えなければならない。

第4章

不動産類型別の留意点

　不動産にはさまざまな類型が存在する。この類型ごとに担保不動産として留意すべきポイントは大きく異なるため、それぞれを整理しておく必要がある。またこの留意点をもとに、不動産調査・担保評価を行い、担保適格性や担保価値を把握することになる。

　担保不動産の典型例として、住宅ローンにおける戸建住宅・分譲マンションがある。これらについては、権利関係や公法上の規制といった側面での調査を行い問題がなければ、よほどの欠陥物件でない限り担保適格性が低いということは通常はみられない。また、売買市場が成熟しており購入時の売買価格が存在するほか、同時期に分譲された物件の場合は、その際の売買価格、売買単価（1 ㎡や坪当りの価格）など通常は比較的類似性がある多数の取引事例が存在することから担保価格の査定も容易に行えるものと考えられる。

　一方で、不動産の収益力を十分に調査する必要がある類型、さらに使用期間が経過することにより収益力が低下する可能性がある物件については十分な調査が必要になるものと考えられる。

　本章では各類型の特性について簡単な解説を行うとともに、Q&A形式にて留意点を示す。

オフィスビル

　オフィスビルを担保取得するケースは多く、特に本社ビルを担保に入れるケースや、投資用不動産に対する融資の場合に多いものと考えられる。

　近年では、事業会社が賃貸オフィスビルを購入して不動産事業に参入するケースも多い。この場合、①オフィステナントの需要動向、②周辺における競合物件の存在、③現状獲得できている賃料水準と相場賃料の乖離、④将来発生すると考えられる長期修繕費用（資本的支出の額）といったポイントを十分に理解する必要がある。

1　特　　性

　オフィスビルは、投資用不動産としては最も一般的なものの1つで、過去から多数の投資実例や評価機会があり、賃料や投資利回りデータの蓄積も充実してきているものと考えられる。また収益部分と利回り部分についての十分な検証材料（賃貸事例・利回り事例）が存在することから、現状において評価は比較的容易に行えるものであると考えられる。この特性をまとめると次のとおりとなる。

■オフィスビルの特性
・オフィスビルは、主に都市の中心部に立地するものであり、経済価値をみるにあたっては、「立地」と「建物グレード（スペック）」「テナントの状況（契約形態・契約賃料）」「テナントニーズ」が大きな要因になる。
・都市の立地ごとに賃料や駐車場使用料の水準の相場（単価）がおおむね形成されており、新築のハイスペックビルを頂点として、これに建物の建築年月やグレードに応じて差異がつけられてビル賃料水

172　　第4章　不動産類型別の留意点

準を把握することができる。

・建築後年数が経過すると、次第にテナントの入替が行われ、契約賃料に賃料単価にバラツキがみられるようになることがある。

・担保評価方法としては収益還元法が中心となる。収益還元法の適用において重要な要素となる還元利回り・割引率等各種利回りについても、東京都心部あるいは主要都市の超一等地を基準として地域ごとに格差率がつけられており、投資家が要求する利回り等をしっかり把握することが重要となる。

・オフィスビルは、かつては賃料が安定的で、加えて一定の立地であればまず空室が発生する可能性が低いといった点から、投資用不動産のなかでは最も安全性が高いものと考えられてきた。リーマンショック以降賃料が大きく下落する局面もあったが、現在では景況感の回復とともに横ばいから上昇へ転じているエリアも多くなっている。ただ、依然として一部の地域においてはフリーレント要請や賃料引下げ圧力が続いているため、最新の状況について調査する必要がある。

2　オフィスビルに必要となるスペック・耐震性能

オフィス環境は時代に応じて変化がみられ、ビルそのもののスペックに対する要求が高くなり、一定水準を超えないと賃借人がつかない、あるいは賃貸料が極端に低くなることがある。ここでは一般的なスペック・規模と面積について考えてみたい。

(1)　一般的なスペック

建物スペックとは、設備、共用施設電気等の容量やシステム的な側面の充実度を指すが、オフィスビルにおいて重視されるスペックは、近年ではさまざまなものにまで広がってきており、特に環境面、すなわち省エネルギー設

備（LED電灯、自動点消スイッチ、中水の利用、屋上緑化）といったものまで幅広い分野で求められている。一般的なオフィスビルに求められるもの（専用部分・共用部分）をまとめると表のとおりとなる。

〔専用部分〕

天井高	おおむね2,750mmないし2,800mmが確保できている。 高経年のビルは2,600mm程度しかないものもあり、また床を上げてPCアクセス対策を行うと2,500mm程度となるため圧迫感を与えることがある。
床	フリーアクセス床になっているか
空調設備	ゾーン空調になっているか
電気容量	ファクシミリやコピー機等のOA機器を配置できる十分な容量があるか。
床荷重	一般的なものでは500kg/m²程度あるかどうか、近年では1t/m²以上を要求するケースもある。

〔共用部分〕

管理体制	セキュリティシステムの存在、警備員・管理人常駐の有無
トイレ	洋式・洗浄便座の使用、洗面台等十分な区画を確保しているか
給湯室	電気式給湯器、十分な区画を確保しているか
駐車場	オフィスに必要な台数確保、入出庫の容易さ
その他	リフレッシュルーム、喫煙室、公開空地の存在など

〔環境面・その他でのスペック〕

バリアフリー	ハートビル法適合かどうか
照明関係	LED電灯の使用、自動照明の使用
水関係	中水道の使用
緑化関係	屋上緑化、壁面緑化の実施（CO_2対策、暑さ対策） DBJ Green Building認証制度（注）

（注）　DBJ Green Building認証制度……日本政策投資銀行が平成23（2011）年4月より環境・社会への配慮をあわせもつオフィス不動産を供給する事業者の先進的な取組みを評価するもの。

(2) 耐震性能

耐震性能については前述したが、オフィスビルの場合、昭和56 (1981) 年6月改正の建築基準法に対応したいわゆる新耐震基準のビルであること、または耐震診断を行ったうえで新耐震基準と同程度の耐震性能を有している、あるいは耐震補強工事を行って構造耐震指標であるIs＝0.6以上を確保しているビルのほうが、テナント誘致において圧倒的に優位となる。

この流れは、平成23 (2011) 年3月11日に発生した東日本大震災以降強くなっており、企業によってはテナント選定に耐震基準を入れる動きも出るなど、旧耐震基準によるオフィスビルの旗色が悪くなっている。耐震性能が低いビルについては耐震補強を行って継続的に利用すべきか、あるいは建替えのほうがもはや合理的なのかということを、常に考えておく必要がある。近年においてはBCP（Business Continuity Plan）を重視する企業も多く耐震性能の免振制振構造に加え、非常用電源が確保できるかといった観点からオフィスビルを選択する企業が増えてきている。

3　テナントの需要動向、競合物件の存在、賃料水準の把握

(1) テナントの需要動向

オフィスビルの立地は、大都市の中心商業地や鉄道のターミナル駅近隣などが多く、このようなエリアについては安定的な需要が存在するものと考えられる。一方で地方都市などのなかには、企業の支店などの撤退傾向がみられるなど、オフィス需要が減退している都市もある。このような場合に一度空室が発生すると、賃料を引き下げてもなかなか次のテナントが決まらない可能性があるので、十分に注意する必要がある。

(2) 競合物件の存在

担保として取得しているオフィスビルの近隣に新たなオフィスビルが建設され、こちらのスペックがより高い場合、テナントの移動が生ずることがある。オフィスビル需要があまり多くないエリアの場合、一度空室が発生する

オフィスビル　*175*

と、その後にテナントを探すのがむずかしいケースもあるため注意したい。

　前述の需要とも関係するが、テナント空室発生がビルの収益に大きな影響を与える可能性がある場合には、やはりビルを適宜リニューアルすることも重要で、オーナーサイドとテナントの間に密な連絡がとれているかといった点も、ヒアリング等を行って把握しておくことが肝要といえる。

　仮に賃貸需要が旺盛な都市やエリアであっても、大規模ビルの新築による新たな床供給は、テナント需給に一時的もしくは長期的に大きな影響を与え、空室率や賃料に大きくヒットしてくる。したがって、周辺に新築ビルの建築計画が存在するかどうか常にチェックしておく必要がある。

(3) 賃料水準の把握

　オフィスビルの賃料水準については数々のデータがあり、インターネット等でもテナント仲介業者が作成する地域別の賃料表などをみることでだいたいの水準は把握できる。

　これをみると、地域ごとの規模・面積的な違いが理解できるが、敷地規模や建物規模、基準階部分での貸室面積の大きさが、入居するテナント企業の性格などに影響するものであるため、よくチェックしておくべきである。

　通常、新築ビルに比べ既存ビルのほうが賃料単価は低くなる。この差が大きく出るケースとしては、そのエリアにおける既存ビルの多くについて築年月が高い場合で、高スペックで大規模な新築ビルが完成すると、こちらにテナントの移動がみられ、既存ビルの空室率が高くなってしまい、テナント確保のために時間の経過とともに賃料単価が引き下がってしまうこともありうる。都市圏・立地別で分けた場合におけるオフィスビルの収益等の注意点をまとめると次頁の表のとおりとなる。

〔賃料相場表の例（○○○地区）〕

	大規模 （ワンフロア1,500m²）	中規模 （ワンフロア500m²）	小規模 （ワンフロア300m²）
新築	坪15,000円	坪13,000円	坪12,000円
既存（築年）	坪14,000円	坪12,000円	坪11,000円

〔オフィスビル立地と留意点〕

都市圏	立地	留意点
東京	中心部	テナントニーズが高く、空室率が低い。 投資利回りが低くなる。
	副都心	一定のテナントニーズがあり、空室率も低い。 テナントの動向を十分に調査する必要がある。
	郊外部	都心立地に比べるとオフィス需要は弱い。 コールセンターやバックオフィスとしての一括賃貸が多い。
首都圏	中心部	一定のテナントニーズがあり、空室率も比較的低い。 テナントの動向を十分に調査する必要がある。
	郊外部	景況感によって賃料や空室率に影響が出やすい。 景況感が悪化すると利回りが高くなりがちである。
大都市圏	中心部	テナントニーズが高く、空室率は比較的低い。 投資利回りは都市の規模によって異なる。
	副都心	都市圏規模によるとテナントニーズがどの程度あるか要調査、東京資本の支社が立地するのか地場企業中心かによる。
	郊外部	テナントニーズについては周辺の企業や官公庁の立地に左右される面がある。
地方都市圏	中心部	都市の状況に応じテナントニーズが異なる。空室率が高いことが多く、景況感が悪化すると投資利回りが急上昇する。
	郊外部	自動車利用の都市の場合は一定のテナントニーズがある。 利回りは一般的に高く、投資適格性を吟味する必要あり。

オフィスビル　177

―オフィスビル **Q1** ―――――――――――――――――――
担保取得しているオフィスビルには賃貸オフィスビルと、企業の本社や
支社として使用されている自社利用のものがある。このうち、自社利用
の場合に注意すべき点は何であるか
――――――――――――――――――――――――――――――――

[注意すべきポイント]

・賃貸オフィスビルは、通常は第三者に賃貸することを前提につくら
 れている仕様である。これに対して、自社使用を前提としたものに
 ついても、純然たるオフィスビルとしてつくられたものであれば直
 ちに第三者へ賃貸することも可能と考えられる。

・自社使用ビルのなかには、フロア配置や入口部分の設置箇所も特徴
 がある等、個性が強いケースも多々ある。この場合は賃貸時にデメ
 リットが発生することがありうる。

・自社使用物件の場合で特に注意したいのは、複数テナントに分割賃
 貸できない構造になっているケースである。この場合は一括賃貸需
 要を十分に考慮して担保評価に反映させる必要がある。

―――――――――――――――――――――――――――――――

| 解　説 |

　不動産の価値は収益性を基準として判断するのが一般的となっている。こ
のため、自社使用物件の場合は、第三者への賃貸を想定する必要がある。

　自社物件は、会社代表の趣味などを建物に反映させるケースがよくみら
れ、なかには第三者にはとても受け入れにくいものも存在し、そのままでは
借り手がつきにくく、改装を必要とするケースも存在する。

　これに対し、賃貸物件としての利用を前提として建築されたものは通常は
汎用性が高いため、この問題は少ないといえる。一方でたとえばシングルテ

178　　第4章　不動産類型別の留意点

ナント（1社のみで全体契約）のように、テナントの強い要望に応じて建てられたものは自社使用物件と同様の問題点を含んでいる可能性もあるので注意を要する。建物の個性の強さは、賃貸マーケットにおいて大きな影響をもち、場合によっては需要を小さくしてしまうからである。

　建物の個性の強さが直ちに建物建築コストを高くする方向に動かすわけではないが、凝ったつくりのものは一般的にコスト高になりうることもある。このような物件を賃貸に回すことを想定すると、収益性が低いばかりか、一般的なテナントニーズに合わないケースがあり、建築コストがより低く、汎用性が高い建物が得られるであろう収益を下回る可能性もある。オフィスビルの価格が費用性（積算価格）よりも収益性（収益価格）重視で求められるのが実態であるため、この点を十分に含みおく必要がある。

POINT

■自社使用物件と賃貸用物件の違いと検討すべきポイント

	検討すべきポイント
自社使用物件	会社に応じた特殊性が高い物件がみられる。 →自社使用部分の賃貸が容易かどうか。
賃貸用物件	汎用性が高い物件が多い。 ただし、1棟全体賃貸の場合、特殊使用もある。

オフィスビル　179

オフィスビル **Q2**

オフィスビルにおけるいわゆるサブリース形態（一括賃貸形態）の物件
において注意すべき事項にはどのようなものがあるだろうか

[注意すべきポイント]

・かつていわゆるサブリース形態になっていたビルについて賃料保証
を行っているケースが存在した。現状ではマスターリースについて
の賃料減額請求権が認められており、保証形態になっているもので
も、将来の収入について安心できるものではない。

・近年締結されたマスターリース契約の場合、マスターリース先が過
度なリスクを負わない形態のものが多いので、契約内容についてよ
く理解しておく必要がある。

解　説

いわゆるサブリース形態は、オフィスビルに限ったものではない。オフィ
スビルの場合は、たとえば一部にビル所有企業の本社が入っているビルで、
その他のフロアを賃貸物件として設計されている場合などに、賃貸部分につ
いて一括賃貸することもよくみかける。

一括賃貸形態をとる利点・注意点をあげると次のものがある。

利　点	エンドユーザーとの交渉が不要かつ管理が容易となる。
注意点	サブリース賃貸料が下落するとマスターリースの減額改定が行われる可能性がある。

サブリース形態というと、かつては賃料増額改定を前提としたマスター
リース契約が多く見受けられ、建設会社や不動産会社が、将来的な賃料の安

180　　第4章　不動産類型別の留意点

定確保を前提（増額を前提としたものが多かった）として金融機関から融資を受けるために返済計画と合致させるようにプランを立て、オーナーサイドに提案したものが多く存在した。

その後のサブリース先の賃料が大きく下落した影響もあり、マスターリースについての増額改定を取りやめるばかりか、賃料減額もマスターリース先は要請してきた。これに対しオーナー側は返済計画に大きく影響するものであり猛反発した。この際、マスターリース契約を、「総合受託方式」と解釈し、賃料の減額請求権は認めないとした。

これに対して、マスターリース会社側は、借地借家法32条1項の適用を主張し、賃料の減額請求権ありと主張した。結果、この裁判は最高裁の判例において、借地借家法32条1項が適用されるものであり、賃料減額請求権が認められることになった。

一括賃貸形態のものについては、契約に増額規定があってもこれが続くものか、あるいは減額される可能性があるかどうかという点では不安定な状況にあることを認識しておく必要がある。したがって、マスターリース契約の賃料を直ちに収益の基礎として考えるのではなく、坪単価ベース等で市場賃料と比べ高いか低いのか、エンドユーザーの契約先の信用力がどうかという点をあらためて調査し、一括賃貸の継続の可能性および将来における変動（減額発生の可能性）の有無を十分に検討する必要がある。

特に、20年、あるいは30年といった長期のマスターリース契約の場合、その間に現状の賃料水準から乖離する時期も当然に存在する。かつて存在したマスターリース契約においては、契約締結時にはここまでの賃料変動を想定しえないくらい乖離が大きくなったものが多数存在した。もちろん、市場賃料とマスターリース契約賃料の差異の大小にかかわらず締結された契約は遵守しなければならないものである。したがって、乖離があるからといって直ちに修正を行うべきものでもない。ただ、将来的にマスターリース期間が切れた場合にどのようになってしまうのか、周辺相場賃料をベースに考えた場

合どのくらいの収入（あるいは純収益）になるのかということを深く理解する必要がある。

オフィスビル Q3

担保不動産が昭和56（1981）年 6 月の建築基準法改正前の耐震基準で建てられたオフィスビル、すなわち旧耐震性能のビルである場合に、直ちにビルの建替えを行うべきか、耐震補強を行ってしばらく使用すべきか、考えるポイントとは何だろうか

［注意すべきポイント］

・耐震性能が現行基準よりも低いオフィスビルについては、できる限り早く耐震補強や新たなビルに建替えを行うことが、収益性・安全性双方の観点から必要となる。

・耐震性に加え担保不動産として取得しているオフィスビルが、物理的にあとどの程度もつものか、コンクリート中性化度調査等を行い判断することになる。

・コンクリート中性化度調査とあわせて耐震補強工事、同時に必要かつ合理的と考えられる意匠工事の計画を立て、この費用を概算する。これらの調査・計画立案は、建物の構造計算に強い設計事務所・建設会社に依頼することになる。

・建物の耐震補強工事を行った後の賃料単価、実際に獲得できる純収益と、新たなビルを建築して獲得できると考えられる純収益を見比べ、建築費用なども踏まえてどちらが長期的にみて合理的かで判断する必要がある。

・現行の指定容積率を超過しているいわゆる既存不適格ビルの場合、建替え後の床面積が小さくなってしまうこともあるため、建て替え

182　第 4 章　不動産類型別の留意点

るべきか改修すべきか、収益性の面などを十分検討する必要がある。

解　説

　一般的な鉄筋コンクリート、あるいは鉄骨鉄筋コンクリート造の建物についての物理的な耐用年数（あるいは使用年限）は、65〜70年程度であると考えられている。

　たとえば昭和50〜55（1975〜1980）年に建築されたオフィスビルの場合、建築後35〜40年経過した状況にあり、まだ25〜30年程度の使用年限を残している可能性がある状況にある。すなわち物理的には使用可能な状況のものが多く残っている。

　一方で、日本の建物の耐震基準については、昭和56（1981）年6月に建築基準法が改正されより強化され、現状の水準もこれに準拠している。耐震性能上の違いを重視するテナントが多く、旧耐震基準をもとに建てられたオフィスビルについては、なんらかの耐震補強を行わないとテナント確保ができにくくなる時代となった。

　このため収益性に大きな影響が与えられることが想定されるが、建て替えるべきか耐震補強を行いしばらく現状の建物を活用すべきかはよく検討する必要がある。

　建替えを行うと、耐震性能もビルスペックも最新の水準にすることができるため優位と考えられる。一方で、現状建物の取壊し費用、テナントの退去に要する費用等も多額にかかること、なんらかの耐震補強工事を行うことを選択する向きも多い。特に長期間入居してきたテナントを他のビルに移転させることになるコスト、将来同様のテナント獲得が可能か微妙な側面があるといったリスクも高く、建替えがベストシナリオとはならないケースも多々存在する。特に近年ではビル建設も高騰しており建替えがむずかしいとも考えられる。

オフィスビル　*183*

もっとも、近年の低金利政策に後押しされ、一体開発によるスケールメリットが図れる場合は、取壊し費用を超える利益が獲得できると判断して取壊しを行うことが多くなってきている。単独のみならず、周辺を含めた大規模な開発の可能性も少しみてみる必要があるだろう。ただ建築費の動向も十分踏まえておく必要はある。

　いわゆる既存不適格建物については、容積率の指定・変更などにより、現行の指定容積率建替えを行った場合に、いまある建物ほどの規模の建物が建たないケースがあるので注意したい。新たに建てる建物の容積は現行法に従うことになり、使用可能容積率が大きく下回ることから床面積は減少してしまう。したがって取り壊して新築することが必ずしも合理的でないと判断される可能性もある。期間経過によりやや陳腐化も認められる外装・内装については、耐震改修と同時に、エントランスや廊下、トイレや給湯室等の共用スペースを中心とした意匠改装を行うことにより、ある程度の改善ができる

POINT

[旧耐震の既存不適格のオフィスビルの考え方]

現状が指定容積率を超えているいわゆる「既存不適格ビル」

↓

建物の使用容積率が現行法による容積率を大きく超過している場合

↓

次の点の検討
1. コンクリート中性化度の調査等による使用可能年限の調査
2. 耐震補強工事費用の概算
3. 建物意匠の改装の検討と費用の概算
4. 補強・改装後の獲得可能賃貸料の調査
5. 建物取壊し費用の検討（テナントの退去・移転も考える必要がある）
6. ビル新築による獲得可能賃貸料の調査

補強工事・改装が妥当と判断されるか

184　第 4 章　不動産類型別の留意点

こともある。ただ容積率の指定・変更でよりきびしくなった建物の場合、建築後40年から50年と高経年の建物が多いのも実情である。したがって現実の建物の使用可能年限が非常に短いものであることも注意したい。

オフィスビル Q4

建築後10年の賃貸オフィスビルを担保取得しているが、テナントの賃料単価をみると階層が異なる上下階の単価比で約50％の乖離があり、一部のテナントについては現状の相場賃料の水準と大きく離れている。この場合、このオフィスビルの収益については、すべてのフロアを現状の相場水準に修正して把握すべきかどうか

[注意すべきポイント]

・賃貸オフィスビルは、新築当時において、賃料相場程度のテナント獲得を前提にリーシングを行うことが多い。したがって、賃料単価は階層や位置による合理的な格差はあるものの、テナントによる乖離は通常はあまりない。

・建築後数年経つと、賃料改定やテナントの入退去がみられるようになる。経済環境の変化が大きい場合、建築当初に契約したテナントと、その後契約をしたテナントでは賃料単価の差が発生することがありうる。

・賃料単価の乖離の発生は、特にビル市況に大きく影響を与えたリーマンショックなどのマクロ経済的な変動要因があった時期や、周辺に大規模の新築ビルが完成しテナントの退去が相次いだ直後等に多い。高経年ビルほど賃料の回復が遅い点もみられる。

・過去からのテナント（継続賃料）については、賃料改定時に仮に賃貸市場で単価に大きな上下変動があった場合でも、これと比例して

オフィスビル　*185*

上下変動するとは限らない側面がある。ただ、かつてに比べるとテ
　　ナントサイドが強い側面があり、賃料引下げを提示してくるケース
　　も存在するため注意すべきである。

解　説

　一般的なオフィスビルで考えた場合、通常考えられる収入項目としては次
のものが存在する。

賃貸料収入	テナント利用による賃料
共益費収入	共用部分の維持管理等に要する費用相当分
水道光熱費収入	テナントが使用した電気・水道などの料金相当分
付加使用料	冷暖房使用料、時間外空調使用料等
駐車場・駐輪場使用料	定期・時間貸しによる駐車場・駐輪場代
その他収入	場所貸し、たとえばアンテナ設置料や自動販売機設置料等

　これらのうち大半を占めるのが賃貸料収入である。賃貸料の単価は、階層
や位置により差が発生するものであるが、同時期に賃貸を行った場合、通常
は理論的・合理的に説明できる範囲内の賃料水準単価に収まるものである。
　一方で建築後一定期間経過したオフィスビルについては、テナントの契約
時期によって賃料単価にバラツキがみられることが多い。特に平成20
（2008）年夏頃に発生したリーマンショックを境に、これより以前に契約し
たテナントとそれ以後に契約したテナントでは単価に違いがあるケースが多
くみられる。
　また一般的な傾向として、新規賃料と継続賃料ではこの決定要因に違いが
ある。一般的に、古くからの契約のテナントは変動が小さいのに対し、最近
契約したものは短期のものも多く、契約時の相場水準にきわめて近いものに

186　　第4章　不動産類型別の留意点

なっている。このように契約当時の経済環境の背景から、契約賃料の単価の水準が異なってしまうことはよくあることである。なおテナントが見つからないビルではフリーレントや共益費込賃料設定などもよく行われる。

　将来における建物全体の賃貸料収入を予測するにあたっては、オフィスビル内それぞれの賃貸借契約を丁寧に分析し、各テナントの更新時期や契約後からの賃料の動きをとらえることが必要だが、相応の時間がかかってしまう。このため、現在の同種のビル新規契約の賃料相場（単価）を把握し、これと比べ対象となるオフィスビルのテナントの賃料単価との差異があれば、この理由を調べるという方法が合理的である。具体的には、テナントの名称（契約者名）、賃貸面積、契約期間、賃料・共益費・敷金などを記載した明細一覧を作成し、これで単価を分析して現状における相場賃料との差異を調べる方法が1つである。

　気になる単価の差異があれば、契約終了時期（あるいは賃料改定時期）をみつつ、このテナントについて賃料の減額あるいは増額の可能性があるか見

POINT

［契約賃貸料と相場賃料に乖離がみられるケースの考え方］
経済価値把握にあたって

直ちに相場水準に調整すべきとは考えない。

↓

時間の経過とともに調整される可能がある点に留意する ・過去からの高い賃料が継続している場合……改定期に留意し、引下げの可能性を考える。なんらかの理由での退去後は賃料が大きく下がる可能性があるので十分に留意する。 ・過去からの低い賃料が継続している場合……関係会社、親族間など特殊な関係がないか調査する（相場賃貸料から乖離した賃料単価のものも多い）。

オフィスビル　187

極めることも１つの方法である。より手っ取り早い方法としては、このビルのオーナーやビルの運営・管理を行っているプロパティー・マネジメント業者に、今後の動向についてヒアリングをすることもひとつの方法であると考えられる。

　現時点の相場より仮に高い賃料が獲得できていた場合には、将来において賃料改定（減額改定）が行われるかどうかということを十分に吟味しなければならない。もっとも、直ちに相場賃料へ修正するのが合理的とはいえず、この可能性を十分に考慮したうえで、中長期的に修正していく方法が妥当とも考えられる。

オフィスビル **Q5**

オフィスビルの担保評価は、具体的にどのように行うべきであろうか。評価手法の適用を含めて知りたい

［注意すべきポイント］

・オフィスビルの担保評価を行うにあたって適用する鑑定評価手法は、通常、原価法と収益還元法の２つの手法である。

・担保評価額を決める中心は収益価格で、積算価格はこの検証として用いられることが一般的になっている。

・収益価格を中心に考える以上は、純収益や各種利回りの査定が重要となる。

・現状獲得できている賃貸料等について、今後の動向をよく見極めることが何よりも重要となる。将来大きな変動が想定される場合は、利回りなどで調整することなどの作業も必要と考える。

・将来必要となる資本的支出（長期修繕費用）がどの程度であるか十

分に把握する必要がある。

解　説

　オフィスビルは収益用不動産であるため、担保評価を行うにあたっては、原価法と収益還元法（DCF法・直接法）を適用することになり、土地・建物一体での取引事例比較法を適用することはあまりない。もっとも、対象不動産周辺の売買事例があれば、規模、築年数といった面で類似したビル取引総額との比較を検討することができるため、ビルの売買総額は参考になることが多い。

　原価法は、土地・建物それぞれの再調達原価を求め、ここから減価修正を行って減価額を控除して対象不動産の積算価格を求めるものであるが、昨今の状況をみると地価水準が上昇基調にあるエリアが多い。また建物については、使用資材の価格は一時期に比べると価格が落ちついている面はあるが、慢性的な建設人材の不足感があり人件費が大幅に上昇する傾向があり、建築費用は上昇している。2020年の東京オリンピック開催までこの傾向は続くことも予想される、最新の建築費水準をよく把握する必要がある。

　賃貸借に供されているオフィスビルについては、賃貸借契約などをもとに賃貸料・共益費・付加使用料・駐車場使用料・その他の収益が把握できるため、実績を確認することが必要となる。また費用面についても維持管理費や修繕費、固定資産税・都市計画税といった公租公課、火災保険料のデータを担保提供者から入手することが大前提となる。

　すべての物件についてエンジニアリングレポートが作成されるわけではないが、これがあれば将来的な資本的支出の査定が行えることから、必要となる長期修繕費用を反映することも可能となる。

　各種利回り（直接法における還元利回りやDCF法における割引率）については、公開されているJ-REIT等の取引動向等を踏まえるとともに、基準とな

オフィスビル　*189*

るビルの利回り（注）をまず設定し、これに対象不動産の特性を加味する方法によっても査定することもできる。投資家サイドの意見等をこまめに聞くと、より精度が上がるものと考えられる。

　収益還元法については2つの手法を適用することになるが、DCF法を適用して求めた価格は、この変動予測を含めて検討しているものであり信頼度は高いといえる。一方で、単年度の純収益を還元利回りで還元する直接法は、還元利回りの設定いかんで価格が変わることから、精度そのものはこの点でDCF法に比べやや落ちるとも考えられる。また、現状の契約賃貸料と市場における賃貸料に大幅な差異があり、将来的な変更可能性が高く、検討の結果修正を行うほうが妥当と考えられる場合は、賃料補正を行うこともあるが、毎期予測に比べると収益のとらえ方が大雑把な側面があるといえる。

　ただ、投資家は単年度利回りによりある程度の判断を行う傾向もあり、ある程度市場での動きと合致している側面がある。また、DCF法は想定要素が多く、将来的な裏付データが少ない場合は精度が落ちてしまう。特に、将来におけるキャッシュフローの変動の操作、たとえば賃料が上昇する、あるいは交渉によりコストを減少させる予測を組み入れることにより、求められる価格に大きな違いが発生してしまうため、検証を行ったとしてもある程度の恣意性が入ってしまう側面がある。

　このような要素が入りにくい直接法については、DCF法による価格の検証的な面があり、必ず2手法を適用し、比較したうえで収益価格を求めることが肝要といえる。

　（注）　基準となるビルの利回りは、その物件あるいは物件が所在する地方における中核都市の一等地のクラスＡビルの利回りをまず査定し、これに対象不動産の個別性を考慮して増加減する方法などがある。

商業テナントビル

　商業テナントビルとは、販売店舗・飲食店舗の入居を前提として建てられたものである。これについてもオフィスビル同様、古くから担保取得しているものが多数存在する。

　立地形態をみると、都市の中心市街地、郊外、超郊外と立地形態もさまざまで、テナント構成でも大規模なマルチテナントビル（複数のテナントが入居しているもの）・一括賃貸形式のもの・核店舗を中心とし複数のテナントが混在するものなどさまざまである。

1　特　　性

　商業テナントビルも、投資用不動産としては一般的なもので、過去から多数の評価機会があり、賃料や投資利回りデータ的な側面も充実してきているものと考えられる。ただ、立地の変化がオフィスや住居系建物に比べると大きく、収益面でも固定的でない部分があるため、担保調査や評価においては、商業立地動向や他の店舗出店動向を含め、より深く調査を行わなければならない面がある。

■テナントビルの特性
　・テナントビル立地は、開設時期や交通機関の整備動向、商圏・背後人口の状況、競合施設の進出状況などにより変動するものであり、このトレンドは過去の動向および今後の予測を踏まえて、よく検討する必要がある。
　・一般的に好立地のテナントビルほど収益力が高いものと考えられるが、入っているテナントの状況で集客力に大きな差が生ずることがあり、テナントミックスに長けたビル事業者であること、もしくは

プロパティー・マネジメント業者を介在させることが有効である。
・賃貸形態をみると、たとえばスーパーマーケットや百貨店といった１店舗に限られるいわゆるシングルテナントと、多数の店舗の入居を前提としてつくられたマルチテナントの２つがある。エリアによってリスクや獲得できる賃料収入に大きな影響をもってくるので、どの形態が適切かを十分に検討する必要がある。
・賃料形態について、オフィスビルや住居系建物と同様に固定型のものと、売上歩合などを基準とする変動型のものが存在し、テナントによっては固定＋変動型のものも存在するなど、複雑な側面がある。したがって、「テナントが入居している＝期待される賃料獲得」と一概にはいえない。
・交通アクセスの良し悪しがテナントビルの集客に大きく影響する。郊外型の商業テナントビルの場合、十分な駐車場収容台数が不可欠で、最近では都心型のものでも一定の駐車場収容が必要なケースも多い。
・商業テナントビルの集客コンセプトがミスマッチな場合、計画している売上げ等が達成できず苦戦を強いられる可能性があるので注意する。

2　商業立地の流れとテナントビル、テナントリーシング

　大都市の中心市街地は、背後人口が多いことや全国各地からの集客、最近では海外からの集客も見込めることもあって収益力は非常に高い。たとえば東京でいえば銀座や表参道、さらには私鉄のターミナル駅周辺が考えられる。このようなエリアは過去から集客力が高く、今後も新たなビル建設も複数計画されており、商業地としての地位や商業繁華性に大きな変動は起きにくい。一方で地方都市をみると、大規模商業施設の郊外・超郊外立地が進

〔商業立地の主な流れ〕

年　代	主な流れ
昭和40〜50年代	大都市圏、地方都市を含め都心立地型店舗が中心であった。
昭和50年代後半から平成初期	郊外型ロードサイド店舗が登場する。 幹線道路沿いに、ファミリーレストランやカテゴリーキラーの立地が増加する。
平成5〜10（1993〜1998）年頃	郊外に複数の店舗を集約させたパワーセンター形態が多数立地するようになる。
平成10（1998）年頃〜現在	郊外立地の商業施設の大規模化が進む。 鉄道駅ビル、改札内店舗（いわゆる駅ナカ）の急激な増加
平成15（2003）年頃〜現在	商店街の再生が行われるようになり、一部で成功例がみられるようになる。 コンパクトシティ実現のための都心型商業施設の新設企図がみられるようになる。

み、中心市街地が空洞化しているエリアも多く存在する。また人口減少などの影響を受けたエリアもすでに存在しており、立地の変動や商勢が今後大きく変わる可能性がある。

　商業ビルは新規の大型施設ほど集客力などが強い。従来からの商業ビルが集客力を維持するためには、数次にわたるテナントの入替を伴うリニューアルが不可欠となっている。いわゆる駅ナカのような多数の鉄道利用者を目当てにできる集客が容易な施設を除くと、事業体、施設規模が大きいほうが一般的に優位で、中規模施設ほど特色のあるテナントミックスが求められる等、高度なプロパティー・マネジメントが要求される。

　オフィスビルやマンションとはテナントを集める方法や考え方が異なる点も注意したい。たとえばマルチテナントの商業ビルの場合、立地における顧客ニーズとテーマ性や価格帯、ブランド力といった側面が合致することで、

売上高を上昇させることが必須であり、また賃貸料のうち、売上歩合制の店舗が混在することもあって、高いテナントリーシング力が求められる。有力テナントの誘致、継続使用はなかなかむずかしく、また仮に固定制の家賃をとっている店舗であっても集客いかんでは、他のテナントの売上高にも影響を与えるため、常にテナントの入替を意識しながら運営していくことが不可欠となる。したがってテナント開拓能力の高低で獲得できる収益（特に歩合型の賃貸料）や空室等のロスに大きな違いが出る。このため担保不動産となる商業テナントビルの運営者がこのような能力に長けているか、もしくは能力に長けたプロパティー・マネジメント業者を活用しているかという点も十分吟味する必要がある。

　かつては、中心市街地に大型商業ビルをもっている者は、高水準の賃料を安定的に獲得できると考えていた。昭和50年代までは地方都市等でも商業集積は中心市街地であり、このエリアへテナントとして出店することは夢や憧れもあり、賃料決定権限もオーナーサイドが強かった。しかし地方都市における商業ビルは郊外化の影響をもろに受け空きテナントが目立つものが増えている。特に百貨店や大型スーパーマーケットを核店舗として開発した再開発ビルについては、核店舗の撤退で壊滅しているケースも目立つ。

　時の経過とともに、商業施設立地に変化がみられるのは前述のとおりであるが、新しいテナントビルであるからといって安心できるかどうかは微妙で、やはりテナントミックスに失敗し、想定賃貸料を下回った商業テナントビルも時々見受ける。商業テナントビルはオープン当初の印象が大事で、この時のインパクトが弱いと後のリニューアル時においてもよいテナントを誘致しにくい面が存在する。

　このため、テナント誘致業務は重要であり、また売上高や集客数を管理し、実績が劣るところについては入替えを行うのが非常に重要となる。テナントビルへの融資を行う金融機関においては常日頃から多数のテナントビルをみて、どのようなテナントが入居しているか、集客力の高い有力なテナン

トはどのブランドか、ビルにおけるテナントミックスの状況を把握し、担当
している各テナントビルの立地、商圏の特性（想定される顧客層のイメージ、
客単価など）をつかみ、これと実際のテナントミックスに相違があるかない
か、ある場合は実際の売上高や賃貸料の獲得に問題が生じないか、また周辺
において新たな競合施設が建設されないかといったさまざまな点を検証して
おく必要がある。

　所有・利用形態からみると、商業テナントビルにおいては次の３つがあ
り、調査・評価の仕方が、これにより異なることがある。

所有・利用形態	留意点
自社による運営がなされている	評価にあたり収益力査定（賃料査定）が必要
シングルテナントビル（賃貸）	テナント退去リスクをどうみるか
マルチテナントビル（賃貸）	テナントミックスの重要性

商業テナントビル Q1

人口30万人規模の都市の中心市街地に所在する商業テナントビルを担保
取得しているが、このビルをみるにあたって、特に立地的な側面から留
意すべき点は何であるか

［注意すべきポイント］

・商業テナントビルの立地動向は、オフィスビルや賃貸マンションの
　立地変動に比べて、大きく変化する傾向があり、現状の集客力が今
　後も継続できるかどうかを判断することは非常にむずかしく慎重に
　検討する必要がある。

・大都市については中心市街地での繁華性が高く、集客力が継続する
　可能性が高いものと考えられるが、商業立地の郊外化が進む地方都

市の場合、中心市街地における商業テナントビルの集客がきびしい
ケースも存在するので注意したい。

・立地の変化の可能性はあるものの、その時代に合ったテナントを誘
致することで一定の集客や売上高の確保は可能になるものと考えら
れる。したがって、テナントビルの運営業者・プロパティー・マネ
ジメント業者のテナントビル運営能力を十分に吟味する必要があ
る。

・立地からみて、満足のいく集客が行われていない場合などは、ビル
運営企図が商圏からみてマッチングしていないケースも考えられ
る。このため、大きなリニューアルやテナントの入替を行う必要が
あるかも含め検討する必要がある。

解　説

　商業テナントビルの立地変動は全国的にみられており、特に地方都市ほど
郊外化が進展している。この背景には自動車社会の進展に加え、郊外部の地
価が安かったこと、建物建設の法規が比較的緩かったエリアが多かったこ
と、また大規模小売店舗法による縛りが中心市街地では強く、既存の店舗と
の調整が大変であったという面もあった。特に大手スーパーマーケットを中
心とする商業モールの建設が増加し、この傾向を強めた面は否めない。

　郊外部に多数の大規模商業施設ができたことに対し、行政サイドは高齢社
会の進展も踏まえ、コンパクトシティの形成も企図しており、いわゆる「ま
ちづくり三法」（都市計画法、中心市街地活性化法、大規模小売店舗立地法）を
改正して、都市計画法に規定する用途地域のなかで、第2種住居地域、準住
居地域、工業地域の3つの用途地域について大規模商業施設の立地に制限を
かけ、都市計画区域外においても準都市計画区域の設定が行われるなど、大
規模商業施設の出店に縛りをかけられるようになってきている。

196　　第4章　不動産類型別の留意点

一方で、郊外商業モールが多数できることで、大手流通業者を母体とした
デベロッパーによる用地取得、集客、テナント誘致についても、激しい競争
がみられるようになってきており、郊外部での事業もかつてに比べるときび
しい側面がある。

　そもそも、商業テナントビルの立地変動は、オフィスビル以上に激しいも
ので、おおむね新規の商業施設のほうが集客力は高いこともあって、既存の
商業テナントビルは、集客のためのさまざまな施策が要請されるとともに、
集客力の高いテナントを誘致するなどテナント構成も重要となっている。

　都市の規模や交通機関、位置を基礎とした地域区分と、立地動向の普遍性
を表にまとめてみると次のような特性があることがわかる。

〔地域区分と立地の変革の可能性（普遍性）・特性〕

地域区分	立地の普遍性	特　性
大都市中心部	高い	大都市の都心一等地については、空きテナントが出ることは少ない。
ターミナル駅周辺	比較的高い	鉄道利用者と人の流れによるが、空きテナントが出ることは少ない。
大都市郊外部（ニュータウンなど）	普通程度	駅近接など人通りが多いところは空きテナントが出ることは少ないが、少し離れると微妙。
地方都市中心部	比較的高い〜低い	発展的な都市の都心一等地については、空きテナントが出ることは少ない。ただ、人通りが少ないところなどは微妙。衰退傾向にある中心市街地は、空きテナントが多く、またなかなかテナントを見つけるのが困難な場合もある。
路線商業地域超郊外型商業施設	普通程度〜今後注意を要する	集客性のある核店舗がある場合は空きテナントが発生する可能性は低い。テナントリーシング力による差が大きく出るものと考えられる。

商業テナントビル　　197

担保物件をみていくにあたり、もちろん立地的に優良な商業テナントビル
ほど収益力が高く、担保価値が高くなる可能性があることはいうまでもな
い。ただ、立地は時の経過により大きく変動することが考えられる。したが
って、もともとの設計企図が商圏において受け入れられているかどうかや、
適宜競争力の高いテナント誘致が行われていること、集客力向上のための施
策が適切に行われていることも、担保調査においてチェックする必要があ
る。

商業テナントビル Q2

担保取得している商業テナントビルが、賃貸形態（シングルテナントビ
ルかマルチテナントビルであるか）により、そのリスクの見方が違うとい
われる。具体的にはどのような点を注意してみるとよいであろうか

［注意すべきポイント］

・シングルテナントビルは、テナントが１社（もしくは非常に少ない）
であることから、賃貸管理上は比較的容易な側面がある。また商業
テナントビルにおいては、設備などをこのテナントが持ち込んでい
るケースが多いため、初期投資・管理コストを抑えることができる
場合も存在する。

・一方で、シングルテナントの場合、一度このテナントが抜けると次
に入るテナントを探すのが容易ではない側面がある。したがって現
在入居しているあるいは入居予定のテナントの信用力が非常に求め
られるとともに、退去リスクを十分にみておく必要がある。

・マルチテナントビルは、複数のテナントの入居が前提となるため、
少数のテナントが抜けることだけによる影響は比較的軽徴であり、
新たなテナントを探すことで対応ができる側面がある。

198　第４章　不動産類型別の留意点

・マルチテナントビルでも、複数のテナントの退去が進み、ここへの
テナント入居に手間取ると、ビル全体の集客力が弱くなり、獲得収
益が小さくなるばかりか、ほかのテナントの退去が進むことも考え
られる。このためできるだけ空き区画発生を抑える施策を早めに打
たなければならない。一時利用店舗等が増え出すと要注意な側面は
ある。

解　説

　商業テナントビルの賃貸形態には大きく分けて、シングルテナントとマル
チテナントがある。百貨店や大規模スーパーマーケット１社に対して一括賃
貸されるシングルテナントビルも多く存在するほか、１社ではないが、大半
が核テナント１社に賃貸されているものもあり、担保不動産の賃貸形態をみ
るうえでは、これもおおむね同様と考えてよい。

　シングルテナントの商業ビルの賃借人は、流通の大手企業が考えられる。
かつて有力企業によるシングルテナントは、比較的高水準の賃料を安定的に
支払ってもらえるため有効という考え方がとられていた。しかし、バブル崩
壊後、店舗出店を賃貸で拡大した流通業者の再編等も多く行われたことや、
長期にわたる消費不況の影響、さらに地域によっては郊外化や人口減少など
による商勢の劣化といった要因があり、流通企業として有力企業であって
も、大規模なリストラによる退去がみられたほか、テナント企業が法的整理
に入るところも出るなど大きな問題が生じるケースもみられた。仮に有力企
業が賃貸を継続する場合でも、契約内容次第では賃料の引下げ交渉が行われ
るようになり、安定性という側面での優位性はあまりみられない状況となっ
た。

　一方でマルチテナント形態のビルの場合は、仮に１つや２つのテナントの
空室が発生しても、その後うまくテナント確保ができれば、大きな問題はな

商業テナントビル　199

〔商業テナントビルにおけるシングルテナント・マルチテナントの考え方〕

シングルテナント	現状入っているテナントの賃料が、テナントの営業による売上高や想定される営業粗利益などからみた賃料負担能力の範囲内にあるかどうかが、現状の賃料において賃貸借が継続されるかどうかのポイントとなる。
マルチテナント	入居しているテナントの賃料水準のバラツキをよくみる。契約形態がそれぞれ異なる（固定賃料、売上変動賃料などの賃料計算方式の違い）こともあるので注意したい。将来的には賃料単価の高いテナントが集められるかがポイントとなる。

いものと考えられる。しかし、テナントの退去は入居企業にとっての採算性の悪さからくるもので、集客力や収益力が低い商業テナントビルである可能性も高く、ほかのテナントの退去が次々と進むことも考えられる。特に近隣に同様の新築ビルができると、こちらの集客力のほうが高いケースもあり、移転されてしまうこともありうる。

　このため、マルチテナントビルの場合、テナントミックスと呼ばれるテナント誘致力の高い企業による商業ビル運営、または強固なプロパティー・マネジメント業者を使うことで、できる限り空き区画を出さないことも重要である。

　加えて、賃貸料の妥当性について常に検証することを心がけたい。周辺における賃貸事例や対象物件の店舗の売上高や粗利益率などを調査し、これらからみて妥当性があるかどうか検証するとともに、特にシングルテナントビルとして運営されている場合、現状の賃貸料がテナントの賃料負担能力を超えたものであれば、将来における賃料改定の可能性が高いことも踏まえておかなければならない。したがって、できる限りテナントの売上高や粗利益率を把握するように努め、賃料負担能力からみた検証をかけることが有効と考えられる。

　また、商業テナントビルを関係会社間において賃貸しているケースも多々

ある。この場合は関係会社間で若干の利益調整を行っている可能性があり、本来の不動産の経済価値を基礎とした賃貸料水準と乖離している場合もある。このようなケースの場合に、担保評価において賃貸料を不動産の収益として、そのまま認識すべきではなく、妥当性をよく検討する必要がある。

なお、商業ビルにおいては、内装工事をテナントサイドが行うことが多いのも特徴の1つである。大型のショッピングセンターにおける、エスカレーターや空調設備といったものもテナント負担になっていることがある。したがって、財産帰属については、賃貸借契約書に付記される工事区分表（A工事・B工事等として分かれていることが多い）をよくみて、どちらの負担による施工か、将来的な改修工事の負担はオーナーサイド、テナントサイドのいずれに存在するのかを慎重に調査する必要がある。

商業テナントビル Q3

商業テナントビルにおいては商圏や立地の動向、ビルのコンセプト（集客ターゲット層）といったものが重要といわれるが、担保不動産をみるうえで、どのような点に注意しておくとよいであろうか

[注意すべきポイント]

・商業テナントビルは、オフィスビルや賃貸住宅よりも個性が強いものと考えるべきであり、その設計企図、集客企図が立地や商圏とマッチしていることが重要となる。

・したがって、できればビル建設当初の設計企図の基礎となった調査書類を入手してこれを分析し、現状がこれと合致しているか等を理解しておくことが大事になる。

・時の経過により当初企図していた集客ができなくなった場合は、リニューアルなどを行い、新たなテナントミックスを探る必要があ

商業テナントビル 201

る。このための施策が打たれているかチェックする。

・ただテナントの入替えがあまりに多いと考えられるケースや一時利
用店舗や催事利用箇所が多い場合は、商業ビルのコンセプトそのも
のに影響を与える場合もあるので留意する。

・駐車場の収容台数は特に注意する。集客に不可欠な台数の確保がで
きているか、周辺において賃借されているか（あるいは賃借できる
か、継続して借りられるか）確認する。

解　説

　商業テナントビルを建設する場合、ビルの商圏設定を行い、このなかにお
ける主な顧客層の調査（家族構成・収入・想定される勤務地）を行うととも
に、ターゲットとなる顧客層を設定し、どのようなテナントが顧客層のニー
ズに合致するか調査を行うのが一般的である。

　この調査をもとに商業テナントビルのコンセプト（たとえばどのような店
舗を入居させるか、どのような核店舗を入れるのか、テナントをフロアーごとの
テナント配置状況をどのようにするか）を設定することになる。このような調
査はMD調査などと呼ばれており、顧客の設定を含めて、専門の調査会社や
プロパティー・マネジメント業者に依頼するのが一般的で、一定規模のテナ
ントビルの場合、商圏調査や競合施設の調査を含めた報告書が作成される。

　担保調査・評価においては、この提出を求め、対象不動産の現状分析、長
所・短所、今後改善すべき点を研究する必要がある。仮に、現状がミスマッ
チな状態にある場合は、コンセプトの変更も必要になると思われる。

　また、商業ビルの場合は資料などによる机上による調査のみならず、現地
に赴くことで、来店者数の状況や、顧客特性を金融機関職員が肌で感じてみ
ることも重要である。加えて、計画・想定売上高と月ごとの売上高などの資
料を取得し問題点を分析することも効果的である。マルチテナント形式のビ

202　　第4章　不動産類型別の留意点

ルの場合、さまざまなイベントや催事を開催して集客を行うことも多い。このイベント開催経費がオーナー負担かテナント負担か調べ、どの程度の額でどんな集客や売上高増加の効果が出ているかどうかも調査する。

　最近多いテナントコンセプト変更の例としては、店舗から医療系のクリニックモールへの転換などがある。立地の変化が速い分、施策対応もスピード感とある程度の大胆な発想が要求される点にも注意したい。

　商業ビルの場合、オフィスビル以上に自動車での来館が多く、これは鉄道交通網やバス路線網が整備された都市においても同様といえる。このため敷地または周辺における駐車場確保は不可欠とされている。郊外型の大規模商業施設についてはこの整備が必然的なものであり、これがないと集客そのものがむずかしいと考えてよい。加えて駐輪場の整備状況もチェックしたい。

　地方の中心市街地に所在する百貨店等をみると、集客に見合った十分な収容台数を有する駐車場があるかどうかでその価値が変わってくる。歴史的に古い百貨店の場合、同一建物内の駐車場収容台数が小さいことから、周辺に自社または関係会社による駐車場、あるいは提携契約を締結した駐車場を用意することもある。ロードサイド商業地でも、更地を借り上げて専用駐車場とするなど駐車場整備は不可欠といえる。なお、この確保のために駐車場使用料がかかりテナントビルの収益にヒットする点も注意したい。

商業テナントビル Q4

商業テナントビルは、賃料設定形態が複雑といわれるが、具体的にはどのようなものが存在するか、またそれぞれの担保不動産として、オーナーサイドからみたメリット・デメリットについて知りたい

［注意すべきポイント］

　・オフィスビルや賃貸マンションは、通常、固定賃料となっている

が、商業テナントビルの場合、変動賃料制度が導入されているもの
も多いので賃貸形態をよく理解する必要がある。

・変動賃料算定の基礎に売上高があり、これに比例した賃貸形態をと
　るものがあるが、集客が落ちると売上高と同時に賃料収入が下がる
　ため、担保調査を行うにあたっては日頃からよく集客と売上高の状
　況もチェックしておかなければならない。

・契約形態によっては多額の一時金が支払われているケースがある。
　このうち建設協力金（あるいはこれに該当するもの）が含まれている
　場合があり、この場合は契約で償却（返済）が定められており、
　キャッシュフローに大きく影響することになるので注意したい。

・テナントビルの賃料水準は、借り手が多い面積の1区画程度であれ
　ば業者ヒアリングなどで単価の把握を行うことができる。一方で、
　一括賃貸の場合秘匿性が強く、相場水準をつかみにくい面がある。
　したがって、現状契約されている賃料が妥当な水準であるかどうか
　については、売上高や粗利回りなどからテナントの負担能力も検証
　したうえで、この妥当性を判断する必要がある。

解　説

　商業テナントビルに多く存在する賃料タイプを整理するとおおむね次のと
おりとなる。

タイプ	形　態	特　徴
固定家賃方式	月額が一定額のもの	小規模のテナントに多い。ショッピングセンター等の店舗の場合、売上げの変動要素がありテナントサイドが興味を示しにくいという意見もある。ただ昨今の長期にわた

204　　第4章　不動産類型別の留意点

		る消費不況の影響もあって、固定家賃制をとるビルが多くなってきている。
固定家賃＋売上歩合方式	固定家賃に加え売上げに対して一定の部分に歩合を掛けて徴収する設定	ビルオーナーにとっては固定部分があるため安定的な側面がある。
完全歩合方式	売上高に一定の歩合を掛けて賃料とする設定	売上げが高い場合はよいが、売上げが低い場合はビルオーナーにとってはきびしい側面がある。 通常、有力テナントが設定するケースが多い。
最低保証付逓減歩合方式	基準売上高を設定し、この部分までを固定賃料とし、売上高が高くなるほど歩合率が逓減する設定	固定家賃＋売上歩合方式に類似しているが、営業努力相当の逓減があるため、柔軟性が高く、貸主、借主両サイドにとって合理的ともいえる。

　かつてに比べると変動賃料の不安定さを嫌うオーナーが多く、現在では固定家賃方式を選択するケースが増えているものと考えられる。ただ、テナントサイドからの強い要請に応じざるをえない面もあり、売上歩合併用または完全歩合型の賃貸料設定がなされているビルや、同一ビルでも複数の契約形態があるなど、その実態は複雑となっている。ただ、変動型を採用している場合でも、最低保証付逓減歩合方式を採用するなど一定のリスクヘッジも行っているところも多い。

　一方で、売上高（または来客数）が小さい店舗については、契約更改時に入替（退去を要請）を行うことが多くなってきた。最近の有力テナントは、さまざまなテナントビルから出店要請を多く受けており、ビルオーナーサイドが、最低保証水準を低く設定し入居を促すものも多い。

　商業テナントビルにおける収益の認識は、賃貸借契約が締結されているものについては、この契約をベースに考えることになる。ただし、商業ビルの場合歩合賃料部分が多くなりがちであることから、固定賃料部分と変動賃料

商業テナントビル　　205

部分を分けて考える必要がある。

　商業テナントビルは敷金や保証金といった一時金の額が住居用不動産やオフィスビルに比べるときわめて大きい点も注意を要する。住居用不動産は地域や家賃設定による差異はあるが通常2〜3カ月程度、オフィスビルの場合は6〜12カ月程度のものが多いのに対し、商業テナントビルの場合、12〜24カ月程度の敷金ないしは保証金を徴収することが通常となっている。ただ、これでもかつてよりは少なくなった印象もある。

　敷金は本来賃料の未払いや賃貸物の損傷を担保する性格があるのに対し、保証金は賃貸人に対する一時金の一種と考えられており、建設協力金等と同様のものと考えられている。なお、敷金のなかでも一般的な慣行で授受される範囲を超える部分については保証金に含まれるものと解釈されることがある。

商業テナントビル Q5

商業テナントビルの賃貸料の妥当性を検証する方法にはどのようなものがあるか。また、所有者が店舗を運営している場合については、賃貸借契約は当然にして存在しないが、収益還元法を適用するためには賃料を査定しなければならない。この場合どのように行うべきであろうか

［注意すべきポイント］

・通常オフィスビルや賃貸マンションについては、地域ごとに賃料相場が形成されており、仲介業者などのデータをみるとおおむねの単価水準を把握することが可能である。一方で、店舗賃料については、単価の情報収集を行うことも可能であるものの、秘匿性が高いためデータが表に開示されることは少ない。

・1棟賃貸形態の商業テナントビルの場合、契約賃料が公開されるこ

206　第4章　不動産類型別の留意点

とはまれで、またビルにより立地や収益性といった面での個別性が
強いことから、仮に公開データがあったとしても単価比較が容易で
はない。

・商業テナントビルの場合、賃料決定に際してテナントサイドからの
要請を考慮する側面が強い傾向にある。賃料を査定する場合には、
売上実績や粗利回り実績などを基準としてテナントの賃料負担能力
を探り、これを基準として査定を行う方法も有効であると考えられ
る。

・商業テナントビルは、近年立地動向の変化が激しいこともあり、所
有者サイドとしては建設コストを抑えながら建設する傾向が強くな
っている。一方で、収益性に結びつかない豪華な意匠を施し、高い
建築費用をかけたうえで、これに見合った高額の賃料設定を行って
も、テナントがつきにくい側面もある。ビルの外観や内装、施設が
よいことから高額の賃料設定をしているために、多くの区画で空き
区画が発生している場合は、賃料単価の引下げを考えなければいけ
ないケースもあるので注意したい。

解　説

　商業テナントビルについても、坪単価といった賃料相場は存在する。た
だ、賃貸マンションのように鉄道駅を中心に相場を把握することができるも
のではなく、またオフィスビルのようにエリア・ビルスペック・建築後の経
過年数を基準として相場が確定している状況ではない。もとろん、1区画程
度であれば業者ヒアリングなどで単価の把握を行うことができる。ただ、建
物を含め契約の個別性が強い面もあり、1棟ビル全体などの賃料はなかなか
把握しにくい面がある。一括賃貸の場合はより秘匿性が強く、そもそもデー
タとして表に出てくるものではない。専門の業者でない限り情報をもってい

商業テナントビル　　207

〔商業テナントビルにおける契約賃料の妥当性の検証方法〕

賃貸相場、賃貸事例からの検証・査定	賃貸業者等に相場水準を聞くという方法がまず考えられる。このほかに、類似性の高いテナント、たとえば物販店舗であれば同種・同価格帯の商品を扱う店舗の賃貸事例を、また飲食店舗であれば同種のものを提供する店舗の賃貸事例を収集して判定する。バー等が入るソシアルビルの賃料は飲食店舗でも高い水準に設定されていることがあるので、これを物販店舗等の参考とするのは現実的ではないので注意する。店舗ビルながら、英会話学校等のスクールとして利用されている場合、オフィス賃料が参考になるケースもある。
テナントの負担能力から賃料検証・査定	テナントの負担能力は、売上高もしくは、売上原価を控除した粗利益をベースに考えることが多い。 さまざまな指標などをみると粗利益に対して20〜30％程度の水準が、賃料負担能力の限界と考える向きが多い。 かつては粗利3分の1という原則もあった。

ることはまれである。一方で、ここで契約されている賃料が、はたして妥当な水準であるか、特に過去に契約され今後賃料改定が行われる可能性があることを踏まえると、今後の動向について検討する必要がある。

　一般的に、近年の傾向をみると商業テナントビルの場合、賃料決定に際してテナントサイドからの要請に強い影響を受ける側面がある。賃料設定においては、通常、売上高や粗利回りなどによるテナントの賃料負担能力を判断することになるため、入居するテナントの負担能力に大きく左右される側面がある。そもそも、物販と飲食では売上高からみた負担能力には大きな違いがあるが、これは売上高や客単価や粗利回り率などをみるとある程度理解できるものである。

　平成初期までは、テナントビルも一定のコストをかけ、それなりに豪華なイメージをつくりあげることで集客をする傾向が強かった。しかし、現在ではよほど高額なブランド商品を販売する店舗が入居するビルでない限り、高

額の建設コストをかけるに見合う賃料単価がとれる可能性は低くなっている。一般的な商業テナントビルの場合、一定の見栄えやトイレなどの共用スペースの充実は図られているが、建設コスト単価を下げ、投資回収期間を短くし、リニューアル工事期間を短く設定、あるいは建物の建替えまでの使用年限を短く設定する傾向が強くなっている。

ヘルスケア不動産

1 特　性

　ヘルスケア不動産とは、高齢者向け住宅、医療機関（病院）を合わせたものを一般的には指している。何よりも日本は高齢社会が到来しており、日本人の4人に1人が高齢者というのが実態で、政策的にも高齢者向け住宅の整備が不可欠とされている。金融機関にとっては融資機会や商品の収益源泉としてヘルスケア不動産を組み入れられることからその理解が不可欠となる。高齢者向け住宅のなかで近年建設が多いものとして、有料老人ホームやサービス付高齢者向け住宅（通称：サ高住）がある。

　有料老人ホームやサ高住については、不動産の証券化市場などが整備された後に建設されたものが多く、所有と経営の分離が比較的早くから進んでいるものと考えられ、三井不動産株式会社による私募型の「ホスピタリティ・レジデンス・ファンド」や、J-REITとしてヘルスケア不動産を中心に運用

〔ヘルスケアリートのスキーム〕

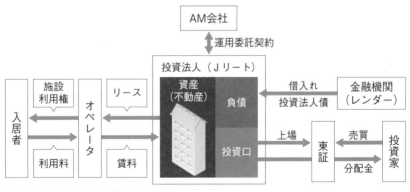

（出典）　東京証券取引所JリートView

している「日本ヘルスケア投資法人」「ヘルスケア＆メディカル投資法人」
をはじめ、私募やJ-REITの組込資産の一部としての有望性も高く、金融機
関もこれら施設の建設資金融資や金融商品の購入・販売といった機会が増加
するものと考えられる。このため事業形態や担保不動産の経済価値把握のた
め、ヘルスケア不動産の評価に関する知識が必要になるものと考えられる。

　有料老人ホームは介護保険制度運用開始から増加しており、もともと高齢
者向け住宅のオペレーターの中心として認識されてきた医療法人や社会福祉
法人のほか、運輸業（鉄道・バス会社）、電力・ガス会社、不動産会社、製造
業、外食産業と幅広い業界からの参入がなされている。多数の業者が乱立し
て競合が激化している側面はあるものの、高齢者人口は増加を続けており、
入居ニーズについてはしばらく高いこともあって、有料老人ホームの建設は
しばらく続くことが予想される。

　サ高住は、平成23（2011）年に「高齢者住まい法」が改正された際に、国
土交通省と厚生労働省の共同所管のもと整備が進んでいる住居建物で、将来
的には60万戸程度の整備を目標としており平成27（2015）年11月末時点では
18.8万戸を超えるまでとなっている。

　また医療機関（病院）については、国土交通省も「病院不動産を対象とす
るリートに係るガイドライン」を作成し、今後不動産金融市場に投資家の資
金が大きく入ってくることが予想される。

■ヘルスケア不動産の特性
　・ヘルスケア不動産は高齢者向け住宅と医療機関（病院）を合わせた
　　総称で、高齢社会などを背景に今後建設が進むことが予想されてい
　　る。
　・高齢者向け住宅は医療法人や社会福祉法人といった公共性の高い事
　　業体が設立するものと、株式会社による参入が認められるものがあ
　　り、金融機関は今後有料老人ホームやサ高住の建設・運営を使途と

ヘルスケア不動産　　211

する融資機会が増加するものと考えられる。

・有料老人ホームには、厚生労働省が定める指導指針において、介護付（一般型）・健康型・住宅型の３種類があり、それぞれ入居者や建物の構造、収益構造が異なる。一方で、入居者からみた権利関係では利用権方式、建物賃貸借方式、終身建物賃貸借方式の３パターンが存在し、一時金や賃貸料、施設利用料などを含めた収入構造に違いがある。

・サ高住は、少なくとも安否確認と生活相談をサービスとして提供する高齢者向けの住宅で、都道府県または政令指定都市からサービス付高齢者向け住宅として登録を受けたものをいう。入居者の権利形態としては建物賃貸借方式・終身建物賃貸借方式・利用権方式（自治体によっては、賃貸借方式および終身賃貸借方式のみに限定しているところもある）が存在する。登録基準としては、居室の床面積、居室内の設備についての規定があるが、10年以上の登録を条件とし建築費や改修費に対する国からの補助金が存在するほか、税制優遇、住宅金融支援機構による融資要件などの緩和措置があり、建設に有利な側面がある。

・ヘルスケア不動産は、所有と経営の分離が一般化した時期以降に多数整備・建設されたことから、所有者とオペレーターが別のケースが多く、この間には一括賃貸契約が締結されているものが多い。

・サ高住については、そもそもエンドユーザーへの賃貸を前提とした賃貸住宅であるため、各住居の賃貸料をもとに一括賃貸料の認識は比較的容易となる。一方で有料老人ホームは住居賃貸に加え、生活サービスの提供を行うことでも収益を獲得するため、収益性の分析を行うにあたってはオペレーターの対象不動産による事業分析が必要となる。

ヘルスケア不動産 **Q1**

ヘルスケア不動産の中核をなすものとして高齢者居住施設があるが、このなかで金融機関が今後取り組むことが多い有料老人ホームとサ高住の位置づけはどのようなものか

［注意すべきポイント］

・高齢者居住施設には、いわゆる介護保険3施設があり、これは開設主体が医療法人、社会福祉法人に限定されているが、有料老人ホーム、サ高住、認知症グループホームの3施設については株式会社の参入が認められている。このため営利事業としてこれらによる運営施設が増加してきている。

・有料老人ホームは、老人福祉法により定義づけられているほか、運営指導などは厚生労働省と都道府県がそれぞれ指針をもって取り組んでいる。

・サ高住は、高齢者住まい法により定義づけられており、居室面積や居室基準の一定条件が設定されている。これをクリアすると一定額の補助金や税金の軽減措置などを受けることができる。

・入居者サイドからみた権利形態は、有料老人ホーム・サ高住ともに、利用権方式建物賃貸借方式、終身建物賃貸借方式が存在する。

・サ高住については、高齢者住まい法による統一化が比較的新しいこともあり、今後の動向を見極めなければならないが、利便性、快適性などが認識されることで、入居者が増加する可能性が高いものと考えられる。ただ現状をみると、社員寮やアパートを改造したものも多いほか、一方でホテル並みの豪華な施設を有するものもあり、さまざまである。

ヘルスケア不動産　*213*

解　説

　高齢者居住施設にはさまざまなものがある。株式会社による参入が認めら
れている施設としては、有料老人ホーム、サ高住、認知症グループホームの
３種類がある。介護保険３施設と呼ばれる「介護療養病床」「老健」「特養」
の３つについては、地方公共団体や公共性が高い医療法人または社会福祉法
人に開設が限定されている。

〔株式会社による参入が認められる３施設〕

名　称	特　徴
有料老人ホーム	食事、介護、洗濯・掃除などの家事、健康管理のいずれかを行う施設
サービス付高齢者向け住宅（通称：サ高住）	設備・仕様が高齢者向けに配慮され、少なくとも安否確認や生活相談サービスが提供される賃貸住宅
認知症グループホーム	認知症の高齢者向けの入所施設で、認知症の進行を緩和させるために少人数を単位とした共同生活を行うもの １ユニット９名までとし、原則２ユニットまでとする。

〔いわゆる介護保険３施設〕

名　称	特　徴	開設主体
介護療養型医療施設（通称：介護療養病床）	病院または診療所の病床で、介護を必要とするものが長期にわたる療養を行うもの	地方公共団体 医療法人
介護老人保健施設（通称：老健）	医療機関での治療後、在宅復帰に向け数カ月間程度にわたりリハビリを行う通所施設。現状は長期入所もみられる。	地方公共団体 医療法人
介護老人福祉施設（特別養護老人ホーム。通称：特養）	常時介護が必要な高齢者が長期間入所し、介護・機能訓練および日常生活の支援を受けるもの	地方公共団体 社会福祉法人

そもそも高齢者向け住宅はある程度の介護が必要な人が入居する印象が強く、介護保険3施設については、一定の介護が必要であることが入居条件となる。一方で株式会社が運営する有料老人ホームやサ高住においては、自立生活者の入居を前提としたものもあり、幅広い層を受け入れるようになっている。特にサ高住は、バリアフリー度の高い住居であり、介護が必要でない人にとっても利便性のよさの認識が高まれば入居する高齢者が増加する可能性がある。今後においては単身の高齢者の入居が考えられるが、家賃設定等に注意する必要がある。

有料老人ホーム、サ高住の定義や権利関係、特性を示すと次のとおりとなる。

〔有料老人ホームの定義と類型・権利形態〕

定義		有料老人ホームは高齢者を1人以上入居させ、①入浴、排せつまたは食事の介護、②食事の提供、③その他日常生活上必要な便宜であって厚生労働省で定めるもの、のいずれかのサービスを提供する施設（老人福祉法29条）
基準		厚生労働省「有料老人ホーム設置運営標準指導指針」 都道府県による設置運営指導指針 ※国の指針より都道府県の指針のほうが細かく規定されている。
類型		設置運営標準指導指針では次の3つがある
	介護付有料老人ホーム（一般型）	介護保険法の特定施設入居者生活介護（特定施設）の指定を受けた有料老人ホーム 介護保険サービスの提供が可能なもので、介護専用型と自立者を含む混合型がある。
	健康型有料老人ホーム	特定施設の指定を受けていないもの 介護が必要となった場合は退去が必要
	住宅型有料老人ホーム	特定施設の指定を受けていないもので健康型以外のものを指す。 介護が必要となった場合には訪問介護等の外部の介護保険サービスを利用する。

ヘルスケア不動産　215

入居者の権利形態	入居者の権利形態には次の3つがある。	
	形　態	特　性
	利用権方式	居室居住と共用施設や介護のサービスを利用する権利を有する形態 居住部分・サービス部分の契約が一体化 この権利は譲渡や売却、相続はできない。 現状最も多い形態
	建物賃貸借方式	賃貸の権利とサービス契約が別々になっている。 借家権が発生する。 入居者から借家権の相続ができる。
	終身建物賃貸借方式	「高齢者の居住の安定確保に関する法律」の規定に基づく「終身建物賃貸借事業」認可を受けたものが行うことができる方式 入居者の死亡をもって契約が終了する。

〔サービス付高齢者向け住宅の定義・設置基準など〕

定義	安否確認と生活相談をサービスとして提供する高齢者向けの住宅で、都道府県または政令指定都市からサービス付高齢者向け住宅として登録を受けたもの	
基準	高齢者の居住の安定確保に関する法律（高齢者住まい法） 高齢者円滑入居賃貸住宅（高円賃）、高齢者専用賃貸住宅（高専賃）、高齢者向け優良賃貸住宅（高優賃）が一本化されたもの [設置基準]	
	居室の床面積※	原則25m^2 居間や食堂、台所その他が共同して利用するに十分なものが設置されている場合は18m^{2}以上
	居室内の設備	居室内に台所、トイレ、収納、洗面、浴室を設置する。 ただし、共用部分に十分な設備が確保されている場合にはこの限りではないとされている。
	※地方公共団体により基準を変更しているケースもある。	
所管	国土交通省と厚生労働省の共同所管	
権利形態	建物賃貸借方式、終身建物賃貸借方式、利用権方式がある。 自治体によっては、賃貸借方式および終身賃貸借方式のみに限定しているところもある。	

その他	・優遇措置……10年以上の登録を条件とし建築費や改修費に対する国からの補助金が存在するほか、税制優遇、住宅金融支援機構による融資要件などの緩和措置 ・特定施設との関係……特定施設の指定を受け、職員による介護保険サービス提供も可能。指定を受けず外部の介護保険サービスを利用する形態のものが多い。

ヘルスケア不動産

有料老人ホームの収益構造について知りたい。また所有者がオペレーターに一括賃貸しているケースが多く存在するが、この場合に賃料の妥当性を検証する方法を知りたい

[注意すべきポイント]

- 有料老人ホームは、住居としての側面に加え、身の回りの介護や食事を提供するサービス施設でもあり、これらが一体となって収益獲得が行われる。
- 有料老人ホームはオペレーター自体が物件を所有しているケースと、賃借により運営しているケースが存在する。近年ではオペレーターが一括で賃借しているケースが増加しており、担保不動産としては賃貸用不動産という見方がなされることが多くなっている。
- 賃貸用不動産として考えた場合、不動産の収益性は賃貸料を基礎に考えるべきである。一方で、一括賃貸物件の場合、オペレーターが担保不動産の運営から賃料が支払えるかどうか、すなわち賃料負担能力があるかどうか検証する必要がある。
- 賃貸物件であっても、できる限り賃借人であるオペレーターの事業収支に関するデータを徴収し、将来における賃料獲得の可能性(賃料の妥当性)を検証することが求められる。

・入居一時金についてはその性格と償却額の妥当性を十分に検討して収益認識することが必要となる。

解　説

　有料老人ホームが、第一義に高齢者向けの住居であるという点を考えた場合、高齢者が安全に生活しやすく、また介護に対応した設備をも付属させていなければならない点、さらに一般の住宅よりも高いバリアフリー度が要請されるといった点が不可欠となる。ここに、施設としての特殊性がある。

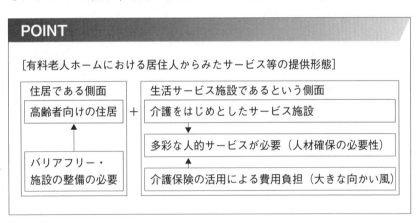

　一方で、生活を中心とした施設ではあるが、介護を中心としたさまざまなサービスも提供する施設という側面が強い。したがって、オペレーターに求められる能力は不動産事業遂行に介護事業遂行が加わったものであるといってよい。そのためには、もちろん施設の質（建物の良否）のみに頼るのではなく、高いサービスが提供できているかを調べることも重要となる。

　有料老人ホームにおいて質の高いサービスを実現するためには、何よりも人材の確保が必要であり、この人材をうまく活かせるマネジメント能力も求められる。

そのため有料老人ホームは、高齢者住居という装置産業ではあるが、労働集約型産業でもあり、いまのところロボット化等による技術革新で人手を少なくすることができる余地はあまりないという特性をもっている。したがって、オペレーター（賃借人）の介護分野での質の良否もよくチェックする必要があり、慢性的な人材不足感のなかで良質なスタッフを確保できているかも調べたい。

有料老人ホームの運営形態・権利形態は、大きく分けるとオペレーターが施設を所有している所有型と、オペレーターが賃借人である賃貸型に分けられる。当然にして、不動産からの収益については、所有型が運営による収益がベースになるものであるのに対し、賃貸型の場合は賃貸借契約に基づく賃料がベースになる。

老人ホームはオペレーター1社が物件全体を賃借するいわばシングルテナント形態が通常で、その意味では賃料収入の源泉はやはりオペレーターが生み出す収益にほかならない。賃貸型では、契約による賃貸料を収益の基準にするとしても、やはりオペレーターの賃料負担能力について吟味することが求められる。すなわち、賃料が事業収益などからみて妥当なものであるか、検証を行う必要がある。

有料老人ホーム事業による収支構造はおおむね次のとおりとなっている。

区分	項　目	内　容
収入	月額利用料収入	施設利用料、管理料、食費、水道光熱費が通常考えられる。 重要事項説明書や募集パンフレット等居室ごとやサービス提供ごとの金額が記載されている。
	介護保険収入	入居者の要介護度や属性に応じて支払われるもので、地域により介護保険収入基準が異なるので留意する。
	入居一時金の償却額	入居時に発生する一時金 契約上定められた償却期間にわたり償却するため

ヘルスケア不動産　　219

		収益として認識される。 現実の収入は入居者の期間等により変動するため、期間損益ベースでの把握を行うようにする。
	その他収入	通常とは別のサービス提供による収入 （例）　買い物代行サービス、病院への送迎など
支出	人件費	施設管理者・生活相談員・介護・機能訓練員等の人件費など ※人員配置は重要事項説明書に記載されている。
	広告費	入居者募集の広告費
	リース料	機器・寝具のリース料
	給食材料費	入居者の食材費
	基金拠出金	一時金の保全に要する基金制度や保証制度の費用
	清掃管理費	館内の清掃費用
	水道光熱費	施設運営に要する現実の水道光熱費

　上記の収入から費用を控除したもの、ここでは減価償却費、地代家賃、土地・建物・償却資産の固定資産税等を費用から除いたものが、有料老人ホーム単独のGOP（Gross Operating Profit：償却前営業利益）となる。複数の老人ホームを運営している事業者の場合、事業者の本部費用を引いたものが、賃料負担能力の限界（支払可能相当額）となる。有料老人ホームの場合、一括賃貸型による物件が多いが、この賃料負担能力を超過した賃料設定の場合、利益確保ができないこととなる。したがって、オペレーターの側からみると、将来時点で負担能力までの修正が必要となるケースがあるので十分に注意したい。有料老人ホームの場合、オペレーターの資本力の差異が大きく、またチェーンホテルのような多少の赤字でもドミナント戦略上維持しておきたいという考え方がとられにくい面があるため、単体での事業収益は賃料などへの重要な決定要素になる。

ヘルスケア不動産 Q3

有料老人ホームにおいては、入居時に一時金を支払うケースが多く、これが施設オペレーターにとって収益の大きなウェートを占めていることが指摘できる。不動産担保の収益力をみるうえで、入居一時金について注意すべき点はあるだろうか

［注意すべきポイント］

- 有料老人ホームをグレードで分析すると、施設的に高級なもの、これに準ずるもの、最近では幅広い入居者を受け入れることから比較的価格・料金水準を落としたものの3つに大きく分けられる。一般に施設グレードが高くなるにつれて、入居一時金は高くなる傾向がある。

- 入居者は月々に利用料を支払うことになる。これをある程度軽減し、介護保険と年金で日々の生活をまかなえるように料金を設定している施設が多いが、この料金を抑える目的で入居時に一時金を差し入れるケースが一般化している。

- 入居一時金は資金的には、入居時に施設オペレーターに対して支払われるものであるが、会計上の収益認識は償却という方法でとらえることになっている。

- 会計上で考えると、償却期間が長いほど収益が小さくなるため、入居期間が想定よりも長い場合は、現実の不動産収益認識が小さくなってしまうことがあり、ギャップが生じることがあるので注意すべきである。

解　説

　同じ住宅用不動産であるマンションと同様に、有料老人ホームについても
グレードに違いがあり、おおむね高級志向、準高級志向、低価格志向の３つ
に分けられる。もちろん、入居する人の健康状態や過去の生活体系とその水
準、生活基盤としていた地域などの要素はさまざまであるが、有料老人ホー
ムの商圏は、一般的には入居前の場所から通常３～５km圏内とされており、
都市の規模やもともとの居住エリアがホームのグレードを特性づける点があ
るといっても過言ではない。

高級志向	・このクラスの場合は、居住者は自宅生活と変わりない水準の生活を求めるものと考えられる。 ・設備、人材に対して非常に高いクオリティが要請される。 ・立地面も地域のブランド性が問われる。健常な状態で入居する人が多い場合、交通機関や利便施設への接近性も強く求められる。
準高級志向	・高級志向まではないが、グレードの高い個室とサービス水準は求められる。 ・想定される所得層は一般に都市部で厚いことが予想される。 ・都市生活を継続して行うことが可能となる立地や環境が求められることはいうまでもない。
低価格志向	・最も顧客層のボリュームが厚いグレードであると考えられる。 ・特別養護老人ホームの待機者が入居するケースが多いこともあり、これまでサービス水準はあまり高くない印象が強かった。しかし最近では、競合が激しくなってきており変化がみられる。 ・高地価水準のエリアでは成立しにくい面はあるが、かつてに比べると、来訪者の利便性を考え、都市部においては駅への接近性が重要になりつつある。

　有料老人ホームは月々の支払を年金収入程度の水準に抑制するため、入居
時に一時金を徴収する制度が一般化している。なお、いわゆる低価格帯の施
設ではこの制度がないものもあるが、入居一時金は、入居者との合意期間の

222　第４章　不動産類型別の留意点

なかで償却が行われることになっており、不動産に帰属する収益の多くを占めるかたちとなる。

　入居一時金は、期間経過で保証金の返還義務が逓減し、入居金償却売上げが計上されることになる。ただ、現実の入金と会計上の売上計上タイミングに差異が生ずることになり、この収益計上が高齢者向け住宅の収益認識、担保評価において大きな注意点となる。

　入居一時金は老人保健法による保全措置が求められている。かつては権利金としての認識も一部でとられていたが、平成22（2010）年4月の改正老人福祉法では有料老人ホームおよびグループホームの入居一時金として受領できるのは、「家賃、敷金及び介護等その他の日常生活上必要な便宜の供与の対価として受領する費用」に限定された。

　高齢者向け施設・住宅は、多くの入居者にとって終の棲家的な存在となる。入居期間でみると、要介護施設で5～10年、自立者向け施設でみると15～20年程度が想定されるが、入居者によって当然にして差異がある。入退去が多い施設ほど一時金収入が高くなる傾向があるものの、入退去率は施設によってバラツキがあり、収益予測をむずかしくする側面がある。したがって、入居者の年齢等が収益に与える影響は大きく、一方では現実の償却が妥当であるか想定しにくい側面がある。

　過去の入居者の入居期間等についてのトラックレコードなどが取得できれば、現在の償却期間などの妥当性について一定の分析を行うことができる。

ヘルスケア不動産　　223

工　場

1　特　性

　金融機関が工場を担保取得するケースは多いものと考える。工場は日本各地に存在し、さまざまな製品を生産してきたが、近年では生産拠点の海外移転が進み、工場が閉鎖され、敷地が用途転換されマンションや商業施設の敷地に変わるといったケースも多くみられた。ただ、依然として国内に工場は多く、特に消費地に近接している必要がある食品工場などは今後も国内で立地するものと考えられる。

　工場の構成要素をみると、土地・建物のほかに機械器具、工作物等から構成されている。財団組成すると組成物件を含めて不動産と解され登記も可能となるが、組成しない場合は土地、建物のみが不動産に該当し、機械器具、工作物等その他は不動産として保全されない。近年保全を目的に工場財団の組成を行うケースがみられた。この点については財団の項で記載したとおりである。

　■工場の特性

　・工場は土地・建物に加え機械器具、工作物等が加わって機能するものであり、生産設備を含めた保全を考える場合は財団組成を行う、もしくは機械設備などを動産担保などで取得する必要がある。

　・生産拠点の海外移転が進む業種も多く、また公法上の規制などから転用が可能なケースの場合、住宅用不動産の敷地、商業用不動産の敷地（主にショッピングモールなど）に転換されることも多い。

　・道路交通面などがよいエリアに所在する工場の場合、生産系の施設から物流施設など倉庫系施設の敷地に転換されることも多くなって

いる。

・担保評価において、工場は収益還元法を適用するケースは少なく、積算価格をベースに求めるケースが多く、積算価格の総額に一定の調整率（所要の調整などと呼ぶ）を乗じて価格を求めることがよく行われている。この調整は建物が古いケースの場合は更地価格などを中心として担保価値をとらえることも多かった。

・転用を前提として考える場合には、土壌汚染について生産品目などにより発生可能性の高低は考えられるものの、なんらかの土壌汚染対策費用を計上する必要がある。また、建物や生産設備、地下等に存在する構築物の撤去費用もかかり、相当の金額になることもあるため注意が必要となる。

2　工場の担保評価手法

　工場は、製造を行うことにより収益をあげる収益用不動産であり、経済価値を把握するときは、生産をベースとした収益を基準に考えるべきである。もっとも、この生産は、一般的な不動産の構成要素である土地・建物のみではなく、敷地内にある機械器具、工作物等といったものが有機的に機能する必要がある。したがって、これら土地・建物以外について財団組成などで保全を行っていない場合については、「工場の収益＝担保不動産（土地・建物のみ）の収益」ということにはならない。

　例は少ないが、土地・建物を賃借して工場を運営しているケースがあり、この場合は賃貸料が不動産の収益の基礎として考えることも可能といえる。ただし、賃料水準を形成するまでの事例数が集まることはまずないものと考えられる。

　工場は設備が古くなる、あるいは手狭になるといった要因で別の場所に移転することもある。逆に業況が悪く閉鎖せざるをえないケースも考えられ、

この場合に設備関係を活かして同業他社への売却を目論むケースもありうる。これとは違った側面で、工場が立地した地域が当初よりも市街化が進展してしまったことで、土地の最有効使用が、マンション、戸建住宅の敷地としての分割利用、ショッピングセンターなどの商業施設の敷地に変化しているものもある。この場合には担保価値の中心が転用価値に向けられることになる。ただ建物や生産設備等を撤去する、あるいは閉鎖後に土壌汚染を改善するといった費用がかかることに十分注意しなければいけない。

　すなわち工場の事業、製品の市場環境のみならず、主に敷地部分についての不動産としての環境面が、産業情勢、規制、周辺における土地の利用状況の変化に影響を受けることがあるので十分に注意する必要がある。

　さて、工場を担保取得している場合に、どのように担保価値を求めるべきであろうか。ここでは工場としての継続使用と転用の可能性・合理性などを考慮しながら、担保価値がどのくらい認められるかを考察する。

　かつてから工場の担保評価においては、積算価格をベースに価値把握がなされることが多くみられた。すなわち、土地・建物（財団組成している場合は機械器具、工作物の価格）の合計額、あるいは合計額を基準としてこれになんらかの調整（市場性減価、または所要の調整とも呼ばれている）を行った額をもって工場の経済価値ととらえるケースが一般的であった。本来であれば生産活動を行う収益施設であり、収益還元法を積極的に適用すべきであるが、工場の収益分析が容易ではない点がその適用の阻害要因ともなっていた。特に工場の収支は製造商品の収益性に依存する面があるが、これには原材料の価格や為替相場といったさまざまな要因を含んでおり、非常にむずかしい判断を求められる。また複数の工場をもつ事業会社の場合、単独工場ベースでの収支データの開示が少なかったという事情もあった。このような企業の場合、本部経費の額も大きなものとなるが、これを各工場に分配しなければならない。また業績が赤字の工場についての取扱いも非常にむずかしい。製造工程は不動産以外の生産施設の良否で効率性に違いが出るため、現

状の製造工程による事業収支で不動産の採算性を判定するのはむずかしいという点も指摘できる。

　大半の工場は財団組成がなされていないなかで、メーカーサイドにおいては工場の収益性そのものを議論するよりも、製造事業全体でのとらえ方が中心にあり、また歴史が長い企業の場合、工場、特に土地の取得簿価が極端に低く、不動産としての投資採算性を論ずること自体あまり意味がないと考えられる面もあった。

　工場団地や工業専用地域に所在する工場の場合、公法上の規制から工場以外の土地利用は現実的に困難である。一方で工業地域、準工業地域など他の用途地域に存在する場合は、需要と経済合理性をクリアすれば転用の可能性があり、転用後の経済価値のほうが大きくなることもある。そのため、転用後の不動産の需要、たとえば転用後に建築したマンションの需要、戸建住宅としての需要があるかどうか、またこれらの商品価格から逆算して土地価格がいくらになるかという点を慎重に判断する必要がある。

工場 Q1

工場を担保に取得している場合において、金融機関からみた注意点にはどのようなものがあるだろうか

[注意すべきポイント]
- 工場は、一般的な不動産の構成要素である土地・建物に加え、機械器具、工作物といった設備等が有機的に機能して、収益を獲得するものである。
- 金融機関の保全的な側面からみると、工場財団を組成して土地・建物以外のものについて抵当権を設定することが望ましい。特に新たに一定金額を超える機械器具などを設置した場合は、保全的観点か

工　場　　227

ら財団組成を含めたなんらかの措置を行うことが合理的といえる。

・工場財団組成以外の方法として、工場抵当法３条目録の作成、動産担保、譲渡担保が考えられる。

・資金負担を軽減するためにリース制度を活用している場合も存在する。この場合には、リース資産には抵当権が及ばない。したがって生産設備等の所有者が誰であるか確認することも肝要である。

解　説

　保全的な側面から、機械器具、工作物についても抵当権を設定しておくことが望ましいケースがある。たとえば高額な機械設備が存在しており、これ単体で相当の価値を有するースもある。財団組成を行うと、保全面での確実性は高まるが、資産の入替時に目録の洗い替えを行うなどの作業が必要となり、事務的な煩雑さを伴うことが考えられる。このため、譲渡担保・動産担保なども含めて考えることが有効と思われる。

　一方で、リース制度を活用した工場も最近は多くなってきている。生産設備などは高額なものが多く、購入資金が高い場合は金利負担なども考えられる。この場合にリース会社を活用し、リース料を支払うかたちをとることで金融リスクを軽減することがしばしば行われている。

　償却資産をもつことは、減価償却を行うことができるという経理・税務上のメリットはあるが、リース制度の場合、リース料を損金処理できる点での優位性が考えられる。したがって、大規模施設をリースにより使用しているケースも存在する。

　金融機関としてはこのような資産の存在を、担保提供者、取引先などからヒアリングするとともに、工場を担保に取得している場合には実地調査などを行い、設備の状況など（機械などの稼働状況、入替が行われている場合はこの取得資金のヒアリング）をチェックすることが望ましいと考えられる。

228　　第４章　不動産類型別の留意点

工場 **Q2**

工場は、移転などで閉鎖することがあり、また実際に担保権の実行を行う場合においては、工場として売却されるよりは転用を前提として処分することのほうが現実には多いものと考えられる。転用を前提とする場合に注意すべきポイントにはどのようなものがあるだろうか

［注意すべきポイント］

・工場は施設などが古くなると生産効率が落ち、閉鎖・移転などを行うことも考えられる。また生産環境の変化や景況感の悪化などで閉鎖することも考えられるが、この場合、閉鎖後の利用可能性を常に考えておく必要がある。

・工場として利用されている担保物件の処分を行う場合は、同業他社へ工場として売却するケース、転用を前提として住宅関係を取り扱う不動産業者へ売却するケース（分譲マンション・戸建住宅ディベロッパーなど）が一般的に考えられる。

・閉鎖後の転用は、公法上の規制が大きく作用する。特に、用途地域が工業専用地域に属している、あるいは工場団地に所在し地区計画などで住宅などへの転用が現実的でないケースも存在する。近年では生産施設から物流施設へ転用するケースも多くみられる。

・閉鎖後転用を行うことを考える場合には、建物撤去費用のほか土壌汚染対策費用、PCBや有害物質使用機器などの処分費用も必要となるが、この額が非常に大きくなることが多いので注意する。

・商業施設の敷地として利用することができる場合に、売却という選択肢のほか定期借地権を設定して、商業施設ディベロッパーなどに賃貸する方法がある。この場合、一定の収益が地代として継続的に

工　場　　*229*

所有者に入ることになる。

解　説

　担保取得した工場が閉鎖されることは時々存在する。たとえば生産施設が古くなる、あるいは製造ラインの拡大などにより工場移転を行う必要がある場合などが、まず考えられる。一方で、業況が悪く、生産設備の廃止・縮小を行うことを検討せざるをえなくなった場合にも工場閉鎖が行われることはある。事業再生などの局面で、生産効率のよい工場だけを残し、その他については売却せざるをえない状況に追い込まれることも考えられる。

　このような場合に、購入者を探すことになるが、過去の処分動向をみると、売却価格が最も高くなるケースは、同業・同用途の生産事業者による購入、もしくは住宅や商業施設への転用を前提とした不動産業者等による購入のケースがあげられる。特に転用用途の地価水準（住宅地としての地価など）が工業系用途の地価水準より高いことが多く、転用不動産の、すなわち分譲マンション等の需要者が多い場合には、高めの水準で売れることも多いため、転用可能性を検討することは不可欠である。

　一方で、対象工場が公法上の規制で工場以外への転用（他の用途での使用）が困難なケースも存在する。たとえば以下のような場合で、転用がむずかしい場合は工業用途の利用者による購入可能性を十分に考えておく必要がある。ただし、その場合の価格が相応に低くなってしまう可能性があることも含みおきたい。

規制等との関係	留意点
用途地域が工業専用地域	工業系用途の建物以外の敷地としての利用はできない。したがって住宅や商業施設の敷地への用途転換は不可能である。一方で物流施設の敷地としての利用はできるので、これに転用する

230　第4章　不動産類型別の留意点

	例は多い。現状物流施設の需要はある程度高いため検討する。
市街化調整区域において開発許可を取得しているケース	工場建設において開発許可を取得している場合は、この用途に制約される。いわゆる線引き前から工場として利用されている場合についても、きびしい制約を受け、仮に建物を建て替える場合には同一用途での利用を前提とされる。
工場団地に属しているケース	地区計画などで工業系用途以外の建物が建てられないケースがある。

　工業系用途以外の利用が困難なケースの場合に、道路交通面で優位なエリアにある土地については、物流施設（倉庫）の敷地に転換されることが多くみられた。インターチェンジに近接するエリアなどでは、近年ネット販売やコンビニエンスストアなどへの納品を前提とした商品配送のための物流施設の需要が認められ、製造工場の敷地としてよりも高い土地単価で取引される可能性がある。したがって、地域により土地の需要に差異があるので立地の良否をよく見極める必要がある。

　もちろん、転用を行う場合には、現在存在する工場建物を撤去しなければならず、また有害物質を使用した設備等が存在する場合には、土壌改良を行うための費用がかかることになる。このほか工場建物内や敷地内に、PCB使用機器が存置している場合においては、これらの処分費用も見込んでおく必要がある。これらの額が非常に大きくなる場合があり、更地の土地価格を上回ることもあるので注意したい。

　工場を閉鎖して、たとえばロードサイド型の商業施設の敷地として利用することができる場合に、かつてはほとんどが更地として売却される形態をとってきた。しかし、近年では商業施設オペレーターが土地取得による資金負担を避け、敷地に定期借地権を設定して賃借し、この上に建物を建設する方法がよくとられるようになった。この場合、一定の収益が地代として継続的に所有者に入ることになるため、処分より有効なケースになることもありうる。

工場 **Q3**

工場を閉鎖する際に、土壌汚染調査、さらには汚染対策措置や敷地や建物内にPCB使用機器がある場合はこの撤去費用、期間がかかることがある。これらについてはどのように考えておくべきであろうか

[注意すべきポイント]

・製造工程において有害物質使用特定施設がある場合に、工場閉鎖をすると土壌調査が必要となる。

・土壌調査の形態は、その詳細性等からPhase－1からPhase－3まで分けられている。

・汚染対策措置は、その土地の状況によりかかる期間・金額が異なる。場合によっては土地価格を上回るケースも存在する。

・担保価値を把握するためには、この費用を適切に求めておく必要がある。

解　説

　工場には複数の生産工程があり、化学物質によって土壌が汚染される可能性がある。特に有害物質使用特定施設と呼ばれる、特定有害物質を使用した工場・事業所については、土壌汚染対策法により、閉鎖時にこれらが基準値を超えているか指定調査機関において調査を行うことが求められており、超過している場合は、対策をとることが求められる。

　平成15（2003）年2月に土壌汚染対策法が施行されたが、特定有害物質といわれる揮発性有機化合物、重金属、農薬等について、環境省令基準の数値を超過した場合に土壌汚染発生とみなし、その対応をとることが求められるようになった。

232　第4章　不動産類型別の留意点

■土壌汚染対策法が定める土壌調査が必要なケース

有害物質使用特定施設の使用の工場または事業場の廃止の時
一定規模（3,000m²）以上の土地の形質変更の届出の際に、土壌汚染のおそれがあると都道府県知事等が認める時
土壌汚染により人の健康被害が生ずるおそれがあると都道府県知事等が認める時

　自主的に調査を行い土壌汚染が判明した場合には、都道府県知事等にその区域の届出をすることになっている。

　そもそも土壌汚染対策法は、土壌に含まれる有害な物質が私たちの体のなかに入ってしまう経路（摂取経路）の遮断を目的としており、遮断ができない場合は「要措置区域」に指定し土壌除去を含めた対策を指示し、汚染除去が完了するまでは土地の形質変更を禁止するものである。一方で遮断されていると判断されれば、「形質変更時要届出区域」に指定される。この場合には土地形質変更する際の届出が要請される。いずれの場合でも汚染除去が行われれば指定解除されることになる。これらの調査は環境大臣認定の指定調査機関が行うことになっている。

　担保評価において、工場の閉鎖を前提として考える場合には、転用後の土地の価格から土壌汚染対策費用を差し引くことが妥当と考えられる。これに加えてスティグマと呼ばれる心理的要因も加味する必要がある。

　土壌汚染調査については一般に以下の3段階に分けられている。

Phase−1	書面調査が中心となるが、次の段階以降での調査範囲や汚染物質についての絞込みも同時に行う。30万〜100万円程度が目安で2週間から1カ月程度の期間が必要となる。
Phase−2	土壌ガスと表層土壌と呼ばれる地面の表面部分についての化学的な調査を行う。Phase−1調査で、ある程度対象部分を絞り込んだ

	うえで実施する。規模によって大きな違いがあり、100万〜300万円程度が目安で1、2カ月の期間が必要となる。
Phase−3	浅層土壌や井戸を設置して地下水の調査を実施する。これにより物質とその範囲、深さについての詳細を把握する。費用は300万円から高いものでは1,000万円を超える。期間は2、3カ月はかかるものと考えておいたほうがよい。

(注)　記載した費用は調査費用であり、土壌改良費用は別途となる。

　土壌汚染とは別に、特別管理産業廃棄物（主なものとしてはPCB使用機器や廃石綿等）の存在についても注意を要する。古くからある工場では、PCB（Poly Chlorinated Biphenyl：ポリ塩化ビフェニル）油が混入した高圧コンデンサ等が存在することがある。

　これらは専門の処理会社であるJESCO（中間貯蔵・環境安全事業株式会社）が北海道、東京、大阪、豊田、北九州の5事業所でPCB処理の受入れを行っている。処理受入れは順次進められており、引渡しまでは管理者を置いて保管することが原則となっている。

234　　第4章　不動産類型別の留意点

物流施設

1　特　　性

　近年、倉庫などの物流施設に対する融資が増加している。そもそも物流施設とは、輸送における保管と入出荷に伴う作業を行うための施設全般をいう。製造企業は、生産から販売に係る過程における物流部門を自社内に抱える、あるいは輸送を外部委託するなかで倉庫は自分で用意し商品管理を行ってきた。これが、最近では３PL（サードパーティー・ロジスティクス）と呼ばれる方法、すなわち輸送・管理・保管業務を物流専門業者に委託し、これによる手間やコストの削減を行うことが一般化した。

　物流専門業者がもつ施設は大型化が進んできており、施設自体も物流専門業者による保有から賃貸による利用に転換されてきている。この賃貸について、優良な物流業者に対する長期賃貸借契約については、安定した収益獲得ができることから、J-REITや不動産ファンドなどが注目し、投資物件の代表格として認識されるようになってきた。

　特に、商品供給のジャストインタイムの要求、店舗販売形態からインターネットショッピング形態の浸透もあり、小口輸送、宅配などを含めた物流需要は増大しており、物流施設は日常生活と密接な関係となっている。かつては、不動産投資というとオフィスビルや賃貸マンションが一般的なものと考えられてきたが、安定収益が獲得できるという側面から物流施設の特殊性が薄れ、現在では投資家等による物件取得競争が激しくなっている。

■物流施設の特性
　・物流施設は、倉庫（保管設備）としての機能を有するが、近年では
　　３PLの進展もあり、運営主体が在庫管理等も行う施設となってき

ている。

・物流施設は、物流業者が所有する形態ももちろんあるが、近年では賃借する形態が多くなってきている。一般的には長期賃貸借契約が結ばれることが多く、有力な物流業者と締結された賃貸借契約がある物流施設は安定的な収益が獲得できる施設とみなされ、投資適格性が高いと考えられている。

・平成10（1998）年以降に不良債権処理が進むなかで、海外投資家が日本に入ってきた頃から物流施設は一般的な投資対象としてみなされるようになった。リーマンショック直後には、購入者が一時的に減少したが、収益性の高さもあって需要回復が直ちにみられた。現在では人気のある投資物件として認識されている。

・物流施設をみるうえでは、立地、施設の良否、さらには賃貸物件として利用されている場合にはこの賃借人の状況、契約内容などに重きが置かれる。優良企業へ長期賃貸されている物件は投資利回りが低くても比較的容易に買い手を探すことができる状況にある。

2　立　地

　物流施設をみるうえでは何よりも立地が重要で、基本的には次の3つのエリアにあるものが最も需要が多いと考えられる。

① 　メーカーの製造拠点（工場）に近いエリア

② 　配送に適しているエリア（高速道路のインターチェンジ・空港・港湾等）

③ 　消費者が多く居住し、地域の配送拠点が集積するエリア（都市近郊・外周）

236　　第4章　不動産類型別の留意点

一般には製造業の工場が集積するエリア、高速道路・空港・港湾に近いエリア、消費者が多い大都市周辺のエリア、この3地点に近接した地域に物流施設の需要がある。国内において最も高い需要が認められるエリアは次のとおりである。

---

①　東京湾岸部（成田空港～千葉～東京～川崎・横浜）エリア……日本最大の港湾、空港、消費地を控えている。

②　東京内陸部環状道路沿道（外環道路、圏央道）エリア……大消費地をバックとし、関東エリアいずれにも移動が可能である。

③　東海地方エリア……製造工場に近く拠点性がきわめて高い。

④　関西湾岸部（神戸～大阪）エリア……輸出入が多い港がありかつ関西という大消費地を控えている。

⑤　北部九州エリア……博多港があるほか、九州地区全体という消費地を控えている。自動車交通的には佐賀県の鳥栖ジャンクション周辺が九州最大の物流基地である。

　日本において、輸送手段は中型トラックが中心になると思われるが、商品を最も早く、かつ正確なスケジュールで届けるためには、高速道路のインターチェンジ近辺が配送に最も適していることになる。たとえば首都圏で考えてみると、東京都心部を中心として郊外部に住宅が配置されており、これら各方向に接続している位置が望ましい。湾岸部の道路は整備されているが、内陸部を結ぶ道路である「外環道路」「圏央道」の沿道のインターチェンジ付近も物流施設適地といえる。ただ、このようなエリアにおける大規模な土地はもう少なくなっている。

　これら以外でも需要の高いエリアは多い。特に、セールスに対応する物流基地、さらにコンビニエンスストアへの商品供給のための物流基地として適性があるエリアは強い需要に支えられている。もちろんこのようなエリア以

物流施設　237

外にも物流施設の需要はあるが、需要力はこれらのエリアに比べると弱いものと考えられ、担保処分の際、物流施設として購入者が現れるものかどうかよく検討する必要がある。

物流施設 Q1

担保不動産として物流施設をみるうえでの留意点とは何であろうか。特に、すでに賃貸されている物件と、自社利用している物件の違いや建物の特徴などを知りたい

［注意すべきポイント］

・物流施設は、まずは立地が重要である。これに加えて施設的な汎用性が高いことで処分可能性が高まる。上記を満たす物件については担保処分する際の流動性が高いものであると考えられる。

・すでに賃貸されている物件については、この賃貸先の企業の状況、契約内容、特に賃料収入の継続性といった側面から検討する必要がある。

・自社により利用されている物件については、施設的な汎用性すなわち仮に第三者が利用するうえで問題点がないか、賃貸可能性が高いかどうかでチェックすることが肝要となる。

解　説

物流施設の立地については、特性の項目にて前述したとおりであるが、やはり交通面での優位性、特にインターチェンジや製造工場、消費地への近接性に尽きる。

したがって、高速道路のインターチェンジや港湾地区に近接するエリアは

238　第4章　不動産類型別の留意点

〔物流施設の建物としての特性〕

箇　所	特　性
トラックバースの特性	物流施設はトラックで荷物の出し入れを行うものである。通常、1階部分にトラックが到着するバースがあり、ここで荷捌きがなされ保管庫に移されるつくりになっている。施設の超大型化で、多層建のものが増えており、自動車通路を設置し、2階以上にもバースを設置する施設も多くなってきている。
入出荷部分	トラックが着くバース部分には庇が架けられており雨天対応がなされているものが多い。 規模が大きい施設は順番待ちをするトラックも多くなるため、屋外部分にヤードを用意し、待機できる構造が望ましい。バースに到着したトラックで荷物の上げ下ろしをすることになるが、この段差を解消するためにドックレベラーといわれる装置が備え付けられている施設が多い。
床荷重・床の状況	床荷重の設定は、設計時に想定される取扱製品によって異なるものである。荷重が高いほど当然にして建築コストに反映されるが、一般のオフィスビルの床加重が$400〜500kg/m^2$であるのに対し、$1t/m^2〜1.5t/m^2$を超える設計になっているものが一般的であり、投資基準を$1.5t/m^2$以上としている投資ファンド等もある。 床はコンクリート床でこれに塗装を施したものが一般的となっている。商品にもよるが防塵処理を行っているものが多い。
天井高	取り扱う商品に応じた高さに設定される。天井高は一般に4〜5m前後のものが多く、なかには6mを超えるものもある。投資基準を5.5m以上と設定している投資ファンド等もある。 商品の移動にはフォークリフトを利用する施設もあるが、天井高が高いほど保管量が多くできる半面、出し入れが容易でなくなる面がある。自動倉庫と呼ばれる機械装置を附置している場合はこれに合わせた設計がなされることが多い。
柱の間隔	当然にして広いもののほうが、妨げるものがなくてよいが、柱間隔は建物強度に影響を与え、床荷重にも影響する。このため多層倉庫の場合は12〜15m程度が限界ではないかと考えられる。
エレベーター垂直輸送機	多層階の場合は、フォークリフトがそのまま入れるエレベーターや自動搬送システムに組み込まれた垂直輸送機等がある。

物流施設　239

温度・湿度管理	取り扱う品物により温度管理や湿度管理が必要な場合は、これに対応した設備が設置されている。特殊機能が装備されるとその分建築コストが高くなる傾向がある。

物流拠点整備の適地であり、ここに大型施設を整備することで拠点集約を行うことが、利便性に加え環境面でも優位と考えられる。国は「流通業務の総合化及び効率化の促進に関するする法律（通称：物流効率化法）」を制定し、税優遇策等の対応を行っているほか、市街化調整区域における開発許可制度の緩和を行っている。

エリア的には限られるが、指定区域（たとえばインターチェンジを基準とした5kmの範囲内）と指定路線・区間を設定し、これに該当する部分においては、調整区域内でも物流施設の建設ができる可能性が生まれた。業種的な側面での枠もあるが、好立地の大規模施設建設の可能性を高めている。

物流施設 Q2

物流施設の担保評価を行う場合に注意すべき点とは何であろうか。特にシングルテナントとマルチテナントの優位性などについて知りたい

［注意すべきポイント］

・物流施設の担保評価においては、原価法と収益還元法の2つの手法を適用し、この価格を調整して担保価値を求めることになる。

・商業ビル同様、テナントの契約形態にはシングルテナントとマルチテナントがあるが、現状においては優良な物流施設業者に対するシングルテナントが最も収益の安定性が高いと考えられている。

・現状収益物件として認識されるケースが強く、また賃貸借物件も多く存在することから、自社使用物件であっても賃貸借を想定して評

価を行うことができるものと考えられる。
・投資利回りについても参考となる利回り指標となる数値を公開情報
等である程度知ることができる。

解　説

　物流施設の担保評価を行う場合においては、原価法と収益還元法の２つの
手法を適用するのが一般的と考えられる。収益還元法の適用にあたっては、
賃貸物件であれば賃貸借契約をベースとした賃貸料を基準として収益還元法
を適用する。一方で自社使用物件の場合については、第三者への賃貸を想定
し、賃料を査定して評価を行うのが一般的で、この点はオフィスビルや１棟
のマンションの評価方法となんら変わるところはない。

　一方で、シングルテナントとして賃貸されている物件については、テナン
トの信用力が特に注意される点で、また契約内容について、賃貸借契約書な
どを熟読することで理解する必要がある。物流施設はシングルテナント型の
形態が多いため、テナントリスクについては常に考えておく必要がある。ま
た、賃料改定の可能性をよく検討することが肝要であり、周辺賃料との乖離
がある場合は特に必要である。

　そもそも、物流施設の賃借人には、施設の規模による違いはあるものの、
３PLを手がける路線トラック業者、宅配業者、スーパーマーケット等の流
通小売業者、さらには製造メーカーとさまざまである。もちろん賃借人の企
業の規模もまちまちであり、テナントによって企業の信用力等に差異があ
る。小さいところが長く使わないという考え方は成り立たないが、テナント
の信用力が不動産の経済価値に与える部分は大きい。

　リスク軽減の意味を含めると、テナントの信用力を調査することはもちろ
ん不可欠となるが、立地の良否、物流施設として汎用性が高いものかどうか
をよく吟味する必要がある。

物流施設　241

物流施設の賃料は、不動産データサービス会社に問い合わせると、賃料・敷金の水準はおおむね確認できる。また賃貸事例も多いため相場水準が形成されており、この把握はオフィスやマンションほどではないが、容易になっているものと思われる。

　自社利用の施設は、通常第三者への賃貸を前提につくられていない。また立地も必ずしも物流適地にあるとは限らず、倉庫需要が小さいエリアに所在するケースもみられる。このような場合、賃貸借そのものがむずかしいケースが多く、購入者を探すこと自体がむずかしくなるものと思われる。担保取得の際には流動性の観点からもう一度見直しを行うことが望ましい。

ビジネスホテル

1　特　性

　ビジネスホテルは、宿泊客室を中心としたホテルで、シングルルームとツインルームを主体としたものである。かつては個人経営型のものも多かったが、近年ではチェーンホテルがその中心となっている。利用者は、出張旅費の節約を目的としたビジネスマンが中心であったが、観光需要、最近では外国人旅行者の利用も増加しており、利用者の幅は広く、しばらく宿泊需要は堅調に推移すると予測されている。

　いわゆる都市ホテルにはコンベンションホール・宴会場、レストラン、結婚式場などのパブリック施設が存在するが、ビジネスホテルについてはこれらのものは極力なく、1階部分にフロントとロビーがある程度である。最近では朝食の無料提供などのサービスを売りにしたものが増えており、そのほかの付帯施設はほとんどない特色を有している。

　所有形態をみると、個人経営のものは不動産を所有する形態が多かったが、大手のオペレーターでは、不動産賃貸による事業形態も定着し、所有と経営の分離が進んだことで、新規出店が加速度的に進んだ。J-REITや私募ファンドなどの組成物件に入っているケースが多くなっている。担保不動産として取得する場合には、賃貸物件のケースと自社利用による物件の2タイプがあり、それぞれみるべきポイントが異なるので注意したい。

　■ビジネスホテルの特性
　　・ビジネスホテルは、客室を中心とした施設形態を有しており、収入の中心は客室料金となっている。この点でパブリック施設の収入割合が大きい都市ホテルとは異なる形態となっている。

ビジネスホテル　　243

・利用者はかつてビジネスマンが多く、週末の稼働率が低い傾向があったが、現在では観光客による利用が増加している。外国人利用者が多い施設もみられ、今後国際化対応が求められる側面がある。ただ平成27年12月現在では、供給が需要に追いついてないエリアが国内各所でみられ、客室単価が急上昇している都市が目立つようになっている。

・もともとは個人経営型のものがかつては多かったが、現在ではチェーン形式のものが増えている。チェーン形式の場合、事業者が不動産を所有するケースもあるが、賃貸形態のものが増加しており、不動産オーナーと長期契約を締結しているケースが多い。このため、典型的な一括賃貸物件としてとらえるべきものが多い。

・ホテルの収益性は、客室料金を中心としたオペレーションによる営業利益であるGOPなどが基準となるが、不動産としての収益性は賃料収入が基礎となることが多く、賃料収入がオペレーターの事業収益をベースに検討して妥当かをみる必要がある。

・事業者が所有している形態の場合は収益性を、賃貸形態のものについては賃借しているホテルの事業力の信用力、賃貸借契約の内容をよく吟味する必要がある。

2　概　　要

　ビジネスホテルは、宿泊をメインとした収益物件である。ただ、近年においては、所有と経営の分離が進んでおり、事業者に対して一括賃貸を行われることが多く、地主の土地有効活用の一環で建設されたもの、投資対象としての取得されたものなどが多くなっている。

　自社使用の場合は、ホテル業による売上げを基礎とした営業利益などが収益判断の基礎となるが、賃貸物件となっている場合の収益の認識は賃貸料が

基準となる。また、賃貸借契約が長期一括型のものが多く、典型的なシングルテナントとして理解する必要がある。したがって、賃貸借契約内容をよく調べる必要があるとともに、オペレーターの企業としての信用力や事業計画、できれば事業実績もあわせて調べることが重要である。

賃借人すなわちオペレーターの要求するサービススタイルに合わせて建物が建設されるのが通常であり、メンテナンス費用（長期修繕費用を含め）を賃借人であるビジネスホテル運営会社が支払うケースが多いのも特徴である。このため、事業者における建物のグレードや修繕内容の特性について十分理解しておくことが不可欠となる。

主要顧客を出張先のビジネスマンとしてスタートした側面があり、立地的には、鉄道駅前、または中心市街地（主に官公庁街やオフィス街）が一般的であった。ただ、近年では観光客や用務客にも利用されるようになっており、用途的にも親類縁者訪問時の利用、残業や宴会列席等で帰宅ができなくなった際に利用されることも多くなっている。特に、アベノミクスによる円安政策もあり、近年は海外からの宿泊客が急増している背景もあり、都市によっては非常に高い稼働率を実現しているホテルも存在する。チェーンホテルの場合、インターネットによる予約システムが確立していることも海外からの集客の強みになっている面もある。現状の稼働率・売上高が過去最高を記録している施設も多いが、需要がいつまで続くかよく吟味する必要がある。

ビジネスモデルとしては、都市ホテルに比べ価格的に安く、一方で安全性・衛生面、機能性には遜色がないことが求められている。これらについて一定の評価があるものが多く、また稼働率が高く、海外からの観光客などの利用も増加しており、空港周辺・観光地周辺・工場等の立地する駅前やロードサイド、さらには郊外住宅地の駅前にまでその立地範囲が広がってきており、近年では団体利用をも獲得できている施設も増えている。

一見、郊外立地は不利と考えられるが、大規模工場が立地するエリアなどで競合がない場合において安定的な稼働率が確保されているケースもある。

ビジネスホテル　245

なかには、出張者向けに企業への客室の一括販売等が行われ、安定した収入があるケースも存在するため、金融機関としては顧客背景などをよく調査する必要があるといえる。

┌─ ビジネスホテル **Q1** ──────────────
ビジネスホテルを担保として取得する際の実地調査において、どのような点に留意する必要があるだろうか
└────────────────────────────

[注意すべきポイント]

- ビジネスホテルは、さまざまな用途で利用される宿泊施設であるが、賃貸形態であれ自社運営形態であれ、基本的には稼働率が高いもののほうが収益性は高い。したがって、高稼働率が実現できているかを十分注意する。
- 近年は、全国規模で展開するチェーンホテルが複数存在するほか、さまざまな事業会社からの新規参入がみられるようになっており、ホテル間の競争が激しくなってきている。このため、なんらかの特色があることも重要であり、これが顧客ニーズ、宿泊料金と合致しているかどうかよく検討する必要がある。ただ、現状は海外からの観光客が急増することで、大都市を中心として高い稼働率、客室単価が実現できているところが多い。
- パブリック施設は都市ホテルに比べると充実していない、あるいはほとんどないのが通常である。ただ競合ホテルとの差別化を図るため、無料の大浴場や朝食サービス提供に個性を出している施設もみられる。

解　説

　ビジネスホテルの施設的特徴として、客室に特化している点があげられ、通常フロントがある1階部分にパブリック施設が集約されている。ここには、フロント施設とロビー、さらに自動販売機コーナー、ビジネスコーナー（主にPC電源があるデスクとFAX、フリーアクセスインターネットPC）が設置されているほか、コインランドリー施設が置かれている程度で、これに簡易的な朝食を無料で提供する形態をとるものについてはその提供場所と、小規模なパントリーが設置されている程度の構造となっている。

　2階以上については客室が主体で、自動販売機コーナーとコインランドリー施設が設置されている程度のものがほとんどで、バックヤードとして、リネン庫が設置されている。標準的なビジネスホテルの場合、シングルルームの専有面積が12〜13m²前後と一般的なワンルームマンションより狭いケースが多く、特にバス・トイレについてはユニット型式で、最もコンパクトなものを使用しているケースが大半となっている。

　施設の差別化を図るために設置されているものは次のとおりである。

施　設	特　徴
大浴場	ホテルによっては、大浴場を設置しており、天然温泉を活用している施設もある。客室内の浴室の狭さに対応したサービスともいえる。
無料WiFi・その他	ロビー部分には近年通常設置されているほか、客室でも利用可能としているものがある。携帯電話の充電コンセントをロビーまたは客室に用意している施設もある。

　ビジネスホテルは顧客の価格重視性を追求したものが多かったが、利用者の形態が広がったことで、客室を広めとし、アメニティー等を充実させたワンランク上の施設も出てきている。たとえば、シングルルームで専有面積18〜21m²前後の客室を中心とし、低層階にレストランを入居させる形式の

ビジネスホテル　　247

ものもみられる。このような形態は当然にして客室単価を押し上げる傾向があるため、費用感覚にシビアな顧客の支持が得られているか十分に検討する必要がある。ただ現状では一定のニーズを獲得しているチェーンも多い。それだけビジネスホテルの需要の幅が広がっているともいえる。

　大都市の都心部にあるビジネスホテルについては鉄道などの公共交通機関の利用が中心となるが、地方都市の場合は自動車利用が圧倒的に多い傾向がある。最近では都市部においても自動車で移動する利用者も増加しており、駐車場を併設するほうが集客上有利な側面がある。このため客室料金のみならず、駐車場料金が宿泊者無料か、有料か料金はいくらか、台数が適切かなどもチェックする必要がある。この点は競合ホテルについてもチェックするとよい。駐車場が併設されていない場合、または台数が少なく提携・契約駐車場を利用する場合は、その料金や対象ホテルとの距離をよく計算しておく必要がある。

　賃貸方式となっている場合は、メンテナンスや中長期における修繕の費用負担区分を確認しておく必要がある。ビジネスホテルの場合、設備部分（空調装置やエレベーター・エスカレーターを含む）や客室内の浴室といった部分もオーナーが負担するケースが一般的であるが、保守・修繕を賃借人側がすべて支払うフル装備・フルメンテナンス方式もあるので、賃貸借契約書をよく確認する必要がある。

ビジネスホテル **Q2**

ビジネスホテルの担保評価を行う際において、賃貸形態のものと自社による運営の場合のそれぞれの留意点について知りたい

［注意すべきポイント］

　・賃貸形態のビジネスホテルについては、賃貸借契約が収益の基礎と

248　第4章　不動産類型別の留意点

なる。したがってこの記載内容を熟読する必要がある。一方で、賃貸料の源泉はホテル運営による収益であり、賃貸借契約による賃貸料収入の妥当性を分析するうえでも、運営状況（売上高や営業利益、稼働率等）について調べることが適切であると考えられる。

・ただ、ビジネスホテルオペレーターから賃貸人に対し、賃貸物件となっているホテルの事業収益の開示が行われているかは微妙な側面もある。売上高、稼働率といった側面のみの開示に限定されているケースも多いため、これから賃貸料の検証を行う場合でも参考程度にとどまることも多い。

・賃貸形式のビジネスホテルの場合、できればオペレーターサイドのヒアリングを行い、主要顧客、稼働率の状況、繁閑の状況、客単価の動向、競合施設について調べることでより詳しい事業内容が理解できる。

・自社運営によるビジネスホテルの場合、収益還元法において収益を賃料から認識できない側面もあり、運営によるGOP（償却前営業利益）などを判断基準として賃料を査定、もしくは事業収益を還元利回りで還元する方法をとることになる。

解　説

　ビジネスホテルについて担保評価を行うにあたり、適用する評価手法は原価法と収益還元法となる。

　収益還元法の適用にあたっては、対象不動産が賃貸されている場合については賃貸借契約に基づく賃貸料が基礎となる。自社運営されている物件については運営による営業利益（金利償却前のGOPなどが基礎となる）をもとに収益還元を行う、あるいはこれをもって賃貸料を査定して収益還元を行う必要がある。

ビジネスホテルはもちろん収益施設であることから、営業利益の多寡が評価額に影響する。都市ホテルなどのような宴会場等の集客設備はなく、また客室もシングル・ツインタイプが中心になるため、収入の基礎は客室料（あるいは宿泊人員単価）と稼働率で、高い収益獲得は高客室稼働率にほぼ比例すると考えてよい。

　一方で、集客性が高い立地、たとえば宿泊需要が旺盛な大都市の中心市街地については必ず競合施設が出てくる。このため、今後競合施設が登場した場合でも十分な需要確保ができるかを確認しておく必要がある。

　現在ビジネスホテルはさまざまな立地に建てられているが、立地ごとの留意点をまとめるとおおむね次のとおりとなる。

立　地	留意点
大都市中心部	通常安定的な需要があり、競合物件があっても十分吸収できるケースが多い。施設が古くなると競争力が低下し、客単価に影響するが、稼働率そのものの確保はある程度容易であると考えられる。
大都市郊外部	需要の中心が、ビジネス中心かあるいは一般用務客を含めた利用があるかを見極める必要があり、顧客ニーズをとらえた施設であり続けるかどうかよく検討する必要がある。需要数を超過した規模の施設の場合、稼働率が低くなる可能性があるので十分注意する。
地方都市中心部	都市規模にもよるが、一定の需要があり、競合物件があってもこれを吸収できるケースが多い。都市規模が小さい場合には、新規のホテルが完成するとこちらに移るケースも多く、近年まで常態化していた過当競争になる可能性に留意する必要がある。 価格引下げのみで対応できるくらいの市場規模があるかどうか十分に検討する必要がある。
地方都市郊外部	需要の中心が、工場等の企業となるもので、この動向に大きく左右される。顧客層についてのヒアリングを行い、継続性などを判断する必要がある。

空港近接	空港利用者が多く、また空港と都市に一定の距離がある場合には、需要確保ができる可能性が高い。 また国際線就航空港の場合、客室乗務員などの利用が見込めるため、提携航空会社の存在等に留意する。インバウンド利用者の動向も十分に注意する。
インターチェンジ近接	ルートセールスマンや観光客の利用が中心になると考えられる。顧客の中心軸がずれると稼働率に大きな影響を与えてしまうことがあるので十分留意する。

　本来ビジネスホテルは、宿泊施設として運営して収益をあげるものであり、仮に賃貸物件として安定した収益があがっていたとしても、賃料支払の基礎となるホテルの売上高や稼働率等については把握しておく必要がある。現状と過去の状況、今後の集客の見込みといった点もよく調べることが肝要といえる。

　一括賃貸物件になるものが現在では非常に多く、賃貸料そのものは契約に記載されているが、売上高などを基準として賃料負担能力を検証することもやはり重要である。可能な限り、ホテルの運営業者に対してもヒアリングを実施すべきである。ヒアリングは、実地調査を行った際に、ホテルの支配人等運営責任者に行うのが適切であると考える。

　主なヒアリング項目をあげると次のとおりである。

・稼働率の推移と今後の見通し

・主な顧客層の状況と今後の見通し（利用目的がビジネスなのか観光なのか、利用が多い企業はどこであるのか、曜日による利用者層の変化が存在するかどうか）

・室料水準の推移と今後の見通し

・競合と考えられる施設の動向と今後の見通し

・設備面での問題点の有無と改善が求められる点の指摘

・客室面での問題点の有無と改善が求められる点の指摘

ビジネスホテル　*251*

- 今後の営業戦略上のポイント
- インバウンドへの取組み、海外からの利用者に対応した取組みがあるか。これによる収益への効果はどの程度か

　一括賃貸型による賃貸借契約は、チェーン展開を行うホテル事業者としてみれば、保有リスクを軽減し資金調達負担を軽減できること、またオーナーサイドからみると安定した収益性の確保ができるため双方に利点がある。ただ、賃貸借契約はホテル事業開始前に締結されるケースが多く、実際にホテル運営を開始した実績では、負担能力からみて賃貸料が非常に優位なケース、きびしいケースが生じる。

　多数のホテルオペレーションを行っている企業からみると、チェーン化という課題は大きく、全国随所にビジネスホテルを展開するとこのような離齬が起きうることは想定の範囲内ともいえる。

　たしかにホテル運営は高稼働率・高収益を目標としているとはいえ、チェーン展開による優位性を出す意味では、一部にこれを逸脱するものが出てくることもやむをえないと考えるケースもある。したがって、賃貸先の企業信用力などをよく検討したうえで、賃貸料の負担能力乖離の度合いなども勘案する必要がある。

リゾート不動産

1 特　性

　リゾート不動産を担保に取得する金融機関は多い。一口にリゾート不動産といってもさまざまなものがあるが、ここでは次のものについて考える。

類　型	特　徴
テーマパーク	コンセプトがしっかりしたものは入場者数が多く、高収益なものが多い。バブル期に全国各地につくられ、多額の資金が投入されたが、コンセプトがはっきりしないものが大半で、入場者数の減少などもあり、法的整理・売却が進んだ。
ゴルフ場	いわゆる預託金問題から法的整理が進んだことによって、外資系企業や国内の大手事業者への売却が進み、業者の寡占化がみられる。メンバーシップコースからパブリックコースに転換したものも多い。
リゾートホテル	地域によっては国内のみならず、海外からの集客も多く高収益のものがある。 かつて豪華な設備を売りにしたものについては、多額の借入金負担に耐えかねて法的整理・売却が多く進んだ。集客力は周囲の自然環境などで大きく異なる。

　かつてのバブル期には全国に多数のテーマパークが建設され、これらを担保として取得したケースも多かったと思われる。ただ、コンセプトがはっきりせず、集客がままならなかったテーマパークは、法的整理や事業再生を前提とした売却という結果となった。一方でキャラクター戦略などを含め多くの集客を実現し高収益体質の施設も存在する。集客は国内が中心であったが、今後はインバウンドによる海外からの集客が実現できる施設もありさまざまである。

　テーマパーク以外でみると、ゴルフ場については、いわゆる預託金問題も

リゾート不動産　　253

あって、民事再生法などを活用した法的整理が進んだ。また、不良債権処理において大手業者ではなく、単独系のゴルフ場については、外資系、国内大手のゴルフ場事業者に対して売却、オペレーションチェンジが行われることで、寡占構造が進んでおり、現在では資本力のある事業者によるコースについてある程度は安定化が図られている。

リゾートホテルについても、施設の豪華さを競い高客単価獲得を目指した施設については、資金繰りの行詰りや金融支援の停止とともに、閉鎖・売却が行われ、これも不良債権処理市場等のローン売却などでオーナーチェンジが進んだ。ビジネスホテル事業者など他業態へ売却されたところも多い。

■リゾート不動産の特性

・いわゆるバブル期において多額の投資が行われた施設が多く、収益性が低く回復可能性がないもの、返済が滞ったものについては、法的整理や不良債権処理の市場のなかでローン売却が行われ、新たな事業者に引き継がれることになった。なかには閉鎖・転用が行われたものも存在する。

・いわゆるテーマパークは投資額が非常に大きなものが多く、事業採算性が低かったものについては法的整理が行われ、現在別の事業体による営業が行われるケースがみられる。

・ゴルフ場については、多額の借入金の存在に加え、メンバーシップコースについては預託金返還請求が行われることもあり、法的整理を行う施設が増加した。その後、事業者の寡占化が進み、比較的資本力のある事業者に集約した感がある。

・リゾートホテルについても、多額の借入金に対し当初計画した収益を実現できずに返済が滞った施設については法的整理などが行われ、オーナーチェンジが進んでいる。競争力の高いフラッグシップを入れる等の戦略をとるところもあり、オペレーターの能力の差異

がみられる。

2 概　　要

　リゾート不動産は、一般的に季節的要因などから繁閑の差が大きい事業を基盤とする。また、景況感の変動で売上高や収益力に大きな変動も考えられる。

　金融機関が担保取得する場合には、このような事業特性を十分踏まえたうえで、企業審査を行うことが肝要となる。担保評価においてはこのような変動要因のほか、売上高や営業利益の維持・向上のためにどのような施策が不可欠かを常に念頭に置くことが重要となる。

　たとえばオフィスビルや賃貸マンションを担保処分する場合には、比較的容易に購入者を探すことができる。一方でリゾート不動産の場合、容易に購入希望者を探すことができない側面がある。もっとも、かつてに比べるとこれを取り扱う不動産業者等が格段に増加したこと、また不良債権処理市場において登場した新たなオペレーターに対する売却という方法が一般化したこともあり、処分そのものがしやすくなった側面はある。

　また、リゾート不動産は事業者に賃貸しているケースもあるが、大半が「所有者＝事業者」であるケースが多く、賃貸料を前提とした収益物件としてみることができない側面が強い。また、融資先によっては「担保不動産＝融資先の事業」そのものであるケースが大半で、担保取得後は担保処分的な側面ばかりをとらえるのではなく、事業そのものを深く理解したうえで、長期的な視野で融資先と付き合っていくことを前提に事業運営を考えなければならない。

　ただ、現在残っているリゾート不動産は一度債務整理を行ったところが多くかつてのような過剰債務ではないケースも多い。また、オペレーターチェンジで一定の収益力が出てきているところも多い。金融機関としては施設の

リゾート不動産　255

魅力度などを再度調査したうえで、今後の融資姿勢などを考えるべきだろう。

POINT

通常の担保取得 → 融資資金が滞った場合における担保不動産からの回収について検討することが重要

リゾート不動産 → 担保不動産の売却による回収よりも事業運営を継続させることによる回収のほうが経済合理性に合致するケースが多い。このため事業改善の可能性を十分に検討することが肝要となる。

リゾート不動産（ゴルフ場）Q1

ゴルフ場を担保不動産として取得している場合の留意点は何であろうか。過去からのゴルフ場の売買の動向や、法的リスクなども含めたポイントを知りたい

［注意すべきポイント］

- ゴルフ場を大きく分けると、会員制形態をとるメンバーシップコースと、広く一般からの集客を前提とするパブリックコースの2つの形態が存在する。このうちメンバーシップコースについては、建設費用などの回収を目的として、会員に入会時に預託金の負担を行わせているものが一般的である。
- 預託金は一定の据置期間が設定されているが、これを過ぎると会員は返還請求ができることになっている。ゴルフ場経営が安定していない時期に、この請求が行われることが予想されることから、事業

256　第4章　不動産類型別の留意点

者が民事再生法を申請し法的整理を行うケースが多くみられた。

・預託金問題や多額借入金を原因とするゴルフ場の法的整理は大半の
　ところで完了してきている。

・ゴルフ場の売買は、大手事業者に対してその傘下に入る形態で行わ
　れることが多く、その際の売買価格のほとんどが収益還元法をベー
　スにした水準で決まる。

解　説

　ゴルフ場をその運営形態で分けると、メンバーシップコースとパブリック
コースに分けることができる。メンバーシップコースは、会員権を発行する
ことでこれをもつメンバーに対して、予約の優先、料金の差異をつけるこ
と、コンペの案内といったサービスを提供することを確約してきた。会員権
市場も存在し、所有者変更には通常名義変更料やコースやメンバー間での承
認手続を要するケースもあるが、比較的高額での取引が行われることも多
く、資産形成の１つとしてもとらえられてきた。

　また会員権保有そのものにステイタスがあると考えられ、名門コースのメ
ンバーであることは、社会的信用を意味する側面もあった。

　一方で、バブル経済期に全国各地に多数のメンバーシップコースが建設さ
れ、開業したことで、メンバーシップコースの会員権をもつことの優位性が
薄れてきたこと、ゴルフ利用者が減少するなかで各コースが顧客獲得競争に
走らざるをえない事業環境に陥ったこともあり、メンバーの予約面や価格面
での優位性が非常に小さくなるという会員権の本源的なメリットが縮小して
しまった。さらに財産形成の１つとしてとらえられてきた会員権であるが、
市場価格の大幅な下落といった要因もあって、預託金返還時期とともに預託
金返還を請求したいと考えるメンバーが増加した。

　さらに、ゴルフ場事業者は建設時の多額の負債も抱えており、これに一度

リゾート不動産　　257

の預託金返還請求が来ると資金的に立ち行かなくなることから、債務整理の
ために民事再生法などの法的整理を行うようになった。

　法的整理後は、会員権については預託金債権の大幅なカットを余儀なくさ
れる半面、プレー権などの確保は残されることになったが、事業者としては
スポンサーの選定、あるいはコース自体の別事業者への売却ということが行
われ、現在では大手事業者による寡占形態という状況となった。ただ、この
ようなゴルフ場の債務整理は大半が完了しており、一部預託金問題の整理が
ついていないゴルフ場で法的整理が実施されるケースがみられるものの、な
んらかのかたちでの事業継続が行われているところが多い状況となってい
る。

リゾート不動産（ゴルフ場）Q2

ゴルフ場の担保評価はどのように行うべきであろうか。特に収益還元法
の適用において、営業利益が極端に小さいケース、もしくは事業的に赤
字のケースについてはどのように考えるべきであろうか

［注意すべきポイント］

　・ゴルフ場の担保評価においては、何よりもまず位置特定が重要で、
　　所有地以外に借地も存在するので、調整公図などで徴求もれなどが
　　ないか十分に調査する。

　・ゴルフ場の担保評価においては、通常の収益用不動産と同様に原価
　　法、収益還元法の2つの手法を適用する。

　・原価法の適用においては、土地価格（ゴルフ場の素地価格）、建物再
　　調達価格に加え、通常ゴルフコース造成費用、許認可の取得や権
　　利・近隣との調整に要するコストとして付帯費用を加算し、減価修
　　正を行って求めることになる。

258　　第4章　不動産類型別の留意点

・収益還元法の適用は、ゴルフ場運営を前提として償却前営業利益を基礎とするケース、もしくはこれをもとにゴルフ場を第三者に賃貸することを想定した賃料を基礎として収益還元することが一般的に行われる。

・ゴルフ場の収益は入場者数と客単価の動向に大きく依存することになる。背後人口の動向、競合施設の動向、競合施設の客単価の動向などを踏まえ、今後売上高がどのように推移するか予測することも重要となる。

・一般的にゴルフ場のコース造成のみで18ホールコースを想定した場合でも数十億円以上の費用がかかる一方で、収益価格についてはこの額を大きく下回ることが通常である。したがってその乖離は大きいが、実際の処分価格は収益価格が基準となることが一般的となっている。

・ゴルフ場の担保評価において、コース一括での取引事例比較法の適用はあまり行われない。ただ、近年はゴルフ場売買自体が少なくなったが、周辺で類似のゴルフコースの売買が行われた場合には、担保評価においてその取引価格は大きな参考となる。

解　説

　ゴルフ場は18ホールのものでは敷地面積が70haを超え、27ホールのものでは100haを超える大規模な敷地に及ぶものである。また敷地の土地の筆数も100筆を超えることも多く、全体が所有地であるとは限らず、借地を行っている部分も多い。このため、権利関係について整理するとともに、コース・クラブハウス・駐車場・メンテナンス施設（コース整備施設、カート保管庫など）が敷地内に存在するか確認しておくことになるが、この際に法務局備付けの公図写しでは規模が大きいため位置の特定がむずかしいことから、

リゾート不動産　259

コース造成時に作成した調整公図と呼ばれる縮尺や位置関係を的確に示すための図面が用いられる。

　ゴルフ場の場合、敷地内に所在する施設として電気、上水道、ガスといった供給処理施設が考えられる。都市近郊に所在するゴルフ場については下水道や都市ガスが完備されていることもありうるが、一般的にはリゾート地に所在することが多く、電気や公共上水道からの供給を受けているケースは多いものの、下水については敷地内に浄化槽が存在するケースが多く、またガスについてはプロパンガスにより供給されているケースが多い。またコース内の芝や樹木への散水について、これを上水道でまかなうと料金負担が莫大になってしまうため、井戸を有していることが多い。供給処理施設の状況は、ゴルフ場の維持のみならず収益上に大きな影響を与えるため、その状況をよく調査することが望まれる。

　ゴルフ場の評価手法としては原価法と収益還元法が通常適用される。ゴルフ場の積算価格を求めるにあたっては、土地（ゴルフ場の場合は造成前素地で考えることが多い）・建物の再調達原価に加え、ゴルフコースを造成するための費用、さらにゴルフ場開設のための調査費用・行政や近隣との交渉費用といったものもかかることになるため、これらすべてを査定し、積算したものから減価修正を行うことになる。ただ、通常ゴルフコースの造成費だけで1ホール当り2億〜3億円程度かかり、仮に18ホールのコースであるとすると36億〜54億円という金額となるが、これに加え用地取得費、クラブハウス建築費、その他付帯費用を考慮するとゴルフ場の積算価格は大きなものとなる。一方で、ゴルフ場が取引される価格水準は、現状収益価格を中心とした水準で、積算価格とは大きな違いがある。

　ゴルフ場の収益価格の査定は、ゴルフ場の運営により獲得される償却前営業利益（GOP）などを中心として還元利回りで還元する方法、または償却前営業利益をベースとしてゴルフ場を第三者に賃貸する場合の賃貸料を査定し、これをもとに収益還元法を適用する方法のいずれかがとられることにな

っている。

　ただ、ゴルフ場についても、当然にして時の経過とともに土地以外の構成要素の価値が落ちるとともに、適切な維持管理に加え、大規模な補修・修繕を行わないと長期間での運営が困難になってしまう。特にクラブハウスやゴルフコース（コース内の芝や植栽、コース地盤自体）の補修、さらにはカート道やコース内の池などの補修を適切に行うことが求められるが、この費用は一定期間を過ぎたあたりから大きく求められるものである。したがって、中長期的なコース・クラブハウスなどについての修繕・改良計画を策定し、この金額を認識しておく必要がある。

　営業利益が赤字のゴルフ場の場合、業務改善による営業利益獲得の可能性を十分に探る必要がある。ただ改善を前提に購入するゴルフ場業者もかつてはそれなりに存在したが、近年では転用前提で売却が行われることもあり、この数年の傾向をみると再生可能エネルギー施設（太陽光発電設備）の敷地としての利用を前提とした購入もみられた。

リゾート不動産（リゾートホテル）Q3

リゾートホテルの担保取得時において注意しておくべきポイントは何であろうか。特に周辺の自然環境を売りにするホテルの場合の留意点を知りたい

［注意すべきポイント］

・リゾートホテルは、その性格から通常観光地や風光明媚な場所に位置することが多い。このため自然公園法や森林法といった規制を受けることが多い。過去に建設されたものについては、建設当時よりも規制がきびしくなっていることも多いため、現行法において建替えができない、あるいは建替え後の建物の規模が小さくなってしま

リゾート不動産　261

うこともありうるので留意する。

・建築当初の建築確認済証・検査済証などをチェックし、開発許可の取得状況も含め、現状の建物が合法的なものであるか確認することが肝要である。一部に増築などを行うこともよくあるが、現状が登記関係などと一致しているか十分調査することが不可欠となる。

・自然現象や災害などでの風評被害を受けることも多く、一度集客が弱くなると、顧客をなかなか取り戻しにくい側面がある。

・担保評価においては原価法・収益還元法の２つの手法を適用することとなる。収益還元法の適用にあたっては、事業収益が事業環境やトレンドにより大きく上下変動することがありうるため、できる限り複数年度の財務諸表を分析し、営業収益構造について十分に理解したうえで将来予測を行うことが不可欠となる。

・海岸線などに所在する物件の場合、通常の建物よりも塩害などの影響を受ける可能性がある。このため設備更新や修繕、さらに建物使用年限については十分注意する必要がある。

解　説

　リゾートホテルは、通常山間部や海岸沿いといった風光明媚な位置に所在するケースが多く、また敷地造成や建物建設にあたり土地の形質変更を行うことも多い。このようなエリアについては自然公園法の規制がかかっていることが多く、また樹木の伐採などにおいては森林法の規制を受けることも考えられる。

　このような規制の存在を確認するとともに、場合によっては建物について同一条件で建替えができない可能性もあるため、公法上の規制についてよく調べることが重要となる。建物について建築確認・検査済証の取得は当然にして不可欠であるが、建築後増築などを行っているケースも多く、特に規制

上本来増築ができないにもかかわらず、このような工事が行われていることもあるため、確定・確認のうえでは十分に注意する。

　担保評価を行うにあたっては、原価法・収益還元法の2つの手法を適用することとなるが、リゾートホテルの場合、売上高・営業利益が年によって大きく変動することがあるため、複数年度の財務諸表を分析することが必要となる。特に、水害や台風といった自然現象、震災や洪水といった災害などでの風評被害を受けることも多く、一時的に集客が落ち込むこともありうる。一方で、テレビドラマなどの影響があり、ブーム的に集客が実現した時期もある。したがって、事業環境やトレンドなども十分踏まえたうえで、本源的に獲得できる営業収益を十分に把握する必要がある。近年では海外からの旅行客が多く、インバウンドによる集客も考えられることから、これら今後の要因もできるだけ反映できるように努める。保守的な観点でみることも重要ではあるが、観光事業の育成という観点からも、ある程度集客性が高いと判断されるものについては、その長所についても理解するように心がけたい。

　特にオペレーション能力が高い企業かどうかよく判断することも肝要で、施設の将来像、集客の中心とその戦略、施設の強みをどのように生かせるかどうかを見極めたうえで、事業収支計画等を分析して収益性を判定して担保価値を見出すことも、これからは重要といえる。国も観光立国を視野に入れた動きをみせており、金融機関も過去の不良債権の記憶が残る面はあるものの、成長産業としての観光業の中心にリゾートホテルはあると考えるべき側面もあるだろう。

　リゾートホテルのうち海岸線などに所在する物件の場合、塩害の発生の可能性もあり、建物や設備の使用年限に影響が出ることがある。したがって、通常の建物よりも短い期間で設備更新や修繕が必要になることがある。建物使用年限、建物の残存耐用年数等について十分把握する必要がある。

リゾート不動産　　263

日本旅館

1 特　性

　日本旅館は、和風形式の客室を中心とした宿泊施設で、温泉地などに多く所在し、洋室形態を中心としたホテルとは一線を画すものである。伝統的なサービス形態としては、1泊2食形態、すなわち宿泊と同時に、食事を提供するサービスが一般的で、近年「泊・食分離」と呼ばれる食事提供を行わない形態のもの（あるいは夕食の提供を行わず朝食のみの提供を行うもの）が少しずつ出てきたが、依然として大半の日本旅館でこのサービス形態がとられている。

　また、事業者の状況をみると、法人形態をとるものが圧倒的に多いが、実質的には個人・家族・同族経営のものが中心である。ただ、近年ではチェーン形態での運営もみられるようになり、一定の規模をもつ事業者に運営されるものが急速的に増加している一面もある。

　金融機関が日本旅館を担保取得するケースは多く、特にもともと旅館を運営する企業は家族経営等資本力が小さい事業体がほとんどであったこともあり、かつては担保力に依存した融資が行われた。昭和50年代後半から平成初期にかけて施設の大型化が進んだ際には、建物や設備に対して多額の融資が行われたが、旅館の売上高、営業利益などの収益力からみると返済に無理があった。さらに大型旅館の集客の中心であった団体旅行客の減少、さらには景況感の悪化を背景に客単価が下落するなどの要因もあって、売上高・営業利益が大幅に減少するまでに至った。

　不良債権処理が本格的に始まると、過剰設備旅館の債務整理が進んだが、比較的経営努力を行い、一定の売上獲得・収益獲得能力がある旅館はこれに含まれなかったこともあり、現状でも多額の借入金を残しながら営業してい

るところも依然多い。

　こうしたなか、バブル崩壊から25年近くが経過し、日本旅館の建物の老朽化が進んだことで、売上高減少に直面する事業者もみられる。満足のいく建物の修繕、リニューアルができない結果、顧客満足度自体の低下にもつながり、客単価が下落するという負のスパイラルに陥る旅館も多くなった。

■日本旅館の特性

・日本旅館は和式形態の客室をもつ施設で、温泉地等に多くみられるものである。伝統的なサービス形態の1つに1泊2食でのサービス提供があり、この点でホテルとの差別化が図られている。

・施設の規模にもよるが、昭和50年代後半から施設の大型化が図られたものが多く、この背景には団体客を中心とした集客構造が存在した。一方で、現在の集客形態は個人客が中心で、設備的なミスマッチがみられる。

・多くのリゾート不動産同様、多額の借入金が存在する施設については、不良債権処理が積極的に行われた平成12（2000）～17（2005）年頃に法的整理などを行うことで、オーナーチェンジなども進んだ。一方で、比較的業況がよかった旅館については借入金の返済を行ってきたこともあり、リスケジューリング等の施策は行われたが、今日まで大きな金融支援が行われるまでに至っていないケースもまだ多くみられる。

・日本旅館は、例外はあるものの大半のものが他の用途への転用が行いにくい施設であり、購入者は基本的に同業者、もしくは異業種からの参入組に限定される。転用前提での購入者が少ないことから流動性自体は低い類型ともいえる。

・日本旅館の経済価値を測るうえでは、基本的に収益力が中心となるが、近年までは顧客獲得競争が激しく、客単価は全国的に下落基調

日本旅館　　265

にあった。インバウンドによる外国人旅行客の誘致が進んでいると
ころもあるが、現状では大都市近郊のものが主体で、積極的な取組
みはこれからともいえる。

日本旅館と金融機関を取り巻く環境をみると、時期によって担保不動産の
売却、あるいは再生といった側面に大きな違いがあり、かつては法的整理を
中心として他業態への売却などが行われたが、現在は、一部でチェーン化が
みられるなど、中心となるオペレーターについて変化がみられる。

　この20年における日本旅館を取り巻く環境・具体的展開を整理すると次の
とおりとなる。

時　　期	環境・具体的展開
平成 8 ～12（1996～ 2000）年	過剰投資の大型旅館の経営破綻が相次ぎ、競売による担保付ローン売却などが盛んに行われ別会社による再生が進んだ。
平成15～18（2003～ 2006）年	産業再生機構・投資ファンド主導による再建が行われ、いわゆる第二会社方式による再生、スポンサー型再生が多くみられるようになった。
平成23（2011）年頃～ 現在	旅行業界のネット活用の増加とともに、格安型の国内旅行が増加し、これら旅行代理店からの送客の増加によって、客単価が大きく下落した。一方で安定的な集客が見込まれるため、稼働率は徐々に上昇しているところが増えてきている。 建設後相当期間経過した施設が増えており、耐震改修の必要性も出るなど、今後事業継続を行うためには、ニューマネーによる投資を行うなどの事業再生が必要不可欠となっている。 近年では、自前でインターネット予約を行って集客ができる旅館チェーンが増大している。一方、施設の老朽から脱却できない旅館については廃業が相次ぐようになっている。 ビジネスホテルがインバウンドによる外国人旅行客の誘

266　　第 4 章　不動産類型別の留意点

> 致に積極的に取り組んで一定の成果を上げているのに対
> し、全国的にはまだこれからの側面はある。

　もともと、金融機関から融資を受けてきた旅館は、施設が比較的大きなも
のが多く、景況感の悪化から客単価の下落が続くなか、一定の稼働率を確保
するために大量送客が実現できる旅行代理店に依存せざるをえない状態とな
った。

　さらに、ネット社会の普及で、顧客による旅館の選別がインターネットサ
イト上の評価（点数形式で示されるものが多い）や口コミに左右されるように
なってきた。現在の旅館経営やサービスの評価については、インターネット
への対応が非常に重要になっている。またインターネットによって、料金の
一覧化・透明化といったものが過剰に作用した結果、価格競争の激化につな
がった。旅館予約サイトなどを巻き込んだ競争激化は、客単価の下落につな
がり、旅館サイドの売上高確保がかなりむずかしい状況となった。ただ、近
年の景況感の回復で地域差はあるが、売上げは徐々に伸びつつあると考えら
れる。

　もともと、「もてなし」というサービスを武器にしてきた旅館にとって、
価格の大幅下落は大きな影響をもたらした。客単価が下落しており、人員削
減や原価抑制などのコストカットにも限界があるなかで、価格・サービス評
点競争の過熱化は旧来からの形態での事業継続を困難にさせている。

　加えて、建物の耐震性能確保も大きな問題となった。国土交通省はホテ
ル・旅館の耐震化を推進しており、旧耐震基準の5,000m²以上の特定建築物
へ耐震診断の実施が義務づけられるようになったが、業界的に昭和40年代後
半から50年代に建てられた多数の大型旅館が多いことを考えると、耐震性能
面や物理的な残存年数でもきびしい状況にあり、特に設備面についても、空
調設備、電気設備や衛生設備の現実的な使用年限が大きな課題となってお
り、やむなく廃業する事業者が増えるともいわれている。

日本旅館　　267

日本旅館 Q1

日本旅館を担保取得している場合において、注意すべきポイントにはどのようなものが存在するか知りたい

［注意すべきポイント］

・日本旅館は、当初建物から増築を重ねて現在の形態になっているものが多い。この場合に増築建物が現状の登記と一致しているか、またそのつど建築確認などを取得しているものかどうか確認し、権利関係的に問題なく保全が行われているか、法的に問題がないか注意する。

・担保として取得した物件は、旅館を構成している土地・建物をきちんと網羅しているものであるだろうか、特に同族経営が多い物件において土地や建物で個人所有のものが交ざっていることもあり、担保徴求もれの物件はないか注意する。

・建物について建築基準法上の新耐震基準に該当するものか確認するとともに、旧耐震基準箇所が存在する場合はなんらかの耐震補強工事が行われているか、あるいは補強工事計画をきちんと策定しているか確認する。

・内装や意匠、什器備品について今後どのような購入計画・投資計画などが存在するか、またどの程度の金額が必要か確認する。

解　説

　日本旅館の場合、立地や客室数等の規模にもよるが、やはり広い敷地面積を有しているものが多く、建物については集客力の拡大を目指したなかで、増築が繰り返されるケースがよくみられた。保全の観点からみると、抵当権

が及ぶ範囲に日本旅館を構成する土地・建物すべてが入っていることが第一義となる。同族経営である場合、旅館運営会社名義以外に、家族や親族間で土地や建物を持ち合っていることもありうるため、担保提供意思をもって担保提供されているか確認する必要がある。

　一方で、旅館建物については大型施設の建設ブームであった昭和50年代からバブル期に建てたものが多く、この間に建築基準法が改正され、昭和56（1981）年6月以降に建築確認を受けた建物が新耐震基準に準拠したものであるのに対し、これ以前のものについては旧耐震基準としてとらえられ、将来的に安全な利用を行うためには耐震補強工事などが必要となる。一方で、現状の旅館経営を取り巻く環境において、この費用捻出は容易なものではない。

　ただ、旅館は多数の宿泊客の安全を確保するという側面から考えると、新耐震基準に適合した耐震性能を満たすことは不可欠である。また、サービス水準を維持するうえでは、建物内装・意匠といった面を順次リニューアルする、あるいは室内の調度・食器といった什器備品についても一定期間での買替えが必要となる。今後、この確保が可能かどうかという観点からのチェックも必要となる。

日本旅館 Q2

温泉旅館を担保取得しているが、施設の魅力の1つに温泉があるものと考える。安定的な温泉を獲得するための温泉権とはどのようなものか

［注意すべきポイント］
　・温泉権と呼ばれるものは、特段法に規定されたものではなく、慣行的に認められたものである。したがって、地域や温泉地によってその扱いは大きく異なるため、地域における慣行などを踏まえる必要

日本旅館　269

がある。

・温泉権には、一般的に「所有権（温泉がゆう出する土地の）」「湯口権」「引湯権」の３つがあるといわれる。どの形態により温泉供給が行われているかは担保提供者や現地の温泉組合などで確認する必要がある。

・温泉権の取引は、その土地（湯口）の所有権を購入することで随伴するものではなく、また地域により取引慣行が異なること、なかには温泉旅館業への新規参入を防ぐための制約を設けている場合もあるので注意する必要がある。

解　説

日本旅館の大半は温泉旅館である。そもそも温泉とは、温泉法２条で次のとおり定義づけられている。

■温泉法（２条）における定義

　地中からゆう出する温水、鉱水及び水蒸気その他のガス（炭化水素を主成分とする天然ガスを除く。）で、別表に掲げる温度又は物質を有するもの

注意したい点としてはゆう出が必要ということで、なんらかの泉源がないと温泉として認められないことになる。

温泉旅館が温泉を獲得する多くの形態には、①自社でこの泉源を保有しているケースと、②温泉組合から供給してもらうケースの２パターンが存在する（あるいは自社で泉源を保有していても組合に供出してここから再配給されるケースもある）。

もちろん、温泉が将来にわたって無限にゆう出する保証はどこにもない。

過剰な採取は泉源枯渇を早めることになるほか、大地震による地殻変動、大雨等での崖崩れ等で地下水脈に変動があると出なくなることもある。

日本旅館における浴場施設は大きなセールスポイントになるが、無尽蔵に温泉水が出るわけでないので、不足する分などを含めてなんらかの加工が必要になる場合が存在する。

これらの加工の有無などの形態をまとめると次のとおりとなる。

方　式	特　徴
源泉かけ流し	豊富な湯量が確保できる旅館でのみ可能なものである。 温泉愛好家等はこれにこだわる人が多いが、大規模施設では現実的に困難であるため、循環ろ過装置等が併用されている。
循環方式	一定量のお湯をろ過、再加熱して再利用する循環ろ過装置を使用するもの。大規模の浴槽ではこの装置が入っている。 レジオネラ菌の感染が問題となり、塩素消毒を施すことで滅菌を行っているが、塩素臭がややきつく感じることもある。

温泉は温泉法では温度25度以上であれば認められるものであるが、通常の入浴に適している温度は40〜42度であり、浴槽部分ではこの温度にしておくことが求められる。泉源から浴場に引っ張ってきてこの温度に保つことは容易ではなく、加水や加温により温度調整することになる。

源泉の温度が高温の場合に、配管距離や竹等を使って温度をうまくコントロールし、適温に加工するこだわりの旅館もある。ただ、これは容易なことではない。また、物質によっては刺激性が強く、加水を行わないと浴用として利用できないものもあり、一定の加工が行われることもありうる。加水はコスト的に優位な井戸水を利用することが多い。一方で源泉の温度が低温で、なんらかの加温を行う必要がある場合、通常はボイラーによる加温が行われる。ボイラー稼働には重油またはガス代といった経費がかかる。

次に、温泉水を供給してもらうための権利である「温泉権」について少し考えてみたい。そもそも温泉権は、法に規定されたものではなく、慣行的に

認められたもので、地域や温泉地によってその扱いは大きく異なる。一般に認識されている権利関係をまとめると次のとおりとなる。

形　　態	特　　性
所有権	・源泉地を所有するケース……1坪程度を分筆し、「鉱泉地」として登記しているものが多い。気をつけたい点としては、登記地目上「鉱泉地」となっていても、実際に温泉水が出ているかどうかは確認する必要がある。 なお不動産の取引においては、契約書上に温泉権を含む記載が必要となる。 ※注意すべき点として、土地の所有権と湯口権は別個に取引されることが多いため、分筆して所有権部分があるからといって直ちに温泉の採取権があるかどうかは別で、権利関係については、調査する必要がある。
湯口権	湧出する温泉水を採取する権利を指す。 ※地域によっては「源泉権」とも呼ばれていることがある。
引湯権	温泉組合（地域によっては温泉を公共団体が管理している場合もある）などから温泉を供給してもらう権利を指す。 ※各旅館が源泉をもっている場合でも、いったん採取し、ミックスして分配するものもある（ミックス泉と呼ばれている）。

　では温泉権の取引はどのようになされるのであろうか。温泉権自体は必ずしも土地の所有権に随伴するものではないため、別途の手続が必要である場合があることを認識しておく必要がある。すなわち温泉権は所有権に必ずしも随伴しないため、物権的な効果はない。したがって、第三者対抗要件はなく、権利主張をいかに行うかがポイントとなる。地域によって異なるが、組合などへの台帳への登録（温泉台帳等と呼ばれている）、公正証書の作成といったものが1つの方法である。ただし、確実ではなく地域によってその慣行が大きく異なる点に留意したい。

　一方で、温泉組合等がもつ引湯権の場合、譲渡制限がついているケースが多く、実質現状の組合員以外の新規参入を認めないようなものがある。

272　　第4章　不動産類型別の留意点

日本旅館 Q3

日本旅館を担保評価する場合に、注意すべきポイントは何であろうか。
特に収益還元法の適用にあたって注意すべき点を知りたい

[注意すべきポイント]
・日本旅館の担保評価を行う場合には、通常の収益用不動産と同様、
　原価法と収益還元法の2つの手法を用いる。
・収益還元法の適用にあたっては、日本旅館の賃貸事例はほとんど存
　在しないという実状をかんがみ、事業収益を基準として還元利回り
　で還元する、もしくは事業収益をもとに賃貸料を査定し、これを
　ベースとして不動産の純収益を求め還元利回りで還元する方法がと
　られる。
・事業収益として考える基礎には、償却前営業利益（GOP）は1つの
　判断材料となる。
・日本旅館については、建物の使用年限まで一定の優位性をもって営
　業活動を行うために、長期修繕費用に加え、リニューアル投資など
　の費用も考慮しておく必要がある。
・最終的な価格決定は収益価格が中心となる。したがって通常の場
　合、積算価格からみると非常に低い担保価値になることが多い。

解　説

　担保評価を行うにあたっては、通常第三者への売却を想定したうえでの価
格を考えるべきである。一方で、日本旅館はさまざまな類型の不動産のなか
で、最も流動性が低い（買い手がつきにくい）ものの1つと考えられる。そ
の要因に現状における日本旅館の収益性の低さ、他の地域から新たな参入を

日本旅館　　273

受け入れない地域性や温泉街の風土、さらに食事サービスが一体化した宿泊施設であるがゆえのオペレーションのむずかしさといった点がある。また以下の点でも流動性を低くしているものと考える。

転用がむずかしい	日本旅館の用途的な転用として、老人ホームとしての利用を考える人がいるが、数度にわたる増築、バリアフリー概念がまったくない館内・客室構造といった側面があり、現実的に困難である。 さらに、建物解体による転用を考えた場合、建物取壊し費用といったコストの高さもネックになるほか、更地化が実現できた場合でも、日本旅館の立地はリゾート地である山間部もしくは温泉街にあり、そもそも、転用後の利用可能性が低い点も指摘できる。
施設の老朽化	日本旅館の建築後の年数をみると、新しいものでも20年以上経過したものが多く、なかには50年近く経過したものが多い。 市街地のオフィスビルやマンションに比べると、長期修繕などを適切に行っているところは少ない。また温泉地や海岸沿い等の立地では、温泉に包含される物質や、塩害などの影響もあり物理的な耐用年数が短くなることも考えられる。このため、購入後に新たな建物投資が必要で、この額が大きなものになる傾向があるため購入者が現れにくい面がある。
客単価の下落	そもそも、旅館の営業環境はこの20年間悪化の一途をたどっている。特に大規模旅館においては、客単価の低い旅行者で客室を埋めざるをえない傾向にあり、稼働率が高くても営業利益が小さくなってしまう。このような物件を購入する投資家等は当然にして少ない。

　一方で、同業他社による購入などは収益性を判断材料としながら少ないながらも行われていること、金融機関からみた回収源泉としては旅館運営による営業利益が中心となることから、担保評価においては収益還元法による価格を重視しつつ、原価法も併用するのが一般的といえる。

　ここで収益還元法における収益認識は、営業利益がベースとなる。日本旅館のサービス形態は、宿泊と食事が一体化したものであり、特にいままでは食事部分に大きなウェイトが置かれてきた。したがって集客力の中心に食事提供の良否があり、経営を行うには一定の高度な能力が要求されることにな

る。この能力次第で営業利益に差異が発生するため、本来どの程度の営業利益が獲得できるかを十分に見極める必要がある。ただ、近年は客単価が大きく下落したことで食事を含めたサービス面の簡略化が目立つようになってきた。このため料金と見合ったサービスの提供ができているかといった側面からもチェックする必要はある。

POINT

［日本旅館の収益認識］

宿泊と食事が一体化したビジネススタイルである。
→食事提供において一定の高度な能力が要求される。

↓

賃貸形態による旅館は少ない（「所有」＝「経営」）。
→賃貸形式が大半となりつつあるビジネスホテルとは異なる。

↓

収益認識は賃料ベースではなく償却前営業利益（GOP）ベースのものとなる。
→この営業利益をベースに収益還元するケースと、賃貸料に加工して不動産収入として収益還元するケースの２つが存在する。

　一般に、鑑定評価手法を適用して求めた積算価格と、収益価格とでは乖離が発生する。これは建物が収益に対して過剰投資であるという要因もあるが、１つの側面として、家族経営形態が多いゆえに敷地は代々受け継がれてきたものが多く、投資は建物など土地以外の資産に対するものだけですんだことも背景にある。そのため土地・建物の一体での収益力が低くても、事業として十分成り立つと考えられてきた側面があった。これでは、土地・建物の積算価格を基準に投資をしたのでは採算が合わないのも当然で、積算価格より大幅に低い金額でしか売買が成立しない要因はここにあり、この点ではゴルフ場と類似していると考えられる。

　一方で、収益性の側面からいうと、大規模旅館は旅行代理店から集客を行

日本旅館　　275

うケースが多いが、この送客手数料の高さが収益力を下げているという指摘もある。大規模旅館における最大の課題として自社によるネット集客力の向上があげられる。自社によるネット集客は、代理店経由に比べると手数料相当分（一般的に数パーセント）の利益率向上を期待できることから、多少の付加サービスをネットからの予約宿泊客につけても、この比率が高いほうが営業利益率向上につながる。

　この点で徹底しているのは、チェーン形態をとる「バジェット型」といわれる低価格指向の顧客向けの業態の旅館である。これは、集客の中心をインターネットとし、手数料などのコストを削減している。インターネットサイトで保有している全国の旅館をタイプ別に顧客が選択できるように工夫をしたホームページを用意しているのが特徴である。

　収益価格の基礎となる収益は、償却前営業利益（GOP）を主体に考えるのが一般的である。日本旅館については賃料水準が形成されるまでの賃貸市場はない。近年ではJ-REITに組み込まれている物件も存在し、この場合は賃料設定が行われることになるが、その算定基礎も営業利益をベースとしたものとなる。

　したがって営業利益の分析が重要となる。一般に企業の営業利益は、現在または過去のトラックレコードをもとに行う。一方で、日本旅館の場合、個人事業形態のものについてはまだまだ改善できる余地がある。営業戦略や集客ツールの変更による売上高の向上と手数料の減額、コストカットのほか、バランスのよい人員配置と費用支出が行われているか検討すべきである。このため、一般の事業会社にも増して丁寧な分析を行う必要があるとともに、営業利益の査定においては、改善可能性も適切に判断して織り込む必要がある。

　このように業務上でなんらかの改善を行い、これを前提として営業利益を求める場合には次の点の調査が必要となる。

276　　第4章　不動産類型別の留意点

- 現状のオペレーターに対する実績、改善可能性のヒアリングによる査定……売上げ、仕入原価、経費等について現状と問題点、今後の見込み等を参考に査定する。最も現実的な方法と考えられる。
- 周辺および全国的な指標を参考とする査定……一般社団法人日本旅館協会が発表する「営業状況等統計調査」等の指標などを比較したうえで標準的な数値を求め、オペレーターに対して実績との乖離についてヒアリングを行うことも効果的である。
- 旅館・会計コンサルタントによる試算をもとに査定……外部コンサルタントによる試算を再検証して査定に用いるものである。これらの試算はうのみにせず、必ず再検証を行うことが必要となる。できる限り周辺における競合施設の動向等を分析することが望ましい。

　現状証券化される、あるいは一定の融資額を超えるオフィスビルや賃貸マンションの場合においてはエンジニアリングレポートの作成を依頼したうえで、建物の合法性や問題点の整理、さらには長期修繕費用の査定を行うことが一般化している。日本旅館をみるうえでも、エンジニアリングレポートの作成は有効であると考えられる。ただ、投資用不動産として十分な収益性が確保できるオフィスビルと同水準で施設整備を実施することは現実的ではない側面もある。このため旅館の経営事情をよく把握した会社にエンジニアリングレポートの作成を依頼することが望ましいであろう。

賃貸アパート・マンション

1 特　　性

　賃貸アパート・マンションに対する貸出（いわゆる「アパートローン」）は、金融機関における典型的な商品の1つである。もともとは地主が有する遊休土地の有効活用を目的とした貸出が多かったが、近年では老後資金の確保を目的とする投資といった側面も多くなっており、個人を中心に顧客層も非常に広い状況にある。

　不動産担保としては、アパート等の融資対象物件を取得するのが一般的であり、その意味では不動産ローンに分類されるが、賃貸アパート・マンションの経営は、用地取得（遊休地活用であればすでに所有している）・建物建設に始まり、賃借人募集・入退去管理・家賃の収集業務、さらに建物の維持管理・修繕といったさまざまな業務が不可欠となる。したがって、個人ローンではあるものの、事業性融資としての側面も強く、採算性確保が求められることに注意しなければならない。一方で、投資という側面からみると、借主は個人の比率が高く、オフィスビルや商業ビルに比較して投資ロット自体は小さいものの、顧客が抱えるリスクは相当に大きいという点も注意したい。

　平成27（2015）年から相続税が課税強化されたことによって、ローン借入れによる賃貸用不動産建設により、相続税評価額が小さくなる効果があることに注目がなされ、これを目的とした賃貸アパートの建設が目立つようになった。平成25（2013）年1月以降のいわゆるアベノミクスと日本銀行による大規模な金融緩和によって長期かつ未曽有の低金利政策が続いており、最近では一般サラリーマン層においても、投資目的でのアパート経営を行うケースもみられるようになった。

　金融機関からみると住宅ローンの貸出が頭打ちから減少傾向になるなか

278　第4章　不動産類型別の留意点

で、いわゆるアパートローンはこれにかわる有望な商品として注目されており、住宅メーカー等による相続対策を全面に打ち出した積極的な営業攻勢も後押しとなり、全国的なアパート建設ブームの様相を呈している。アパートの経営面においても、住宅メーカーと関係会社等による一括賃貸方式である「サブリース方式」が活用され、賃貸経営そのものの手間も軽減されている。

　少子高齢化という要因はあるが、地域によっては、賃貸需要が旺盛なところも依然あり、社会的ニーズに合致している側面も強い。ただ、狭いエリアに複数の競合物件ができることで、供給過多になっているエリアも多いといわれており、しっかりとしたマーケティングを行わずに建設をした物件については、入居者確保ができず想定した賃料収入が得られないといった問題も浮彫りになってきている。

　近年ではサービス付高齢者向け住宅（サ高住）の建設を目的として、アパートローンを活用するケースも多くなっている。これは高齢者限定の住宅とはいえ、設備的にもバリアフリー面を除くと、賃貸マンションと大きく差異があるものではない。むしろ、少子高齢化が急速に進むなかで、今後は高齢者向け賃貸住宅の需要・供給の双方が増加することも予想されており、これについてもしっかりとしたマーケティングを行いながら、融資を検討することが求められる。サ高住についても「サブリース方式」が増加しており、今後、アパートローンの有力な融資対象物件になることも考えられる。

2　「サブリース」方式の活用と注意点

　賃貸アパート・マンションの運営は一種の事業であり、オーナーは入居者確保や建物管理、商品維持のための大規模修繕といった相応の負担が必要となり、これに合わせた運営計画・戦略を常に立てておく必要がある。一方で、住宅メーカーなどでは、一括賃貸に加え関係会社等による管理・修繕も引き受ける「サブリース」方式と呼ばれる運営形態を提供しており、建物建設から入居者募集、管理といった一体運営を行う形態が一般化している。た

賃貸アパート・マンション　　*279*

しかに煩雑な業務を一括で外注できることから非常に重宝する側面が強く、特に不動産事業に熟知していない地主や不動産投資を初めて行うサラリーマン層などにとってみると、メリットが大きいものと考えられる。

「サブリース方式」の相関関係を示すと以下の図のとおりとなる。

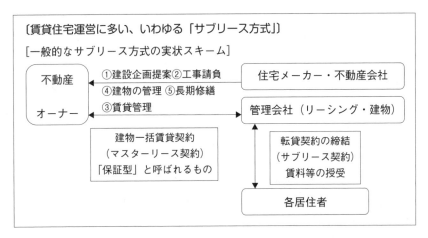

一方で、建設実績獲得を主目的としたやや強引な営業行為もみられ、必ずしも入居者ニーズが高くないエリアにおいても建設提案を行い、一括賃貸による賃料「保証」を打ち出し、地主等にやや無理な事業をさせる住宅メーカー等も少数ではあるが存在する。たしかに賃料「保証」は存在するものの、入居率が悪く期待するエンドユーザーからの賃料収入が獲得できないと、マスターリース賃料の減額が行われてしまうことがあり、収支計画・ローン返済計画が破綻するケースも出てきている。特に、一定年数を経過した時点で（建築後10年目前後のことが多いが）高額となる大規模修繕費用の支払を、一括賃貸を継続するための条件とする契約文面などもみられる。したがって、一括賃貸・外注といいながらも、業者に丸投げをしているだけではアパート事業が破綻しかねない側面もあり、アパート建築後の事後管理をしっかりと行う必要がある。

以下のＱ＆Ａにおいて、賃貸アパート・マンションのローンにおける注意

ポイント、賃貸アパート等の投資採算性、いわゆる「サブリース」方式の優位点、問題点などを整理する。

賃貸アパート・マンション **Q1**

賃貸アパート・マンションに対するローン審査において注意すべきポイントはどのようなものがあるか。特に住宅ローンとの差異は何か

[注意すべきポイント]

　アパートローンはあくまでも事業性ローンであり、個人の給与所得などを返済原資とする住宅ローンとは大きく性格が異なる。賃貸アパート・マンションに対するローン審査において、事業面・担保面それぞれから審査を行う必要があり、これらのポイントをまとめると次のとおりとなる。

・事業面での審査

	ポイント
事業環境	①　十分な入居需要があるかどうか ②　競合物件の存在はどの程度か、競争力がある物件か
収支採算性	①　賃貸料等の収益計画とその妥当性の検証 ②　建築費、管理等の費用面の適正さの判定と今後の見通しに問題はないか ③　長期修繕計画の作成とその妥当性の検証
事業の継続性	①　需要の安定性・継続性の分析 ②　収入・費用面の将来予測と事業計画における反映 ③　少なくとも償還年限までの計画収入の確保と返済の確実性の検証

・担保面での審査

	ポイント
担保適格性	① 公法上の規制等に照らして合法的なものであるか ② 償還年限まで使用可能な建築物であるか（物理的側面） ③ 収益獲得が償還年限まで続く担保物件であるか（経済的側面）
担保評価額	① 市場において売却した場合の経済価値はどのくらいか
融資比率	② 担保評価額が融資金額に対し十分カバーできるものか

解　説

　住宅ローンを借りる顧客は、自己居住住宅の取得という目的で借入れを申し込むことになる。住宅ローンの返済原資は、通常、借入人の収入などであり、審査における担保不動産としての経済価値は、これに付随するかたちでとらえるのが一般的といえる。

　一方で、アパートローンについては、用地取得を含め投資を目的とするもの、相続税負担の軽減を目的とするもの、遊休地の有効活用を目的とするもの、それぞれにより目的やローン申込みに至る事情は異なるが、いずれも事業としての採算性を第一義にとらえる必要があり、次に万一の場合の資金回収手段としての視点での担保評価が必要となる。何よりも賃貸アパート・マンションローンは、事業ローンの一種であることを忘れてはならず、採算性を主眼とした審査が必要となる。

賃貸アパート・マンション Q2

賃貸アパート・マンションにおいては、収益性をしっかり調査する必要があるが、その際のポイントはどのようなものがあるか知りたい

[注意すべきポイント]

　賃貸アパート・マンションの収益力は入居者確保と獲得賃料に大きく依存するものである。このため需要層とそのニーズに合致した建物かどうか、さらに設定賃料の妥当性などを調査するとともに、中長期的な視点で収益が継続できるものかどうかチェックする必要がある。

　調べるべきポイントをあげると次のとおりとなる。

・現状における居住ニーズ（需要）の存在
・主な賃借人層の設定と、このニーズに合致する間取り、専有面積の設定
・賃料の設定（単価、総額）、周辺物件との比較
・現在考えられる空室発生の可能性
・近い将来において建設されると考えられる競合物件の存在
・中長期における賃料、入居率変動の可能性
・競争力の維持を含めた、適切な長期修繕費用の把握

解　説

　収益獲得のためには賃貸需要の存在が何よりも重要で、かつ返済原資が賃貸料を中心になるのに加え、融資期間も長期に及ぶことが多いため、償還年限まで継続的に入居者を確保できるかどうかも十分に調査・予測・判定しなければならない。現時点における入居のみならず、今後想定される競合物件の存在や、建設地域周辺における人口動態の見込みなどを踏まえたうえで、

融資の償還期限まで確実に収入が獲得できるかどうかといった視点で判断することが求められる。

(1) 居住ニーズ（需要）の存在と中長期的なニーズの動向

アパートの居住ニーズは、一定規模の都市において、交通機関からのアクセスが良好なところであれば、当面確保できるものと考えられる。一方で、都心部から遠いエリア、鉄道駅から距離がある地域、路線バスなどの利便性が悪い地域、スーパーや病院、小中学校、保育園といった施設から遠い地域、学生向けのアパートであれば大学などから離れる地域などは利便性が劣り、現在みられる居住ニーズも中長期的には見込みにくい面も考えられる。

人口の増減についてもよく調べる必要がある。人口減少地域については注意が必要であり、すでに世帯数が減少している市町村や地域については特に留意が必要となる。

(2) 考えられる賃借人層の想定とニーズ（間取り・専有面積）の設定

建築物件の主要顧客層を想定したうえで、その顧客層に応じた間取りと専有面積を決めることになる。賃料の設定に加え、月額の実際の支払賃料の額がターゲット主要顧客層にとって妥当な水準であるかよく考える必要がある。

賃貸アパート・マンションは、一度建築してしまうと、間取りを容易に変更することはできないため、できるだけ需要のボリュームが大きい顧客層を設定し、間取りを決定することが有効であると考えられる。分類・ターゲット・間取りや専有面積の想定例を考えると次頁の図のとおりとなる。

ここで注意すべきことは、サブリース形態の提案営業などを活用した場合において、パッケージ化されたアパートの設計になってしまうことが往々にしてみられる点であり、これが需要とマッチングしているかどうかはよく考える必要がある。賃貸需要のボリュームゾーンの層と異なる場合は、提案会社にその旨を伝え、よりニーズの高い建物への設計変更の必要も出てくると考えられる。

284 第 4 章　不動産類型別の留意点

〔一般的な顧客層形態分類と間取り・専有面積〕

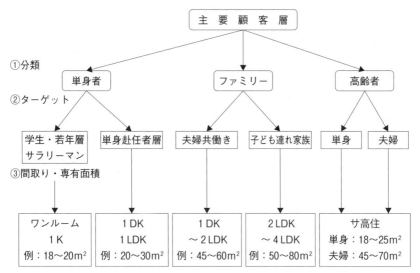

賃貸アパート・マンション Q3

アパートローンでは、顧客によって借入動機や投資経歴が異なるが、注意すべき点にはどのようなものがあるか知りたい

[注意すべきポイント]

・借入動機を大きく分けると、①地主の土地の有効活用としてのアパート建設、②相続対策、③純粋な不動産投資の3つが存在する。
・どのような借入目的であっても、十分な収益獲得を第一義に考えるべきである。
・相続対策で大きな金額の借入れを行う場合には、短期間の検討で借入れを行うことが多く、十分なマーケティングを行っていないケースも多いので注意したい。
・地主や富裕層による借入れで、複数のアパート運営を行い十分なリ

スクヘッジがなされている場合と、借入金のみでの運用を企図する顧客では、リスクのとらえ方が異なると考えたほうがよい。
・顧客の投資経験などを踏まえ、リスク管理を踏まえた適切なアドバイスを行うことが肝要である。

解　説

　アパートローンの借入動機としては、かつては地主が保有する遊休土地の有効活用が圧倒的に多かったが、近年では相続対策としての借入れに加え、純粋な投資を目的とした一般層（特にサラリーマン層）にまで幅広くなっている。また、不動産オーナーといっても、地主として不動産活用を複数手がける、あるいは不動産に関する知識を豊富に有し、積極的に不動産事業を手がけている経験豊富な人と、アパートローンの借入れを初めて行い、これから賃貸事業をスタートする初心者ではリスクについての認識に差異がある。近年では、初心者や投資経験の少ない人によるアパートローンの利用も増加しており、融資においては借入申込人がリスクを十分に認識しているか注意する必要があると考えられる。

〔賃貸アパート・マンションオーナー（不動産投資家）の属性〕

すでに豊富な知識と経験をもつオーナー

オーナーとしての経験が少ない、あるいは初心者

金融機関職員として対応する際、十分に気をつける必要がある。

↓

金融機関は融資判断を行うにあたって十分なマーケティング・審査を行う。

↑

ローンを受けること、断ることで投資採算性についてのなんらかのアドバイスを行うことにつながる。

286　　第4章　不動産類型別の留意点

特に気をつけたいのが、相続税対策として借入金により相続税評価額を下げる意向のケースであり、投資採算性などについて十分なチェックを行わず、規模の大きな建物を多額の建築費をかけて建設する例もみられる。アパートとしての顧客が集まらない限りは、返済原資が獲得できず、仮に相続税評価額の圧縮につながるとしても、相続人からみると、収益性のよくないアパートを相続してしまうことになりかねないので注意が必要である。バブル期に過大な借入れを行った後に、大幅な地価下落が発生し、結果的に土地価格以上の負債を抱えてしまった例もまだ記憶に新しい。相続税対策は富裕層への提案として有効ではあるものの、事業採算性に関する十分なマーケティングを行わなくてよいという意味ではないため、注意したい。

賃貸アパート・マンション Q4

いわゆる「サブリース方式」とはどのようなものであるか。また個人が不動産会社を経由して賃貸募集する、一般的なアパート賃貸経営とはどのような点で異なるのか知りたい

［注意すべきポイント］

・「サブリース方式」は、オフィスビルや商業ビルでもみられる賃貸方法で、オーナーが建物を不動産管理会社等に一括賃貸（マスターリース）し、不動産管理会社等が個々の入居者と別途賃貸借契約（転貸・サブリース）を締結する方式で、一括賃貸と転貸がセットになった契約形態である。

・賃貸マンションやアパートの場合は、この提案を住宅メーカー・建設会社が行うことが一般的で、建物建設、賃貸募集や入居者管理、建物の維持管理、保守・修繕に加え、大規模修繕まで賃貸事業全体を含む方式が大半となっている。加えて、賃貸料を一定期間「保

賃貸アパート・マンション　287

証」するという営業・宣伝文言の形態が多いことも特徴といえる。

・オーナーとしては一括賃貸を行うことで入居者募集などの手間から解放されるとともに、契約期間（賃料改訂期まで）においては収入が確定できるという安定性も手に入れることができる。一方で、一般のアパート賃貸の場合は、入居者選定などはオーナーができるが、個々の入居者との賃貸借契約は不動産管理会社等が行うことになり、オーナーの意図が反映されにくい面がある。

・一括賃貸料は、空室発生の可能性や賃料下落リスクなどを考慮して設定されることが通常であるため、当然にして満室稼働で手に入る収入よりも小さく、空室を考慮した額よりも小さくなるため一般のアパート賃貸形式よりは獲得収益が小さくなる。

・「保証」形態を謳った広告などが打ち出されているケースも多いが、この保証は、長期の賃貸借継続を保証するものなのか、一定期間の賃料を保証するものなのか、マスターリース契約書を熟読して調査する必要がある。

解　説

　いわゆる「サブリース方式」は、一括賃貸契約（マスターリース契約）を、賃借人として不動産管理会社等との間で交わすもので、入居者との間で特段の契約を締結することはないため、賃貸借契約上の当事者としては不動産管理会社等との間のみに限定される。したがって、個々の入居者との間で個別契約を結ぶ必要はなく、事務的な負担は非常に少ない。この点はサブリース方式の非常に大きな魅力といえる。

　賃貸アパートやマンションにおける「サブリース方式」では、オフィスビルと異なり、建物を建設する住宅メーカーや建設会社が、建物建設のみならず、賃貸借の管理・建物の管理・大規模修繕を一体で提案・請け負うことが

288　第4章　不動産類型別の留意点

一般化している。建物完成後に「サブリース方式」を採用すると、物件所有者においては、入居者や建物の管理をほとんど行わなくてもすむという利便性があり、業者は盛んにこれを売りにしている。加えて、「サブリース方式」は賃料獲得の安定性がある程度確保できるという点もメリットとして考えられ、一括賃貸契約の期間内においては契約賃貸料が入ることになり、収入がある程度読める側面がある。最近では長期の一括賃貸借契約も多く、その安定性はより高まると考えられている。ただし、一括賃料はアパートが満室で稼働しているものよりは当然にして少なく、通常考えられる空室相当額に加え、保証料および事務手数料的な側面も差し引かれるため、エンドユーザーから集めた賃料より相応に低くなるのが通常である。

　一方で、「サブリース方式」を採用しないアパート経営においては、入居者との間で賃貸借契約を締結することとなるが、入居者の選別基準は自らができるほか、個々の賃料設定も自由であり、オーナーの考えに沿ったアパート経営ができるとともに、うまく運営できれば最大の賃料獲得も可能となる。また、礼金や更新料といった収入項目はサブリース方式の場合、通常では獲得できないが、これも手に入れることができる。ただ、不動産知識や経験があまりないいわば素人の地主にとってみると、さまざまな管理業務を自ら行うことは容易とは言いがたい面があり、アパートを建設すると管理などの労力が相応にかかることになる。この点を軽減する意味でも、個人が中心となるアパートローンをもとにしたアパート経営においては「サブリース方式」方式は有益であると考えてよい。

　もっとも使い勝手がよいと考えられる「サブリース方式」ではあるが、それなりに落とし穴がある。特に賃料「保証」という点で注意が必要となる。それは、現状契約している賃貸料の獲得を永遠に保証する契約ではないという点である。この点についてはQ5において解説する。

賃貸アパート・マンション　　289

賃貸アパート・マンション **Q5**

いわゆる「サブリース方式」を採用した場合における留意点はどのようなものがあるか。特に賃料「保証」、建物の一括管理、長期修繕費用などの側面から注意しておくべきポイントは何か

［注意すべきポイント］

・賃貸アパート等における、いわゆる「サブリース方式」は賃貸借契約上の一括賃貸という側面に加え、アパートメーカーなどの関係会社等による建物一括管理もセットになっていることが多く、建設から入居人獲得・管理、建物の維持管理・修繕まで一体でのサービス提供を売りにしている。加えて、一括賃貸料を「保証」するという売りもあり、安定的に収益を獲得できる可能性があるため、アパート等を経営するうえで有利な面があると考えられている。

・ただ、いくつかの実例をみると、パッケージ式のアパートを通常の建築費に比べ割高で販売するケースや、賃料「保証」といっても比較的短期間で賃料の減額改定が行われたケース、さらに建物管理料として通常の維持管理費用よりも高額のコストがかかった例、一定年月を経過すると高額な大規模修繕費用の支払が要求され、この大規模修繕を行わないと賃貸借の継続ができないといった例もあり、一概に安心できるといえない側面もある。

・したがって、一括賃貸形式であるからといって、賃料の安定獲得が必ず長期的に実現できるものではない。きちんとしたマーケティングの実施など、事業を行ううえで一般に求められる水準の調査等を行う必要があると考えておくべきである。

・またサブリース事業者の業歴などもよく調査したうえで、安心度の

290　第4章　不動産類型別の留意点

高い事業者に依頼することも重要となる。

解　説

　いわゆる「サブリース方式」は、アパートやマンションのオーナーからみると、建物を一括で契約する形態であり、一度の契約で包括的な契約が行われてしまう点に十分注意する必要がある。賃料設定における改定に関する条項の存在や、契約継続における前提条件についての条項の存在などが存在する場合は、これらをよくチェックする必要がある。契約内容によっては、条件面の改定により賃料収入が減額されるなど、サブリース契約の締結による賃料収入安定化の目的が崩れる場合も発生しうるため注意したい。

　賃貸アパート・マンション経営は、不労所得が獲得できる、あるいは楽に高い収益が長期にわたって入ると考える向きもみられるが、実際は不動産の維持管理に多大な手間暇、コストがかかるものである。この苦労からできるだけ解放できるのが「サブリース方式」の優位点であり、①一括契約による事務・入居者管理負担からの解放、②賃料収入の安定化が最大のポイントといえる。

　ただ、当然にして、住宅メーカーや不動産管理会社等も経済合理性に合致しないマスターリース賃貸料を設定してくれるわけではなく、空室発生の可能性、家賃下落の可能性などを十分に踏まえたうえで一括賃貸料の設定を行っている。したがって、サブリース契約を締結することによって、管理面での煩雑さからの解放・収益の安定化と同時に、最大収益獲得の可能性を引き換えるかたちになる。

　気をつけておきたい点としては、アパートメーカーや建設会社にとって、この「サブリース方式」において最大の収益が獲得できる時期は建物建設時であり、建物建築費を注意してみてみると、一般的なアパートの建築費単価に比べて割高になっていることもありうる。加えて、建物管理についても十

賃貸アパート・マンション　　*291*

分な内容を行うために相応に高額になることも承知しておく必要がある。

　特に注意をしておきたい点に、大規模修繕費用がある。一般的に賃貸アパート・マンションは、建築後10年程度以内においては、建物として一定の商品力が認められ、他の物件とのグレード面や立地的な側面を除いた差異は認められにくい。ところが10年を経過した時点から新築物件との競争力が落ちてくる傾向がみられ、入居率がかつてよりも低くなりがちなために、入居者募集時の賃料単価を下げる、あるいは外観、内装や設備を大きくリニューアルする必要に迫られてくる。

　一括賃貸形式の場合、エンドユーザーからのサブリース賃料収入が落ち込むと、当然にしてオーナーに支払うマスターリース賃料について改定を要求するケースが増えざるをえない。一括賃貸の「保証」形態の契約内容をみると、建築後10年間の保証、その後は2年ごとの改訂といった賃料減額改定ができる条項が入っていることが多く、この時点からの収入については十分に気をつける必要がある。

　一方で、やはりアパートやマンションの商品性の維持のためにはリニューアルなどの大規模修繕が不可欠で、このための支出が要請される。個人による運営の場合、これを最小限にとどめ最大限の賃料収入獲得を目指すことも考えられるが、一括賃貸形態の場合は、多額の修繕費用を管理会社から要請されることが多く、この支払が一括賃貸継続の前提条件になっていることも多いので特に注意が必要となる。

　こうしてみると、一括賃貸形式は事務的側面で大きな負担減につながっているものと考えられるが、経済的な側面では、管理会社なども大きなリスク負担を負うものではなく、あくまでも経済合理性のもとに動くということで、安全性についてはきちんとしたチェックを行うことが不可欠になる。すなわちエンドユーザーからの賃貸料が一定期間継続するという、賃貸アパート・マンション経営にとってみれば、非常に基礎的なマーケティングをきちんと行うことが大前提で、これを軽視することはできない。

292　　第4章　不動産類型別の留意点

加えて、「サブリース方式」の場合、アパート事業そのものをアパートメーカーや建設会社とその関係会社にある程度任せる必要があるため、信頼できる事業であることが重要となる。その点では日々業者の動向などもチェックしておくことも重要といえる。

第5章

担保不動産の事後管理と処分

　金融機関は貸出債権の保全のために不動産担保を取得する。ただ、取得した後
どのように利用されるかは所有者次第であり、金融機関としては担保不動産の事
後管理を適切に行うことも重要といえる。担保評価額については自己査定などの
観点から定期的に見直しを実施することが多いが、物的な側面での管理も怠るべ
きではない。

　特に不動産の収益性の管理が重要となる、不動産会社の保有資産、店舗やホテ
ルといった事業用資産については、個々の物件の収支管理も怠ってはならない。
また、工場などは担保処分を行う場合に転用が必要になることも多いため、転用
における留意点を把握しておく必要があり、操業状態などを確認しながら、移転
や閉鎖の可能性があるかも注視しておくことが求められる。

　融資先が事業破綻してしまった場合には担保処分を行って回収することになる
が、この場合には任意売却、裁判所による担保不動産競売、さらにはサービサー
へのローン売却といった方法がある。これらについての制度の現状と注意点を整
理してみたい。

1 担保不動産取得後における留意点

金融機関が不動産担保を徴求する目的は、万一貸金返済が延滞した場合などにおいて売却を行って資金回収を行うためである。したがって、資金回収の容易性をも踏まえた「担保適格性」を判定するとともに、回収可能見込額、あるいは融資比率（Loan to Value）を求める観点から「担保評価」が行われる。

一方で、担保取得した物件をそのまま放置することは、融資管理上不適切と考えられるため、なんらかのかたちでの事後管理が要請されるのはいうまでもない。事業性資金融資の場合は、事業実績などについての定期的なモニタリングが行われるのが通常ではあるが、不測の事態において迅速に対応ができるように、担保不動産についても一定程度の事後管理を行うことが求められる。

債務者の事業が順調に推移し、貸金の約定返済が進み、最終的には完済となるのが本来であるが、時として事業が破綻する事態も想定される。この場合においては、やむなく担保不動産を処分するケースも生じる。この担保不動産の処分は、所有者である事業者ないしは担保提供者に対して売却（処分）の承諾を得たうえで購入先を探す「任意売却」の形態が通常とられる。一方、所有者が売却を拒否する場合や、売却を行うことができない諸事情（たとえば他の抵当権者などが売却に反対する場合、不法占有者などが存在して購入先が見つかりにくい）がある場合は、裁判所による「担保不動産競売」を選択せざるをえないケースもある。担保不動産の取得から売却までの主な流れをまとめると次頁の図のとおりとなる。

また、そもそも担保物権は別除権であり、基本的には破産等の法的手続に入った場合でも、売却ができることになるが、民事再生法などにおいては担保処分の中止命令などが存在する点を頭に入れておく必要がある。

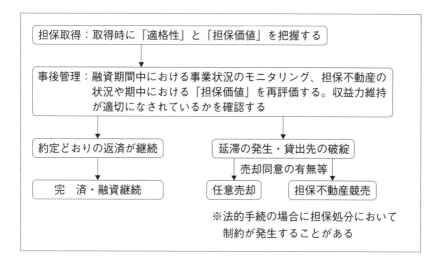

2　担保不動産の事後管理

　担保不動産は、貸出実行時に適格性を判定するとともに、担保評価が行われることになる。加えて担保評価については期間経過により見直しの作業が行われることが通常で、この見直しは1年ないしは半年といった期間を区切って行われる。

　そもそも担保評価には貸出実行時に行われるものと、期中管理（期間経過に伴う見直し）において行われるものの2つが存在し、それぞれの目的や方法が定められている。

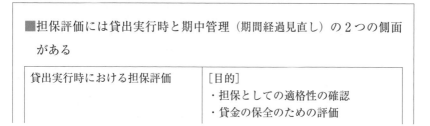

	・融資比率（LTV）算定のための評価 ［方法］ ① まず担保物件としての適格性を調査する（不動産市場で売却しやすいものであるか）。 ② 一定の評価手法を用いて担保価値を査定する。 ③ 将来的な大規模修繕費用がどのくらいかかるかなどを予想する。
期中における事後管理・自己査定における担保評価 （期間経過見直し）	［目的］ ・期間経過による価値の変化を的確にとらえる（自己査定などに活用する）。 ・担保不動産の物件の状況の確認 ・担保不動産の収益性・採算性のチェック ・大規模修繕などに必要となる内部留保が適切に行われているか。 ［方法］ ① 担保不動産の市場における時価を把握する（評価手法の適用、変動率をもとに査定する）。 ② 賃料などの収益性の変動の可能性、事業用不動産については事業の現状分析、将来における用途転用の可能性なども踏まえて検討する。 ③ 一定期間経過後においては、大規模修繕費用の発生が近くなるため、これに対する資金的な用意ができているか確認する。

　期間経過による見直しは、貸金の事後管理・自己査定の一環で行われるものである。ただし、平成27（2015）年12月現在の低金利環境下において、不動産価格は全国的にみても横ばいから上昇基調にあり、加えて購入者層も地

域によっては厚く存在しており、金融機関による積極的な融資推進もなされている状況にある。公示地価や基準地価格などの不動産価格指標も安定・上昇傾向にあることから、実行時の調査・評価を的確に行っていれば、不動産の価値下落が過去のように発生する可能性は低く、事後管理はあまり重要でないと考える向きもある。

しかし、現状の不動産の価格動向をみて、将来的な価値下落リスクは非常に小さくなったかというと決してそうではなく、価格の上下変動は今後も起こりうる。また、わが国の人口動態をみると総人口の長期的減少は確実であり、その意味では需要が減少し、中長期的には不動産価格を押し下げる可能性が強い。特に担保取得を行う貸金の弁済期間は長期にわたる場合が多く、この期間経過によって担保不動産の価値変動はある程度存在するものと考えるほうが妥当といえる。

加えて、不動産価格の上下動にかかわらず、不動産の物的側面、権利関係、収益性などは時間経過とともに変動するため、これを的確に把握することが何よりも重要となる。また、長期使用のための物的な維持管理に加え、大規模修繕に必要となる費用はいくらか、この資金についての確保（内部留保）ができているかといった点も踏まえておく必要がある。

そもそも事後管理における担保評価を行う主な意義として、以下の4つが存在すると考えられる。

---

① 期間経過による担保価値の見直し（時価評価）と融資比率（LTV）の再把握
② 担保不動産の物的・権利関係の変化の確認
③ 担保不動産の収益性、担保不動産を活用した事業収支の確認
④ 将来における大規模修繕、建替えに備えた準備・内部留保がなされているかの確認

第5章　担保不動産の事後管理と処分　*299*

上記の意義を踏まえたうえで、担保不動産において将来的に生じうる変動に対しての具体的な検討・確認事項として、次の4点が存在する。

---

① 担保不動産の収益性の将来における動向の検討
② 物的変化・権利関係の変化に対応する施策の検討
③ 所在都市・地域の変化を読み取ったうえで、最有効使用との乖離の有無のチェック
④ 万一の際（処分時）における注意点の再確認

これらの点を踏まえたうえで、各種の鑑定評価手法を適用しながら担保評価額の査定を行うことになる。

一方で、価格見直しの方法としては、貸出時の評価と異なり、土地の地価変動率と建物の減価率（主に経過年数による）による時点修正のみで足りるのではという考え方もある。担保不動産を取り巻く経済的要因全般の把握は容易に行いにくい側面はたしかにあるが、やはり事後管理上のポイントとしては、収益性や地域性の変化をいかにくみ取るかが重要と考えられ、それに応じた対応策を検討することが必要になる。特に、監督官庁の検査結果事例集などをみると、賃貸用不動産における入居状況などの確認が重要であることが示されており、昨今の人口減少や高齢世帯の増加等といった地域性の変化も加味して、不動産価値の把握を行うことが重要となっている。

3 貸金の性格と担保評価のポイント

貸金の性格に応じて、不動産担保における事後管理上の重要ポイントは異なる。特に不動産事業向け融資（不動産事業・投資用不動産に対するもの）の場合と、製造業や流通業などの一般事業向け融資の場合では、みるべきポイントは異なるといってよいだろう。

300　第5章　担保不動産の事後管理と処分

不動産事業向け融資の場合は当然にして、不動産の収益性・経済価値を中心として審査を行うべきであり、収益性の基礎となる賃貸料などの獲得可能性を十分に見極め、返済が滞りなく行われるかどうかを調べることは常に必要である。したがって、担保不動産の価値に加え、この基礎となる賃貸状況などの収益性の確認は、非常に重要といえる。

　一方で一般事業用不動産の場合、担保不動産の価値という側面はもちろん重要であるが、まず融資を行う事業の採算性・成長性が判断の基礎となり、事業収益が返済原資になる。したがって、担保不動産そのものの価値は融資判断の1つにすぎない。もちろん保全という観点からは担保価値は大きな意味があるが、事業性融資については、事業の収益力そのものが審査の中核に置かれるため、事業の性格等も踏まえたうえで担保不動産との関係を以下において少し整理してみたい。

(1)　不動産事業のケース

　そもそも、不動産事業を考えてみると賃貸業の場合「対象となる事業＝担保不動産の収益」となり、たとえばオフィスビル・商業ビルへの投資を目的とした融資においては、担保不動産の収益状況すなわち賃貸の状況や、費用面について債務者より情報を取得し、随時チェックを行うことが、事業そのもののチェックとなる。不動産の経済価値も収益を基礎として決まるものであるため、事後管理における分析は不動産の分析そのものにほかならない。分譲業の場合、所有不動産の時価は収益に直結するものであり、的確に把握する必要は当然にしてある。

　最近取扱件数が多いものに、アパートローンがある。これは文字どおり賃貸アパートやマンション事業に対する貸出を意味するが、現在の住居用賃貸物件については、いわゆる「サブリース方式」が採用され、管理会社等に一括賃貸が行われているケースがほとんどとなっている。加えて入居者募集・入退去・建物の管理・修繕関係の業務もパッケージ化した形態のものが多

く、アパートオーナーからみると、だいたいの賃貸事業に関係する業務は外部委託しており、アパートオーナーが事業にかかわることは通常少ないともいわれている。また、マスターリース契約による賃貸料は保証的な側面が強いといわれており、改訂の可能性はまずないと考えて安定性が高いものととらえる向きもあるかと思われる。その意味で事後管理はあまり必要ないといった意見もある。しかし、現実に賃料改訂の可能性は空室の発生やサブリース賃貸料の下落に合わせてマスターリース賃料の減額が行われることは想定され、獲得収益に大きな影響を及ぼすこともある。したがって期間経過に合わせて、対象物件の入居状況や周辺の賃料水準の変動をとらえておくことが大事といえる。

■貸金の性格と不動産の収益との関係および注意点

貸金の性格と不動産の収益との関係	考え方・注意点
① 対象となる事業＝担保不動産の収益 ［例示］ 賃貸マンション・アパート経営 賃貸オフィスビル、賃貸されている物流施設	・不動産ローンであり、審査・事後管理上、担保不動産の収益性のモニタリングは確実に行われる必要がある。 ・マスターリース契約の場合、この賃料の妥当性などをエンドユーザーからの賃料も踏まえ検証する必要がある。 ・一定の内部留保がないと、大規模修繕などの事態に対応できない。 ・不動産のノンリコースローンと大差がない側面がある。 ・分譲業の場合、販売用不動産の時価の分譲の収益に影響することになる。
② 対象となる事業≒担保不動産の収益	・担保不動産が中心となって収益獲得するケースで、賃貸料としての認識がない場合でも、不動産の収

302　第5章　担保不動産の事後管理と処分

	益性と事業の収益性の関係が非常に強い。
[例示] ビジネスホテル・都市ホテル 有料老人ホーム 病院などの医療施設 スーパーなどの店舗 日本旅館	・したがって、担保不動産を分析するうえでは、ある程度の事業分析も必要となる。 ・事業面でうまくいっていない場合≒不動産の活用がうまくいっていないとも考えられ、これを改善する方策を考える必要がある。 ・大規模修繕費用の負担を賃貸人が負担する場合には、やはり一定の内部留保が不可欠
③ 対象となる事業が担保不動産のみではないケース [例示] 工場	・審査自体は、事業の収支を中心に行うものであり、担保不動産の収益性と必ずしも結びつかない。 ・一方で、保全面を考えた場合、事業がうまくいかず売却を行うケースを想定することも重要となる。 ○同業他社に売却ができるかどうか →工場の特性、収益性の把握の必要 ○用途転用（住宅用地や商業施設用地）を行うことを前提とした注意点、不動産の価値の把握の必要

(2) 不動産事業に近似するケース

次に、「対象となる事業≒担保不動産の収益」となるケース、たとえば、事業会社が担保不動産を使ってビジネスホテルや有料老人ホームといった事業、スーパーマーケットや店舗などの流通業といった事業を行っている場合はどうだろうか。これらは不動産を活用した事業であり、不動産が生み出す収益と事業収益が本源的には一致するあるいは近似するものと考えてよい。

第5章　担保不動産の事後管理と処分　*303*

仮に所有者がオペレーターに賃貸している場合を想定すると、オペレーターの賃料負担能力という側面から不動産の収益性をチェックすることが非常に重要といえる。

　流通事業者への貸金の担保として、地域における重要な核店舗を担保取得している場合を考えてみよう。この店舗の集客力・売上高が低下することは、地域の商業繁華性の低下につながり、地域全体の集客力・収益獲得力の低下に波及しかねない。店舗売上・収益が下落することは、地域全体の賃料負担能力の減少につながり、結果的に地域全体の不動産価値が下落する可能性も含んでいる。

　通常、事業収益については融資実行後にモニタリングが行われているものと考えられるが、事業収益力から導き出した賃料負担能力をもとに担保評価において収益還元法を適用しているケースは少ないのではないかと考えられる。そもそも担保物件の価値について土地と建物の経済価値のみに注目して、事業収益の観点からチェックを行うことが十分にはなされていない現状がある。特に担保価値が大きな不動産を活用した事業における売上高等の増減は、その地域の趨勢を表している面もあり、長期的なトレンドをとらえる意味では重要といえる。

(3)　一般事業（製造業等）のケース

　これらとは別に、対象となる事業の収益が、担保不動産のみで生み出されるものでない場合、すなわち製造業を例に考えた場合、事業の収益力と工場の価値についてある程度の牽連性は認められる面があるかもしれないが、単純に一致するとは限らない。したがって、事業収益という観点から担保不動産をチェックすることは従来あまり行われてこなかったと考えられる。工場の収益力の増減が、そのまま担保価値の増減につながるとは限らない面があり、事業の悪化により閉鎖する可能性がある場合は、その後の転用について考えていく必要があるだろう。

もちろん、担保不動産の価値の変動と、これを活用して行われているすべての事業の収支が直結するとは限らない。そもそも担保不動産の価値は、土地の市況や建物の状況なども踏まえて総合的に判断すべきである。ただ商業テナントビルで考えた場合には、経過年数によって収益稼得能力や集客力が低下する、競合物件の登場により賃料が弱含みになる、場合によっては地域動向の変化が大きく、土地の最有効使用そのものの変化につながることが考えられ、これらは担保価値を大きく下げる要因になりうる。このような事態に対しては、たとえば建物のリニューアルを実施することで、収益性の低下を防ぐ、あるいは収益性が改善される場合も多い。また商業店舗を医療クリニックモールに変更するといった対応の実施や、建物を取り壊して新しい建物の建設を行うといった施策や工夫、判断が必要なこともある。これを工場で考えた場合はどうであろうか。工場は土地・建物・機械設備・工作物といった構成要素があり、財団組成を行う場合は機械器具・工作物を含めた担保不動産として認識される。製造業の事業収益の構造は複雑で、原材料費、人件費、製造装置・機械の設備費用に左右される側面が強く、材料の輸入・商品の輸出まで踏まえると為替相場による影響も大きい。加えて企業がもつ商品開発力、人材、市況に対応できる柔軟性といった側面も影響するため、製造工場としての生産能力や効率性が必ずしも事業収益に直結しないケースもみられる。また、景況感の悪化によって、事業再生、工場そのものの閉鎖といった事態も考えられ、最悪の場合には企業の破綻による担保処分といったことも想定される。

　したがって、工場を担保に融資を行っている場合、当然にして企業における事業収益の状況をチェックしておくことが最も重要となるが、可能な限り担保として徴求している工場の製造状況、収益力なども把握しておく必要がある。担保処分時においては、同様の商品製造を行っている事業者に対しての工場売却も考えられるが、工場閉鎖後は工場利用前提での買い手がつかないケースも多いため、たとえばマンションや戸建住宅の敷地として売却する

第5章　担保不動産の事後管理と処分　　*305*

ことを想定した場合の不動産価値も常にとらえておくことが重要といえる。

4 担保不動産のリスクマネジメント

　担保不動産は、貸金の保全を目的とする。もっとも、賃貸用不動産ではなく事業用資産であるケースが多く、これを活用した事業実績が悪く、企業経営に影響を与えてしまい、貸金の返済が延滞した結果、回収ができなくなる場合といった万一の事態においては、担保不動産を処分して回収を行うことになる。したがって、担保取得する不動産については、融資期間中において保全額相当以上の経済価値が続くこと、すなわち担保価値が貸金額をある程度カバーしている状態が続くことが望ましい。

　このためには、市場における不動産価値を常にウオッチして、期間経過による時価の変動をとらえるための見直し評価を行うとともに、融資比率・DSCRといった各種指標の再計算を行うといった作業は、事後管理上重要となる。

　一方で、より一歩踏み込むかたちを考えた場合、さまざまなリスク要因を考慮したうえで、定期的なモニタリングを行い、万が一のリスクにおいてもその影響を最小限にとどめるための、いわば「担保不動産のリスクマネジメント」といった概念の行動をとることが今後求められるのではないかと考えられる。

(1) 賃貸用不動産におけるリスクマネジメント

　そもそも、不動産のうち建物については経過年数とともに価値が減少するものである。加えて最近の経済状況では、たとえば賃貸用不動産（オフィスビル・賃貸マンション）であれば、賃料の上昇局面が非常に少なくなっており、経年とともに収益性が低下するのが通常である。また対象となる担保不動産の周辺に同種の新築物件が出た場合、物件としての競争力の低下は避け

306　第5章　担保不動産の事後管理と処分

〔担保不動産のリスクマネジメントとしての観点〕

```
┌─────────────────────────────────────────────────────┐
│  ① 活用を前提に収益をあげる（賃貸住宅・オフィスビル等）。            │
│                      ↓                                │
│  ・賃料の上昇局面はかつてに比べると可能性が減っている。              │
│  ・新築物件の完成による競争激化で収益が落ちる可能性がある。          │
│                      ↑                                │
│  リニューアルの実施などによる入居率や賃料単価の改善を画策            │
├─────────────────────────────────────────────────────┤
│  ② 不動産価格の変動（ボラティリティ）が高まっている。              │
│                      ↓                                │
│  ・売り時・買い時についてよく分析を行う必要がある。                │
│  ・時期に応じた資産入替などの提案を画策する必要がある。             │
│                      ↑                                │
│  価格の変動を常にウオッチしながら、さまざまな施策実施を検討          │
├─────────────────────────────────────────────────────┤
│  ③ 事業用不動産（店舗ビルやホテル等）の場合、事業収益獲得が目的となる。│
│                      ↓                                │
│  ・事業実績の良否が、不動産の収益性にかかわってくることになる。        │
│  ・事業収益の状況のチェックが不可欠な側面がある。                 │
│                      ↑                                │
│  不動産の価値・収益性を保つために、収益性維持の施策実施を検討        │
└─────────────────────────────────────────────────────┘
```

られず、入居率が下がる、あるいは入居率確保のための賃料引下げといった
施策を行うことが求められ、結果的に収益性の低下につながりかねない。こ
のため、できる限り賃料の下落阻止や競争力維持を行うためには、適宜物件
のリニューアルを行うとともに、適格な入居者募集対応を行う必要がある。
不動産事業あるいは、担保不動産を活用して事業収益をあげているケースに

おいては、この事業収益の推移についてしっかりモニタリングすることが何よりも大事といえる。特に不動産賃貸業の場合であれば、賃料・費用の推移動向の分析・モニタリングは常に行う必要があり、仮に長期間で一括契約を締結している場合でも、賃料単価動向や入居率について周辺を含めたマーケット分析を行っておくことが重要である。長期の契約がなされていても、中途解約や設定賃料の引下げの存在を常に意識しておく必要がある。

(2) 不動産価格の変動（ボラティリティ）に対するリスクマネジメント

バブル経済崩壊後、不動産の価格のボラティリティは非常に高いものとなった。不動産価格は平成4（1992）年頃から下落の一途をたどってきたが、平成17（2005）年を過ぎて不良債権処理が一巡し、新たな開発が行われるようになると、大都市部から徐々に復調となり、その後平成20（2008）年秋のリーマンショック前までは、投資家に人気がある不動産については大きく上昇した。ただリーマンショック後にまた大きく値下りし、平成25（2013）年のいわゆるアベノミクス前までボトム的な推移がみられた。ただし、現状は低金利政策、円安などによる海外投資家の資金流入も影響して、不動産価格は上昇傾向となっている。

かつては不動産価格の上昇、あるいは下落の周期が長期間にわたる傾向がみられたが、現在では比較的短い周期で価格の上下変動が起きるようになってきている。不動産時価の変動は期間経過見直しによって反映することになるが、債務者の万一の事態における担保不動産による債権回収の最大化を考えた場合、早期処分の必要性等の事情はあることも考えられるが、担保物件の売却時期については検討の余地がある。債務者によっては、資金繰り改善を目的として、不動産市況がきわめて悪い時期に低価格での売却を余儀なく行ったところ、現在の好調な不動産市況をみて、企業と金融機関双方が残念な思いをしているといったケースもみられる。

もちろん、不動産分譲業、戸建住宅販売業・マンション販売業といった事

308 第5章 担保不動産の事後管理と処分

業の場合は、在庫について会計上の評価減制度が存在する。したがって時価を敏感にとらえ、行動せざるをえないケースも想定される。

ただし、長期で住宅地などを分譲する場合などを想定すると、本来であれば地価の変動をうまくとらえ、比較的不動産市況のよい時期に物件を売却していくことが、最大の回収に当然つながるものと考えられる。このため、土地等の単価、1戸当りの販売価格についての市況の分析に加え、人口の動態・都市や地域の趨勢、中心となる住民層の動向といった観点において、中長期的な視点も踏まえたうえでのモニタリングも必要となる。さらに空家の状況、商業施設などの配置状況、公共交通機関の運行状況なども踏まえ、街づくりの観点からの分析を行い、需要を見極める、あるいは需要を創出することが不可欠であると考えられる。

(3) 事業用不動産におけるリスクマネジメント

担保不動産そのものが事業用不動産となるビジネスホテルや有料老人ホームといった類型の場合は、エリアにおける事業マーケティングを含めたモニタリングを行い、市場動向などを踏まえておくことが重要となる。一方で、集客数や宿泊客数といった需要が当初の想定を明らかに下回ってしまった場合は、営業努力によって一時的な回復は可能であるとしても、根本的な需要増は望みにくい場合もあるため、どこかで方向転換しなければならないこともありえる。

事業用不動産としてはレジャー産業の店舗、たとえばパチンコ店舗等はやや特殊性があるといえる。事業収益性と店舗の立地等は一定の牽連性はあると考えられ、不動産の取得時には通常考えられる土地と建物の価格の合計額を超えて取引が行われるケースも考えられる。このような場合は、周辺の競合店舗の配置状況なども十分に勘案して、継続的な事業収益の確保が可能であるか、十分に検討する必要があるだろう。その意味では担保評価において事業モニタリングを連携させる必要があると考えるべきだろう。

第5章 担保不動産の事後管理と処分 *309*

もちろん、ビジネスホテル等の事業に供されている賃貸物件を担保と考えた場合において、仮に単体で収益があがらなくてもドミナント化やチェーン化による全国展開を前提として今後も賃貸借を継続するといった意向を確認することができれば、契約履行が続く限り賃料そのものの獲得は可能であり、収益性が十分認められると考えてよいケースもある。ただし、中途解約リスクや賃料減額リスクなどについては、十分に注意しておく必要がある。

　より一歩踏み込んで考えた場合、事業会社の変更による安定収益獲得の可能性の有無についても検討する必要があるだろう。また大規模なリニューアル、利用形態の変更によるリスク低減の可能性についても検討したい。

⑷　転用を踏まえたうえでリスクをとらえる重要性

　対象不動産が事業用不動産の場合、期間経過により地域性が変化することで土地の最有効使用自体が変わってくることも考えられる。

　たとえば工場として利用してきた土地の場合、期間経過により周辺の住宅地化が進展した結果、現状において土地を活用する場合は、分譲マンションや戸建住宅用地として利用することが妥当と考えられることもある。この場合に、不動産処分時には住宅用地への転用が妥当と考えられるが、転用する際に注意すべき点としては次のものがある。

公法上の規制	・たとえば工業専用地域に所在する場合、住宅用地として利用できない（仮に公法上の規制で転用ができる場合でも、周辺に工場が集積している場合は、環境面から困難であるケースが考えられる）。
建物・機械撤去	・転用を行う場合には、工場として利用している建物や機械の撤去が必要となるが、相応のコストと期間がかかる。
土壌の問題	・工場内で有害使用物質を使った工程などが存在する場合には、土壌汚染が発生する可能性がある。したがって、転用にあたっては土壌調査および土壌改良を行う必要がある。

　転用が合理的と考えられる場合でも、十分な需要と、さまざまな規制をク

310　　第5章　担保不動産の事後管理と処分

リアーすることが前提となる。また、転用を行うにあたって更地化を行う必要もあるため、相応のコストがかかることをあらかじめ認識しておく必要がある。何よりも工場として利用してきた土地については、土壌汚染の可能性もあり、この浄化費用も非常に大きな負担になることが予想される。

　温泉旅館を例にとった場合、温泉大浴場があり、相当数の客室がある旅館については、老人向けの住居施設への転用を考える向きが多いが、バリアフリーの側面から転用そのものが困難、あるいはこのためにかかる改装費用が莫大になることが予想され、現実的に転用がむずかしいケースもみられる。

　担保不動産のリスクマネジメントという側面では、将来における処分可能性をも常にとらえておく必要があるとともに、その際の転用における利用法、コスト面なども常にとらえ、転用が困難であると予想される場合には、現状による営業継続も選択肢として残しておくといった考え方もとる必要があるだろう。

5　法的手続と担保不動産の処分における留意点

　事業会社から担保不動産を徴求して融資をしている場合に、この返済が滞りいざ担保処分を行って資金回収を行おうと考えた際には、企業経営そのものの維持がむずかしい状況に陥っていることが通常で、場合によっては破産や民事再生といった法的手続に進むケースも多いだろう。

　そもそも担保物権は別除権として認められるものである。別除権とは、仮に融資先の企業が破産した場合においても、基本的には法的手続に左右されることなく、担保不動産を処分することができることを指し、担保権者は別除権者として取り扱われる。したがって、当初考えていた物件の処分による貸金回収を行うことは可能である。

　しかし、たとえば民事再生法においては「担保実行の中止命令」や裁判所による「担保権消滅許可制度」が存在する。また会社更生法が適用された場

第5章　担保不動産の事後管理と処分　*311*

合、そもそも別除権が認められるものではなく、更生担保権として扱われることになり、別除権がある破産や民事再生とはその扱いは異なる。また更生担保権そのものが認められない場合は、一般更生債権となりうるうえに、民事再生法と同様の「担保権消滅許可制度」が存在する。

　また破綻とは概念がやや異なるが、会社の特別清算を行う場合においては、担保権実行の中止命令が存在し、処分ができない状況も想定される。

　事業会社の法的整理を取り巻く法規と、担保処分における留意点・根拠条文（抄録）をまとめると以下のとおりとなる。

法　規	留意点
破産法	別除権が認められる。 破産管財人は、別除権者に対して任意処分を求めるが、これを配分が少ないといった理由で謝絶した場合、破産管財人がその物件を通知のうえ、破産財団から放棄することになる。こうなると、破産者が法人の場合には任意処分ができなくなり、担保権実行を行う、もしくは清算人選任のうえ、財産処分を行い回収する以外の方法がなくなる。
民事再生法	別除権が認められる。 ただ、事業再生において事業継続に必要な物件として認められる場合、再生債権者の一般の利益に適合し、競売申立人に不当な損害を及ぼすおそれがないものと認める場合においては中止命令が存在する。 再生債務者が担保物件の時価（申出額）をもって裁判所に担保権消滅許可を申し立てることができ、担保権者がこの申出額に不満がある場合には、価額決定請求を行って、裁判所による評価人による財産評価が行われて価格が定められ、再生債務者がこの価額を裁判所に納付すると担保権が消滅する。
会社更生法	別除権は認められていない。 更生手続は担保権者を更生手続のなかに組み込むことで、権利内容を更生計画で変更するもので、更生担保権として認められることになっているが、別除権に類似する性格のものと考えてよい。これが認められないと一般更生債権となってしまう。また担保権消滅許可制度が存在する。更生手続開始後は担保権の実行も中止、

312　第5章　担保不動産の事後管理と処分

	禁止される。
会社法 （特別清算）	裁判所の許可があれば弁済が認められる。ただし、担保権実行の中止命令が存在する。

■破産法における規定

第65条　別除権は、破産手続によらないで、行使することができる。

2　担保権の目的である財産が破産管財人による任意売却その他の事由により破産財団に属しないこととなった場合において当該担保権がなお存続するときにおける当該担保権を有する者も、その目的である財産について別除権を有する。

■民事再生法における規定

・別除権に関する規定

第53条　再生手続開始の時において再生債務者の財産につき存する担保権を有する者は、その目的である財産について、別除権を有する。

2　別除権は、再生手続によらないで、行使することができる。

3　担保権の目的である財産が再生債務者等による任意売却その他の事由により再生債務者財産に属しないこととなった場合において当該担保権がなお存続するときにおける当該担保権を有する者も、その目的である財産について別除権を有する。

・担保処分実行手続の中止命令に関する規定

第31条（抜粋）　裁判所は、再生手続開始の申立てがあった場合において、再生債権者の一般の利益に適合し、かつ、競売申立人に不当な損害を及ぼすおそれがないものと認めるときは、利害関係人の申立てにより又は職権で、相当の期間を定めて、第53条第1項に規定する再生債務者の財産につき存する担保権の実行手続の中止を命ず

第5章　担保不動産の事後管理と処分　　*313*

ることができる。ただし、その担保権によって担保される債権が共
益債権又は一般優先債権であるときは、この限りでない。

2　裁判所は、前項の規定による中止の命令を発する場合には、競売
申立人の意見を聴かなければならない。

・担保権消滅の許可

第148条（抜粋）　再生手続開始の時において再生債務者の財産につき
第53条第1項に規定する担保権（以下この条、次条及び第152条にお
いて「担保権」という。）が存する場合において、当該財産が再生債
務者の事業の継続に欠くことのできないものであるときは、再生債
務者等は、裁判所に対し、当該財産の価額に相当する金銭を裁判所
に納付して当該財産につき存するすべての担保権を消滅させること
についての許可の申立てをすることができる。

■会社更生法による規定

・更生担保権の定義

第2条（抜粋）　この法律において「更生手続」とは、株式会社につ
いて、この法律の定めるところにより、更生計画を定め、更生計画
が定められた場合にこれを遂行する手続（更生手続開始の申立てにつ
いて更生手続開始の決定をするかどうかに関する審理及び裁判をする手
続を含む。）をいう。

（途中略）

10　この法律において「更生担保権」とは、更生手続開始当時更生会
社の財産につき存する担保権（特別の先取特権、質権、抵当権及び商
法又は会社法（平成17年法律第86号）の規定による留置権に限る。）の被
担保債権であって更生手続開始前の原因に基づいて生じたもの又は
第8項各号に掲げるもの（共益債権であるものを除く。）のうち、当
該担保権の目的である財産の価額が更生手続開始の時における時価

であるとした場合における当該担保権によって担保された範囲のものをいう。

・処分中止命令

第24条（抜粋）　裁判所は、更生手続開始の申立てがあった場合において、必要があると認めるときは、利害関係人の申立てにより又は職権で、更生手続開始の申立てにつき決定があるまでの間、次に掲げる手続又は処分の中止を命ずることができる。ただし、第2号に掲げる手続又は第六号に掲げる処分については、その手続の申立人である更生債権者等又はその処分を行う者に不当な損害を及ぼすおそれがない場合に限る。

　　一　開始前会社についての破産手続、再生手続又は特別清算手続

　　二　強制執行等（更生債権等に基づく強制執行、仮差押え、仮処分若しくは担保権の実行又は更生債権等を被担保債権とする留置権による競売をいう。）の手続で、開始前会社の財産に対して既にされているもの

　　三　開始前会社に対して既にされている企業担保権の実行手続

　　四　（以下省略）

・更生手続開始後の担保権実行の禁止・中止

第50条（抜粋）　前条第5項の規定により続行された手続又は処分及び同条第7項の解除の決定により申立てが可能となった担保権の実行手続においては、配当又は弁済金の交付（以下この条において「配当等」という。）を実施することができない。

　　（一部省略）

3　更生計画認可の決定前に更生手続が終了したときは、第一項本文の規定にかかわらず、同項本文に規定する手続又は処分においては、その手続又は処分の性質に反しない限り、配当等に充てるべき

第5章　担保不動産の事後管理と処分　　*315*

金銭（同項ただし書の規定により配当等が実施されたものを除く。）について、配当等を実施しなければならない。

・担保権消滅許可の決定

第104条（抜粋）　裁判所は、更生手続開始当時更生会社の財産につき特別の先取特権、質権、抵当権又は商法若しくは会社法の規定による留置権（以下この款において「担保権」という。）がある場合において、更生会社の事業の更生のために必要であると認めるときは、管財人の申立てにより、当該財産の価額に相当する金銭を裁判所に納付して当該財産を目的とするすべての担保権を消滅させることを許可する旨の決定をすることができる。

■特別清算における会社法による規定

・担保権の実行の手続等の中止命令

第516条（抜粋）　裁判所は、特別清算開始の命令があった場合において、債権者の一般の利益に適合し、かつ、担保権の実行の手続等（清算株式会社の財産につき存する担保権の実行の手続、企業担保権の実行の手続又は清算株式会社の財産に対して既にされている一般の先取特権その他一般の優先権がある債権に基づく強制執行の手続をいう。以下この条において同じ。）の申立人に不当な損害を及ぼすおそれがないものと認めるときは、清算人、監査役、債権者若しくは株主の申立てにより又は職権で、相当の期間を定めて、担保権の実行の手続等の中止を命ずることができる。

　昨今では、プレパッケージ型の民事再生なども多くなっており、金融機関と再生が期待される企業との間には、何度も話合いがもたれるなどして、企業をどのような方向に導くかといった調整が事前に行われることが多くなっているが、法的整理は債務者サイドから一方的に持ち出されることも依然として多く、法的整理手続の開始による担保不動産処分への影響は常に頭に置

いておく必要がある。

6 担保不動産の処分方法の種類

(1) 処分による回収方法・処分以外による回収方法

　抵当権等を設定して保全を行った担保不動産は、貸金の延滞が発生した際に売却を行って回収を行うことになる。売却を行う方法としては、物件所有者・利害関係人の同意を得たうえで、一般不動産市場において売却する方法である「任意売却」が通常である。ただし、諸事情があり、これがむずかしい場合については、裁判所に「不動産の競売」の申立てを行って処分を行う方法が考えられる。

　もちろん物件を処分する以外にも「物上代位による回収」、すなわち賃料の差押えなどを行うことによる回収方法も存在するが、ある程度短期で、かつ最大限の回収を行うためには、通常は物件処分が行われる必要がある。特に、賃料差押えを行った物件については、所有者が適切に管理する状況は期待できないことが一般的であるため、収益性そのものが大きく下落することが

〔担保不動産処分の方法と処分以外による貸金の回収方法〕

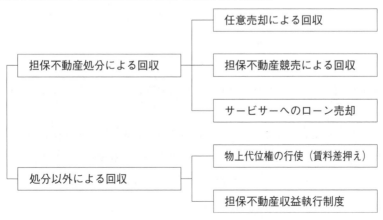

予想される。こうした点については平成15（2003）年の民事執行法の改正
（180条の2）により、「担保不動産収益執行」制度ができたため、裁判所が
選任する管理人の物件管理による収益の獲得、もしくは換価をもって回収の
極大化を図ることも可能となったため、一定程度改善された面はある。ただ
し、管理などにおけるコストもかかるため、現実には大規模な物件などに限
定され、小規模の担保物件で使われることは少ない。したがって担保不動産
の処分が、一般的には最大の回収につながるといってよいだろう。

(2) 任意売却か競売か

　任意売却によって容易に担保不動産が売却できるとは限らない。かつて
は、担保として不動産を取得していても、返済に困った所有者が売却を拒む
ことが一般的に行われ、不動産所有者が任意売却に非協力的なケースが多
く、またそれ以上に利害関係人（主に他の金融機関）が売却価格に対する不
満をもつことも多く、なかなか売却に応じてくれないということがよく存在
した。売却を行うと自動的に回収不能額が確定してしまうため、金融機関に
よってはこれが多額の場合、経営的に引当金を用意するのが困難な時期もあ
ったことから、拒否せざるをえなかった側面もあった。バブル期に評価した
担保価値が大きく下落し、抵当順位1位の金融機関が売却を希望した場合等
に、後順位の債権者すべてがこの物件から貸金債権の全額の回収ができない
ことが多く、抵当権の抹消に協力的でないことが日常茶飯事であった。担保
余力がまったくなく回収金額が明らかにゼロの場合でも「抹消料」という名
目でそれなりの金額の授受が行われ、権利関係をきれいにすることが行われ
ていた。

　ただし、あまりに権利関係が複雑な場合や、任意売却では関係先に格安で
売られるといった事態も起きかねず、価格の透明性を確保するために裁判所
の競売制度も使われることが多かった。申立てを行えば、権利関係の調整を
特段行うことなく事務手続が進んでいくことになるばかりか、裁判所の制度

318　第5章　担保不動産の事後管理と処分

に対し価格の恣意性を唱える他の債権者などは考えられないため、任意売却が困難な物件については競売制度が多く活用された。

(3) 担保不動産競売制度の進展

　裁判所による担保不動産競売制度は、入札者が価格を提示し、最も価格が高い入札者が物件を落札することになっている。価格面では非常に透明性が高い一方で、かつての売却手続においては最低売却価額制度があり、この価格を上回らないと入札ができないことになっていた。この価格の評価方法が画一的であるのに対し、不良債権となる担保不動産の個別性の考慮が弱いといった側面もあった。また、設定された最低売却価額が現実の市場で取引が成立する水準と乖離していた（高かった）こともあって、落札に至らないことが多々存在した。加えて当時は、競売物件への入札のためには裁判所に期間入札に合わせて出向き、ここで物件の内容を記載した現況調査書・物件明細・評価書の紙ファイルを抜き出して閲覧することが求められており、情報公開性は非常に低かった。こういったことから、競売市場はいわば不動産業者のなかでも競売物件を取り扱うのが得意なプロ向きの市場とさえいわれていた。

　もちろん、今日でも競売物件には不法占拠者の存在や、管理状況がよくないといったさまざまな問題点があり、一般人がよく調査せず物件購入を進めることには、相応のリスクがある。ただ、最低売却価格は売却基準価額と買受可能価額に改められ、より市場性を重視した価格設定がなされるとともに、過去よりも低い水準での購入ができるようになったほか、競売物件の評価手法の精度自体も向上し、市場価格に近付いたことで、落札率も上昇した。加えて、情報開示については最高裁事務総局が運営するBIT（不動産競売物件情報サイト）による公開が進められており、物件や価格に関する情報が自宅のパソコンでも閲覧することが可能になるなど、利用者にとって不動産競売制度は近年大きく改善している。

第5章　担保不動産の事後管理と処分　*319*

⑷　サービサーへの売却

　平成12（2000）年ごろからバブル期に積み重なった金融機関の不良債権処理が旧ピッチで進んでいったが、これに貢献したものに債権回収会社（サービサー）の存在がある。かつては不動産担保付ローンにおける回収は、債務者あるいは保証人からの回収ができない状況になると、物件売却ないしは物件の賃料収入などから行う以外の方法は考えられなかった。ただし、不動産の売買は時間がかかるのが通常で、スピード感のある不良債権処理を実現するためには、ローンそのものを売却することが重要となった。加えて、先順位債権者の債権額が大きく、回収が見込めないローンについては、後順位ながら無剰余を容易に証明することができないといった側面もあり、金融機関としては償却にかかる税務との関連もあり、処理のしようがないといった現実的な問題にも直面した。こういう場合でも、担保付ローンとしてサービサーに売却することで、不良債権処理を進めることが容易になった。

7　任意売却における回収とその場合の留意点

　任意売却とは、所有者をして任意に担保不動産を売却させ、その売却代金で抵当権者などの利害関係人が債権回収を行い、最終的には不動産に付されている抵当権を解除する方法である。一般的には、裁判所の競売やサービサーへのローン売却に比べると、利害関係人が回収できる額は多くなること、また競売などに要する時間に比べると早いのが通常であることから有利であると考えられている。

⑴　任意売却における具体的な作業

　任意売却は所有者および利害関係人が売却を承諾することがまず必要で、加えて売却価格の設定および購入者を探すという作業が必要となる。それぞれの作業を表で示すと以下のとおりとなる。

所有者の売却意向	何よりも所有者が売却することに合意することが大事となる。このため行方不明の場合は探すことも必要となる。 注意したいのは担保提供者が債務者（またはその連帯保証人）でない、すなわち物上保証人であるケースで、このような場合は売却を拒否することがありうる。
利害関係人の調整	任意売却時に抵当権などを有している利害関係人が存在する場合には、売却することに協力を求める必要がある。 賃借人などが存在する場合においても、任意売却について説明などを行う必要があり、担保不動産の現地においてどのような利害関係人がいるか確認することも必要となる。本来は所有者が行うべきことであるが、債務者や物上保証人が、これを行ってくれる可能性は低く、金融機関で実施しなければならない場合も考えられる。
売却価格の設定	所有者、利害関係人が任意売却に応じた場合、売却価格の設定を行う必要がある。不動産業者から物件価格の情報をとることが一般に行われる。一定額を超える高額な物件などの場合は、最低価格を決めた入札方式をとり、複数の入札のなかから最高額を選ぶなど、価格の透明性を確保することも考えられる。価格の妥当性の検証という意味では、不動産鑑定士に鑑定評価を依頼する方法も考えられる。
購入者の選定	売却価格、あるいは入札を行う際の最低価格を決めた場合には、購入者を探すことになる。購入者が見つからない限り、任意売却は成立しないため、さまざまなルートへの売却提案をする。

(2) 売却における留意点

　物件の所有者が、任意売却に応じた場合においては、できるだけ高い金額で売却し、有利な債務整理を行うことが求められる。したがって、所有者も積極的に任意売却に協力するのが本筋である。所有者が購入者を探し、提示してきた売却価格に対し、利害関係人がこれを妥当と判断すれば任意売却は完了する。ただし、所有者の親族などへの売却については価格の妥当性を慎重に確認する必要もある。これについては後述する。

第5章　担保不動産の事後管理と処分　　*321*

ただし、自らの債務整理に協力的な債務者が少ないのが現実であり、物上保証人の場合はよりその可能性は低いものと考えられる。場合によっては調停や即決和解などの法的手続を利用することも一案である。

通常は、所有者が積極的に任意売却で動いてくれないことが予想されるため、金融機関サイドが動いて利害関係人の調整や購入者の選定を行うことになる。権利関係上、任意売却が困難であると考えられる場合には、裁判所による担保不動産競売やサービサーへのローン売却も同時に考え、時間的な側面や経済合理性のある方法での債権回収が望ましい。

(3) 任意売却先ルート・情報の確保の必要性

任意売却は不動産業者等のルートを使って行われるのが一般的である。ただ、物件の種類やニーズ、金額によっては一般的な不動産会社があまり取り扱わないケースもある。たとえば担保不動産が山林の場合、通常は住宅分譲開発業者などへの購入打診が考えられるが、経済合理性に照らして事業が成立しない場合は、山林の購入希望者を別に探す、すなわち山として購入する人もしくは用材林として購入する人を探す必要がある。ただ、水源林を外国人が積極的に購入する動きが注目されたことがあった。金融機関においては、購入者の属性も把握しておく必要があるだろう。また、豪邸や自社ビルなどの物件で、購入希望者が少ないエリアにおいては、地元の富裕層や事業家などに購入を打診する必要もあるだろう。

金融機関の場合、不動産会社に加え、金融機関の関係会社、取引先といったさまざまなルートが考えられる。担保処分については日頃から売却先ルート・購入希望等の情報を確保しておくことが大事といえる。

注意しておきたいのは利害関係人もしくは、これに近い親類縁者などによる購入である。本来であれば、売却の透明性の確保などからこのような人に対して情報提供を行い、売却を行うことでなんらかの利得が発生する可能性もあるため、できるだけ第三者性の確保が求められるところではあるが、不

動産の類型などによっては、第三者による購入可能性が乏しいことも多く、ほかに買手がないということも考えられる。この場合には親類縁者等に頼ることも考えられるが売却価格の透明性を確保できることが重要であり、金額によっては不動産鑑定士による鑑定評価書を取得するなど、価格面での疎明資料を用意することも求められるだろう。

8 担保不動産競売による売却と物件の評価

(1) 担保不動産競売の流れ

　裁判所は民事執行法に基づき担保不動産競売を行う。不動産競売は任意売却と異なり、債務者が売却を拒否する場合などに債権者が申し立てるのが通常で、金融機関における債権回収業務では古くから一般的に行われてきたものである。

　基本的な流れとしては、「物件の差押え（処分制限の拘束）→換価（売却）→配当」があり、それぞれの制度が用意されている。

　裁判所は、競売の申立て後、その申立てが適切であれば競売開始決定、不動産を差し押えることとなる。加えて不動産の現況調査と評価命令が出される。そして、この調査、評価を通して「売却基準価額」が決定される。

　売却は現在では「期間入札」が最も行われており、期間入札では「売却基準価額」より2割低い水準である「買受可能価額」を超える金額で札を入れることとなる。最高額提示者が落札することになるが、入札参加者がいない場合は「特別売却」に回されることになっており、その期間中は直前の期間入札における買受可能価額を超えた額であれば先着順で購入者が決定することになっている。

　最終的には、落札者が代金納付を行い、ここから裁判所が配当・弁済金交付の手続を行ったうえで、債権者等に支払が行われるものである。こうして、担保不動産の競売による回収が完了するかたちとなる。

第5章　担保不動産の事後管理と処分　*323*

〔担保不動産競売手続の流れ〕

競売申立て⇒競売開始決定

↓

登記嘱託・送達

↓

現況調査命令・評価命令

↓

配当要求終期の決定・広告
債権届出の催告

↓

現況調査報告書・評価書の提出⇒**最低売却価額決定**・物件明細書作成

↓

売却実施命令

↓

物件明細書・現況調査報告書・評価書（いわゆる３点セット）写しの備置き

↓

入札（期間入札・期日入札・競り売り）：内覧実施
特別売却：期間入札で購入者が現れない場合に実施

↓

売却決定期日

↓

代金納付

↓

登記嘱託

↓

配当手続
弁済金交付手続

評価額の査定や入札制度に恣意的な余地が入ることは考えられないものであり、最も透明性が高い処分方法であると考えてよいだろう。

(2) 担保不動産競売においてかかる費用

担保不動産は任意売却と異なり、裁判所による制度的なものであり、費用についても定められているほか、差押登記の登録免許税も別途かかることになる。なお、申立てを行う裁判所は、担保不動産の所在地を管轄する地方裁判所（執行裁判所）となる。

項　目	一般的な取扱い
申立貼用印紙	・申立手数料としての印紙で、抵当権を単位として個数を計算する。 ・共同担保の場合は抵当権の個数は1個とする。
執行費用の予納	・予納金は請求債権額などにより異なり、各裁判所の基準により支払うことになる。 ・予納郵券は、券種・枚数とも各裁判所の基準により納める。
登録免許税	・差押登記の登録免許税は請求債権額、または極度金額の1,000分の4である。 ・国の収納機関での納付、または印紙の裁判への交付となる。

(3) いわゆる競売の3点セットと内覧

担保不動産競売においては、「競売の3点セット」などと呼ばれる、「①現況調査報告書」「②評価書」「③物件明細書」が存在する。これらは売却実施時に閲覧に供されることになっており、入札希望者は、これをみて不動産担保競売に入札するかどうか判断するため、重要な資料となりうるものである。

現在では、「内覧制度」があり、実際に立ち入ることによる判断も可能なケースがある。

第5章　担保不動産の事後管理と処分　　*325*

書　類	調査人・作成者	内容・注意点
現況調査報告書	執行官	・詳細な調査事項があるが、占有関係については特に詳しく記載されている。 ・ただし、差押え直後から執行官が実際に調査に行くまでの期間が開くのが通常で、この際の占有状況の変化までは判断できない面がある。 ・調査が不十分と考えられる場合、不備や誤りを文書にして指摘し上申することでやり直しが行われることもある。
評価書	評価人 （通常不動産鑑定士が選任される）	・評価人により近隣同種の不動産の取引価格、不動産から生ずべき収益、不動産の原価その他の不動産の価格形成事情を適切に勘案して評価したものが記載されている。 ・基本的には執行官とは別に現況を調査する。ただ、占有者の抵抗がある場合は執行官の援助を求めることがある。 ・評価人の評価をもとに、執行裁判所が売却基準価格を定める。
物件明細書	裁判所書記官	・記載される事項は以下の3つである。 ①　目的不動産の表示 ②　目的不動産に係る権利の取得および仮処分の執行で売却によりその効力を失わないもの ③　売却により設定されたものとみなされる地上権の概要

　通常、不動産の売買においては、購入希望者は仲介する不動産会社等の案内のもと、敷地や建物の内部に入り、その品質や状態をみる・説明を受ける「内覧」と呼ばれる行為を経て、物件購入を決定する。一方で、裁判所における競売では、この内覧がなく、買受希望者にとっては大きなネックになっていた。

　これを平成15（2003）年の民事執行法の改正において、買受希望者に対し

326　第5章　担保不動産の事後管理と処分

内覧を実施する制度を新たに設けている。内覧の申立権者は差押債権者であり、内覧実施手数料および費用等を予納する必要がある。したがって内覧の申立てがなされた物件のみが内覧できるということで、競売物件の全物件が内覧できるという意味ではない。また、対象となる競売物件の占有者の占有権原が、差押債権者・仮差押債権者および売却により消滅する抵当権者に対抗できる場合は、この占有者の同意が必要になる。

内覧は全部ではなく一部において実施されることもある。一方で内覧に参加する場合は、参加の申出期間に書面で申出が必要であり、執行官から通知書が送られてきて内覧が可能となる。

(4) 不動産担保競売における価格等

不動産担保競売において、執行裁判所は選任した評価人に対し（不動産鑑定士が認定されるのが通常）、評価を命じて評価書が提出される。この評価に基づいて、執行裁判所は「売却基準価額」を決めることとなる。

「売却基準価額」は、平成17（2005）年4月1日に以前にあった最低売却価額での競売の進行が遅いという社会的な非難を受けて、そのかわりとして登場したもので、民事執行法の60条がその根拠条文となっている。

■民事執行法の売却基準価額の決定等

第60条　執行裁判所は、評価人の評価に基づいて、不動産の売却の額の基準となるべき価額（以下「売却基準価額」という。）を定めなければならない。

2　執行裁判所は、必要があると認めるときは、売却基準価額を変更することができる。

3　買受けの申出の額は、売却基準価額からその10分の2に相当する額を控除した価額（以下「買受可能価額」という。）以上でなければ

ならない。

　たしかに、不動産競売市場はかつてに比べると一般人の参加などもみられ、また情報もインターネットを通じて取得できるようになるなど、公開性が向上していることは事実である。加えて物件によっては内覧も実施されるようになっている。その意味では開かれた市場になりつつある点は否定できない。

　ただ、対象となる物件には占有者が存在することや所有者が競売に協力的なケースが少ないこと、またローン制度が整いつつあるとはいえ、通常の物件に比べるとその充実度が低いことから、現在でも不動産業者等が販売物件を仕入れるための市場、いわばプロ向きの市場であることに変わりはないとも考えられている。売却基準価額は、不動産鑑定評価基準に記載されている正常価格とは別の概念で、あくまでも不動産業者が商品仕入取得を前提とした卸売価格の水準を参考としたものである。一般的には正常価格水準の評価額に競売市場の特性による減価率を乗じたかたちで売却基準価額が求められており、この減価率は地域性や類型に応じて異なるものとなっている。

　かつての「最低売却価額」も評価人により求められていたが、原価法のみをベースに競売市場調整等を行って求められており、この水準が高く落札が進まない時期があり、高止まりの批判が相次いだことから、収益還元法の積極的な活用を含め評価手法の多様化が行われるようになった。一方で、売却基準価格を2割下回る「買受可能価額」が設定され、買受申出の額はこれ以上とした。これにより、高止まりしていると非難された競売の最低入札基準が低くなったことで、市場参加者が増加することとなった。

　申立債権者または利害関係人が、売却基準価額が低いと考えた場合は、執行裁判所に再鑑定の上申、執行異議の申立てができるようになっている。ただ、再鑑定の上申については、価格が低いことを疎明する必要があり、異議申立て側において不動産鑑定士に依頼し不動産鑑定評価書を取得したうえ

328　　第5章　担保不動産の事後管理と処分

で、現状の評価書の問題点などを指摘する必要がある。

■現在の担保不動産競売における評価の考え方
・売却基準価額
通常の評価額（正常価格水準）×競売特有の減価＝売却基準価額
・買受可能価額
売却基準価額×80％＝買受可能価額

なお、評価方法の変更や買受可能価額の設定もあり、競売入札における価格のハードルが低くなったこともあって、都市部の競売不動産については相応の取得競争が発生しているといわれている。一定の人気エリアにおける担保不動産競売については、任意売却による売却価格とあまり変わりがないという実績もみられる。ただ、地方圏などにおいては依然として不動産の流動性が低いエリアがあり、その場合においてはやはり入札実績が少なく、特別売却に回ることも多い。

(5) 無剰余の場合

担保不動産競売は、申立債権者に配当すべき剰余がないと判断された場合は、競売手続は取り消される。このため、後順位債権者の場合は先順位の状況などをよくみて、無剰余と判定されないか十分に注意する必要がある。

この判定は売却基準価額が定められた段階で決定されるもので、執行裁判所はその旨を申立債権者に通知することになっている。

9 サービサーの活用

(1) サービサーとは

サービサーとは債権回収会社を指し、金融機関等から委託を受けまたは譲

第5章　担保不動産の事後管理と処分　*329*

り受けて、特定金銭債権の管理回収を行う法務大臣の許可を得た、民間の債権管理回収専門業者である。

　もともと、弁護士法の規定から、弁護士または弁護士法人以外が特定金銭債権管理業務を行うことは禁じられていた。しかし、バブル崩壊後の金融機関の不良債権の回収・処理は、金融機関自らの回収努力のみではなかなか進まず、また裁判所の不動産競売についても、まだ制度的に不備な側面が多く、落札率が低かったこと、さらには事務処理能力の限界に近い物件の持込みもあって所要期間が長くなる傾向もあり、競売による回収にも限界がみられていた。こうしたなか、整理回収機構による金融再生法53条による債権買取といった制度が活用できるようになる等、金融機関が不良債権処理に本腰を入れやすくする体制がつくられるようになり、さらに弁護士法の特例として、平成11（1999）年２月からは「債権管理回収業に関する特別措置法（サービサー法）」が施行されて、債権回収ができる民間会社の設立が可能となった。

　債権回収業においては暴力団等反社会的勢力が参入する可能性が非常に高く、これを排除するための仕組みを講じるとともに，許可業者に対して必要な規制・監督を加え、債権回収過程の適正を確保したかたちとなっている。

■サービサーの法務大臣による許可における要件

① 　５億円の最低資本金

② 　暴力団員等の関与がないこと

③ 　常務に従事する取締役の１名以上に弁護士が含まれていること

---

(2)　サービサーへのローン売却

　担保不動産は、ローン返済が滞った場合においては担保不動産の売却というかたちで債権回収を行うのが一般的な方法であり、任意売却や不動産担保

競売といった制度が存在するが、サービサーの活用においては、担保付ローンそのものを売却することになる。

通常はサービサーに債権買取価格の評価依頼を出し、金融機関サイドがサービサーからの価格提示に納得をした場合に売却するかたちとなっている。債権買取依頼を出す以上は、相応の評価資料を提出する必要があることから、まずサービサー会社との間に守秘義務契約を締結して、情報開示をすることが最初の段階となる。

かつてに比べると、ローン買取市場は競争が激しくなっており、一定の金額以上の債権、あるいは複数の債権をまとめたバルクセールを行う際には、通常入札や相見積りを複数社（市場における競争を行った事実を残すため3社以上を集める）からとり、そのなかで決めることが多い。価格が高いところ

〔サービサーの仕組み〕

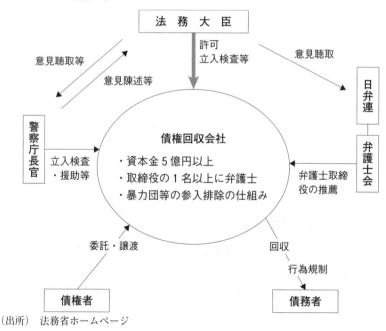

（出所）法務省ホームページ

第5章　担保不動産の事後管理と処分　　331

を選択するのが経済合理性の面では第1となるが、サービサーにより回収方針や金融機関サイドに対する事務手続負担の程度といったサービス面での差異があるため、複合的な側面からサービサー会社を選択することが求められる。

(3) サービサーの業務と特色

サービサーは現状では約90社が存在するが、出資母体や系列などで性格が異なり、それぞれ特色のある活動を行っている。ただ、サービサー法施行時期から15年以上が経過し、法施行当初は大きな不良債権市場が存在したが、現在ではこれが大きく縮小してしまっているため、本来的な不良債権処理業務は少なくなっているものと考えられる。

近年ではこのノウハウを活かした、事業再生関連の業務を行うサービサーも増えており、事業計画立案の専門家や不動産・機械設備、税務関係に詳しい人材を取りそろえながら、新たな事業分野を展開するところが増えている。このため、不良債権処理を前提とした業務よりも、事業再生におけるアイデアの提供といった側面で特長を発揮するサービサーもみられる。しかしながら、現状の本来の特定金銭債権にかかわる業務量の縮小もあり、実際にどのような業務を行っているかについてはサービサーそれぞれで差異があると考えたほうがよいだろう。

10 売却か有効活用かの判断

担保不動産からの回収という側面では、売却が最も早く、また最大限の金額が入るものと考えられる。一方で、担保不動産のリスクマネジメントを行い、できる限り事業破綻にならないよう努めるとともに、場合によってはリニューアルや新規テナント募集といった、いわば積極的な有効活用戦略をとり、業務改善ができないか再度検討することも重要であると考えられる。

332 第5章 担保不動産の事後管理と処分

かつてに比べると任意売却による売却ルートは多くなっているほか、競売の参加者も幅が広がり落札可能性が高くなっていること、加えてローン売却などの方法もあり、処分そのものは非常に多彩な方法でやりやすくなった。一方で、金融機関からみると取引先そのものが減少しているなかで、事業用不動産の売却を一気に進めてしまうと、取引先数の減少をより進めてしまうことになりかねない。地域によっては取引企業そのものを大幅に減らしてしまうことにもなりかねない。また、工場や日本旅館などは地域にもよるがなかなか買い手がつかず、不動産の売却からの回収に限界があるケースもありうる。債務者における事業再生の可能性および担保不動産の有効活用戦略等を十分に検討したうえで、その余地がないことが明らかであり、担保不動産の処分が債務者および金融機関にとって合理的と認められる場合において、担保不動産の処分を進めるべきであろう。

第6章

担保調査と不動産鑑定評価書の
留意点

　金融機関が担保評価を行う場合には、何よりもまず実地調査が重要となる。かつてはこれを融資担当者が行っていたが、最近は評価セクションへの集中化、関係会社への依頼が増加しており、融資担当者が自ら担保調査を行うケースが減っているともいわれている。ただ、融資対象物件として事業用不動産を担保取得する場合などにおいては、担保物件における調査ポイントと融資判断は密接に関係する。ここでは、物的な側面を中心とした注意点を再確認したい。

　一方で、高額の担保不動産、複雑な類型、高い価格の疎明が必要な場合は不動産鑑定業者に依頼して不動産鑑定士による評価を取得することもありうる。この場合には評価に際して設定される条件などがあり、条件次第では担保評価に適さないケースも存在する。鑑定評価書は評価額のみならず、その記載内容をよく確認することが重要である。鑑定評価書の例示を交えながら、チェックポイントを整理したい。

第 1 節

担保調査（実地調査）における留意点

　金融機関が担保不動産を徴求する際には、担保適格性と担保価値を把握することになるが、その際において実地調査を行うことが必要とされる。かつては、この調査と評価について金融機関の営業担当職員が行うことが通常であったが、近年では金融機関内の専門部署、あるいは関係会社による評価を行うケースが一般化している。しかし、担保不動産を活用して事業収益を行っている場合においては、営業担当職員自身もなんらかのかたちで事業の状況の把握のために実地調査は行うべきものであると考えられる。ではその際に、どのような点に留意すべきであるか、以下において解説を行う。

1　登記情報と実際の差異がないかの確認

　金融機関が抵当権等を付して担保不動産を徴求する目的は、万一の際の貸金回収にあるが、対抗要件を備える意味では登記が必要となることはいうまでもない。したがって、担保不動産として認識している物件の登記情報と実際に差異がないか、よくみて確認することが重要となる。

(1)　土地（敷地）における留意点

　担保として取得する土地を住宅地図等の地図上に落とし、その範囲を特定することが重要となるが、これと法務局等で取得した公図写しを照合し、とりもれている箇所がないか確認する必要がある。

　敷地内に第三者所有地が存在する場合は特に注意が必要となるほか、道路接面部分に第三者所有地が介在する場合には、その部分の占有使用許可な

336　　第6章　担保調査と不動産鑑定評価書の留意点

ど、通行する権利が確保されているかについても注意する必要がある。

a 敷地内に道路や水路が存在するケース

　敷地内に道路が存在する場合には、担保提供者にこの部分の購入を依頼したうえで、担保提供してもらうことが適切と考える。都市の中心部では少ないが、郊外部などで旧農地を開発した土地などの場合に、無番地または番地があり所有者が官公庁のケースが存在する。この場合には払下げを行ってもらうことが担保取得上の大前提となる。ただ、市町村道などの公道として認定されている場合は、払下げが容易ではなく敷地外周部に道路を付け替えなければならないなどさまざまな要件が存在することもあるので、しっかりと調べる必要がある。

　水路が介在している場合にも同様の考え方で取り扱う必要があるが、暗渠形態になっている、あるいは実際に水路として使用されている場合には、敷地内の勾配の存在などで道路以上に付替えがむずかしい面があるので注意する必要がある。特にこの上を跨いだかたちでの建物の建築には制限がかかることが多いため、土地利用可能性を慎重に吟味する必要がある。

b 敷地内に第三者所有地が存在するケース

　敷地内に第三者が所有する土地が介在するケースは、基本的には担保適格性が低いものと考える。または、分断された状態で担保適格性が認められる場合については、この分断した状態を前提として担保評価を行うこととなる。よくあるケースとして、敷地を会社と経営者一族で分割して保有している場合などがあるが、この場合は債務者以外の所有者にも物上保証人として担保提供してもらうことを原則行うべきと考えてよい。

　特に留意すべき場合として、建物が第三者所有地を跨いでいるケースが存在する。この場合、建物の敷地権原として借地権が存在しているのか、使用貸借となっているのか、あるいは単に無断で第三者土地を跨いでいるのか、それぞれによって対応が異なる。敷地権原がない場合は建物の取壊しが必要となるケースもあるため、担保処分が非常に困難になるので注意すべきであ

第1節　担保調査（実地調査）における留意点　　*337*

り、担保適格性そのものが低いものと考えられる。

c　敷地の境界の確認

　実地調査において重要な点としては、敷地の境界部の確認である。図面上での範囲特定を行うのはもちろんであるが、目視によりこの範囲を確認することも重要となる。境界画定図等と照合しながら、できれば所有者または管理者の案内のもと敷地境界部分を確認することが重要となる。境界画定図がない場合は、境界画定上問題がある隣接地がないか確認することが望ましいものと考えられる。

(2)　建物における留意点

　担保不動産に建物が含まれている場合は、この位置関係を法務局等で取得した「建物図面」の配置状況と照らし合わせて確認することが重要となる。ここで、登記情報と異なる場合における対応について若干説明を行う。

a　抵当権設定外（担保外）建物の存在

　本来であれば、担保管理上、敷地上に所在するすべての建物に抵当権等を付すことが基本であるが、さまざまな事情で担保外建物が存在することも考えられる。担保外建物が存在することで、一体での処分を行う場合に比べ商品性が落ちるといった側面があり、十分に注意したい。この場合には、担保外建物の所有者、付着している抵当権などの権利、その建物の賃借人や居住者などの利害関係人の有無と実態をよく把握する必要がある。

　金融機関の担保評価において、担保外建物が実際に建っている面積を建ぺい率で割り戻した面積、すなわち担保外建物敷地相当面積を、敷地全体面積から控除して査定を行うこともある。一見合理的な方法にもみえるが、この場合については第三者建物の敷地が敷地全体のどこに該当するかもポイントで、場合によっては囲繞地（いにょうち）になってしまう可能性がある点に注意したい。特に、抵当外建物の所有者が抵当権設定部分の敷地の所有者と異なるケースの場合、第三者所有建物の敷地のとり方次第では、抵当権等設

定部分の経済価値、すなわち処分価格に大きな影響が出てくる可能性がある。建物そのものが比較的新しい場合は、管轄の役所において建築確認の概要書を閲覧するなどの方法によって、建築基準法上において建物の敷地として認識されている部分をチェックしたうえで、当該部分を土地全体から除外したかたちを前提として、査定するなどの工夫が必要となるだろう。

b　未登記建物の存在

　未登記建物については、本来は対抗要件を備えるものではないが、担保処分時に建設資金を出した人がこの部分の買取りを主張するなど、後々面倒な事態が発生することもありうる。

　したがって、未登記建物が存在する場合は、まず所有者（あるいは建設を行った人）は誰か確認を行ったうえで建物の登記を行い、抵当権等を同時に設定してもらうことを原則とすべきである。ただ、あまりに簡易な建物の場合、所有者が登記を拒むことも考えられる。

　法務局備付けの建物図面と現状を照らし合わせたうえで、現地において未登記建物の有無をチェックすることになるが、固定資産税の評価証明や納税通知書をみると、未登記建物が記載されていることがある。確実な方法ではないが、1つの参考資料となるので注意してみておきたい。

c　敷地の越境

　担保設定した建物が、設定土地をはみ出していることが時々存在する。いわゆる越境であるが、この場合は基本的には越境している部分の敷地権原を有しているか確認したうえで、権原が存在する場合は、抵当権等の実行時にはこれが建物に随伴して移転できるかどうか検討する必要がある。借地権を設定しているなど、なんらかの権限があれば、これを認識しておくと処分時に慌てなくてすむ。ただ使用貸借の場合は、建物の所有者が変更すると、この権原が移行する可能性が低いものと考えておいたほうが無難である。

　一方で、無断で第三者敷地に跨がっている場合には、抵当権実行時において建物撤去またはその部分の敷地の買取りが必要になるものと考えられる。

第1節　担保調査（実地調査）における留意点　　*339*

担保評価においては、加えて敷地の更地価格から建物取壊し費用を控除した価値を基礎として考えるのが合理的なケースもありうる。

d　増築・減築・改築が行われている場合

　担保不動産としてみる場合、増築や減築が行われている場合は、これが登記上反映されているかどうかよく確認する必要がある。もし現状と登記が異なる場合は、登記情報を現状と一致させておくことが本来は必要となる。なお、増築を行っている場合において、建築確認などの取得状況（その必要性も含めて）を合法的観点から再度確認することも重要となる。

e　過去の増築などの状況の確認について

　建物の増築を複数回行い現在に至っている場合、きちんと登記されていれば登記全部事項証明書をとるとその状況がわかる。ただ、増改築の状況すべてをさかのぼるためには、閉鎖登記簿謄本を取得する必要があり、相当古い期間にさかのぼって調べたい場合にはいわゆる「移記分」の取得を申請する必要がある。これらの登記情報は電子化されていないことが多いため、担保不動産の所在地に当たる管轄法務局に取得申請する必要がある。

2　現況の利用状況の確認

　実地調査において重要な点は、何よりも現状の利用状況を確認することにある。たとえば戸建住宅であれば居住者、賃貸物件であれば賃借人・テナント、また更地として担保徴求している場合は、土地の利用状況（たとえば青空駐車場として賃貸しているか、資材置場として利用しているか、まったくの未利用地であるか）をチェックする必要があり、第三者等に建物などが勝手に建てられていないかを十分に確認しなければならない。特に注意したいのは、転借人の存在や無権限使用者（不法占拠者）の存在である。転借人が存在する場合は、過大な敷金などを入れたと主張されることで抵当権等実行後の回収額が小さくなる可能性が存在する。また、不法占拠者が存在すること

は、処分そのものをむずかしくするため注意したい。

現況の利用状況を確認することの目的としては、いくつか考えられるが、やはり①抵当権実行時に処分を阻害する要因がないかどうかの確認、②賃貸物件の場合は入居者・テナントの入居状況の確認の2点が特に重要といえる。特に更地は不法占拠されることがあるので注意したい。

3 土地・建物の維持管理の状況の確認

維持管理という側面では、建物についての影響が特に大きい。建物は経過年数に応じて相応に減価していくのは仕方がないことであるが、きちんと手入れを行っていないと、この減価要因は加速度的に進むことになり、通常考えられる経済的耐用年数や使用年限まで利用できないという問題を発生させかねない。したがって、清掃や修繕、電気・空調・昇降機といった設備の状態についてよくチェックする必要がある。

敷地については地盤の崩落などがないか確認することが重要となるが、特に第三者建物が越境してきていないか確認を行うことが重要である。第三者建物が越境している場合は、その原因をよく検証しなければならない。担保不動産が敷地越境している場合は、建物取壊しなどを想定して経済価値を把握する方法などがあるが、第三者建物が敷地内に入っている場合には、敷地権原が存在すると、場合によっては大きな減価要因につながる可能性があるので注意したい。

4 担保不動産の周辺地域における状況の確認

担保不動産の実地調査を行う際には、物件のみをみるのでなく、できるだけ周辺地域の状況についても理解するように、時間が許す限り足を使って調査することを心がけたい。

第1節 担保調査（実地調査）における留意点　　*341*

周辺地域をみるにあたっては、その性格（たとえば住宅地、商業地、工業地）に合わせて注視するポイントはあるが、まずは地域における標準的と考えられる土地の使用方法と担保不動産の実際の利用方法に差がないかといった観点からチェックする。次に、たとえば担保不動産が賃貸マンションの場合は、周辺の競合物件の存在有無やその数や規模、他の物件と担保不動産を比較した場合の優劣の状況、競合物件を含めた入居率の状況や賃貸料の水準といったものを確認することになる。

地域的性格	注意点
住宅地	・周辺における空き家の状況（賃貸物件の場合は入居率） ・周辺における敷地面積の規模や建物のグレード、築年月 ・標準的な住宅の新築・中古、戸建・マンション別の価格帯（賃貸物件の場合は、間取りと賃料の相場） ・鉄道駅までの一般的なアクセス方法とその利便性（運行回数） ・生活利便施設の配置状況（スーパー、学校、医療施設） ・人口構成（高齢者が多いか若年層を含めた多彩な層か）
商業地	・周辺地域内に商業店舗の配置状況とその集客動向、競合関係 ・周辺地域と競合地域との優劣 ・周辺地域におけるテナント賃貸料の相場 ・鉄道駅や幹線道路、主要施設などへのアクセス性 ・周辺地域における駐車場の整備状況 ・主要顧客の年齢層・購買者層
工業地	・周辺地域における工場の配置状況、操業状況、業種の動向 ・高速道路、空港、港湾等への交通網へのアクセス性の状況 ・電力、工業用水、上下水道、ガスといったインフラの整備状況 ・工場から他の用途への転用が発生しているか ・周辺地域における公害や土壌汚染の発生状況 ・工場従業者向けの通勤手段の状況

　実地調査において、先方の立合いが通常行われることになるが、周辺地域の状況については自らの目と足で調べることに加え、先方への最近の動向のヒアリングを行う、あるいは知識が豊富な不動産業者などへのヒアリング調査を行うことで、より深く理解することが肝要である。

342　第6章　担保調査と不動産鑑定評価書の留意点

5 担保不動産を説明する際のポイント

実地調査を行ったうえで、担保不動産について一定程度理解を深めた場合、以下のポイントについて説明できるようになっておくと、物件処分を行う必要がある場合など、万一の事態においてもその対応が円滑に進むと考えられる。

ここで考えられるポイントを列挙すると次のとおりである。

① どこにある・どんな地域にあるものか

［例示］

○○県○○市の「地域の属性（たとえば中心商業地にあり、郊外住宅地にあり）」、△△線の△△駅の（方位）方の約××mにある。

---

② 類型は何か

［例示］

賃貸オフィスビルとその敷地、賃貸マンションとその敷地、○○株式会社の本社建物およびその敷地、自社利用している工場建物およびその敷地である。

---

③ 敷地の特徴

［例示］

敷地は（方位）側で幅員○○mの（道路種別：例 県道・市道）に接面する（形状：例 長方形状、台形状）の土地で、敷地規模は△△m²（あるいは××坪）となっている。

第1節 担保調査（実地調査）における留意点 *343*

④　建物の特徴

> ［例示］
>
> 建物は○○年建築の、（構造：例　鉄筋コンクリート造・木造）の○○階建で、利用状況は（例　1階部分に店舗が入居しているが、それ以上の階は賃貸住居として利用されており、ワンルームタイプが全○○戸）となっている。

⑤　周辺地域の特徴

> ［例示］
>
> 担保不動産の周辺地域は、（説明例　都心から電車で15分の位置にあり、古くからの住宅地で、賃貸アパート・マンションが多く存在する）地域になっている。最近における動向は、人口の減少がみられ空家が目立つ。

⑥　担保不動産の競争力・注意点はどうか

> ［例示］
>
> 競合物件は周辺に多く存在し、対象不動産の賃料単価は○○円／㎡と多数物件との競合帯にあるため、将来的には賃料の引下げなども視野に入れなければならない。

　担保不動産について簡単に説明を行うことは意外にむずかしい。なぜなら不動産の地域性や個別性を明確に伝えるためには、その物件について一定の知識がないと不可能なためである。

　加えて、処分換価時における注意点、今後の事後管理、リスクマネジメントにおける留意点（たとえば建物の大規模修繕の必要性、テナント空室発生時に

賃料を下げてテナント誘致を行うべきかといった事項）が説明できていれば、金融機関職員としては、融資先の担保不動産に深い理解があるといえる。上席者は当然このような視点で担保不動産を理解することが求められるが、部下に対して担保不動産の説明を求める際に、このような視点のうち欠けている点があれば指導を行うことも重要と考えられる。

6 事業用不動産における留意点

　担保実査物件が事業用不動産、たとえば工場の場合は、土地・建物に加え機械の稼働状況、製造ラインの配置状況などをチェックする必要がある。また倉庫の位置やトラックなどの車両の導線なども確認すると生産効率に加え在庫保管、出荷の効率について理解が深まる。

　また、商業店舗の場合は、地域的な集客力を認識することに加え、テナントミックスの状況、客導線などをチェックし、場合によっては改善点の有無について調査することが望ましい。

第 2 節

不動産鑑定業者（不動産鑑定士）への依頼における留意点

1 依頼の流れと注意点

　担保評価は、金融機関内部、またはその関係会社等で行うことが多いが、融資金額が大きい場合や第三者による透明性確保が必要な場合において、不動産鑑定士に不動産鑑定評価を依頼するケースがある。また、債務者あるいは担保提供者が不動産鑑定評価書を取得したうえで、金融機関に提出するパターンもある。

　金融機関内部や関係会社で担保評価を行う場合には、基本的には各組織の規定に基づいて実施される。一方で、外部の不動産鑑定士が担保物件の鑑定評価を行う場合は、国土交通省が定めた「不動産鑑定評価基準」に基づいて評価作業を行うことが基本であり、加えて手続的には同省が定めた「価格等調査ガイドライン」に従うことになっている。この価格等調査ガイドラインにおいては、不動産鑑定士による調査全般における規制を示している。

　不動産鑑定評価の依頼から評価書交付までの流れは以下のとおりである。

■不動産鑑定評価の主な流れ（順番は状況により多少異なる）

> 依頼者（金融機関または債務者・担保提供者など）からの依頼
> （鑑定評価依頼：通常は「依頼書」を提出するかたちとなる）

↓

346　第6章　担保調査と不動産鑑定評価書の留意点

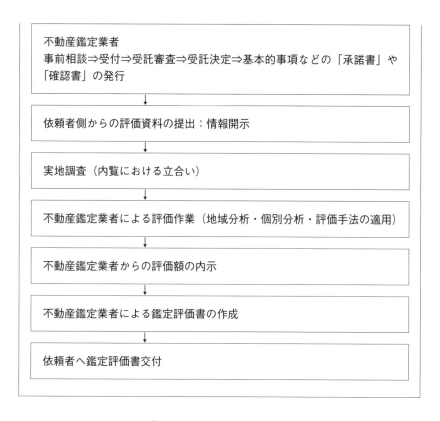

　不動産鑑定業者に対して依頼を行う場合は、通常は事前に業者に対して物件の説明などを行ったうえで、期間や報酬についての相談を行い、両者が合意した場合に「依頼書」(依頼書兼承諾書という形式のものも多い)の提出を行うことでスタートする。報酬面、依頼目的、設定する条件面で折り合わない場合は、鑑定業者は依頼を断ることもありうるので注意が必要となる。鑑定業者が依頼を承諾した場合には、「承諾書」や「確認書」と呼ばれる、鑑定評価の対象や価格時点などの基本的事項、諸条件、スケジュールについて記載された書類が交付されることになる。

　依頼の際にはっきりと確定しておく必要がある点は、以下の3つとなる。

① 鑑定評価の基本的事項（対象不動産、価格時点、価格の種類）

② 依頼目的（目的および提出先、開示・公表先）

③ 鑑定評価を行うにあたって設定する条件

担保評価のための鑑定評価を依頼する場合においては、通常は以下の点についてあらかじめ決めておく必要があり、必要に応じて鑑定業者や担当する不動産鑑定士に事前に相談を行うことも考えられる。

基本的事項	対象不動産	抵当権設定（予定のケースもある）物件
	価格時点	基準とする日付（原則として不動産鑑定士の実地調査日、融資実行日を設定するケースが多い）
	価格の種類	通常は正常価格 ※法的整理等の場合は特定価格もありうる
依頼目的	目的	担保評価のため、担保価値把握のためが多い
	開示・公表先	債務者が依頼する場合、開示先は融資金融機関であり、通常は公表はなされない
設定する条件	対象確定条件	現況所与を前提とする
	想定上の条件	場合によって設定される
	調査範囲等条件	場合によって設定される

2 証券化対象不動産

近年不動産の証券化の進展は目覚ましく、投資家保護の観点から不動産鑑定評価を行うケースが一般化・制度化している。不動産鑑定評価基準においても、「各論　第3章　証券化対象不動産の価格に関する鑑定評価」という記載を設け、他の不動産の鑑定評価と一線を画している。証券化対象不動産の評価は、依頼者に加え広範な投資家等に重大な影響を及ぼす可能性がある

ため、鑑定評価の手順においては常に最大限の配慮が求められている。

　また、エンジニアリングレポートの提出やこの内容の説明、実地調査における内覧を含めた取決め、さらに投資用不動産の評価の中心となる収益還元法のうちのDCF法の適用についての収支項目やその査定理由についての記載が求められている。

■定義としての証券化対象不動産

　次のいずれかに該当する不動産取引の目的である不動産、または不動産の目的となる見込みのある不動産（信託受益権に係るものを含む）を指す。

① 　資産の流動化に関する法律に規定する資産の流動化ならびに投資信託および投資法人に関する法律に規定する投資信託に係る不動産取引ならびに同法に規定する投資法人が行う不動産取引

② 　不動産特定共同事業法に規定する不動産特定共同事業契約に係る不動産取引

③ 　金融商品取引法2条1項5号・9号（もっぱら不動産取引を行うことを目的として設置された株式会社（会社法の施行に伴う関係法律の整備等に関する法律2条1項の規定により株式会社として存続する有限会社を含む）に係るものに限る）、14号および16号に規定する有価証券ならびに同条2項1号・3号および5号の規定により有価証券とみなされる権利の債務の履行等を主たる目的として収益または利益を生ずる不動産取引

〔参考〕　不動産鑑定評価基準の構造

		各　章	内　容
総論	1	基本的考察	価格の特徴や鑑定士の責務について
	2	種別および類型	種別・類型についての解説

	3	価格形成要因	一般的要因、地域要因、個別的要因の改正
	4	価格に関する諸原則	価格に関する11の原則の解説
	5	鑑定評価の基本的事項	対象不動産、価格時点、価格・賃料の種類の解説
	6	地域分析・個別分析	近隣地域、類似地域、同一需給圏や個別要因の解説
	7	鑑定評価の方式	3方式とそれぞれの手法についての解説
	8	鑑定評価の手順	鑑定評価手順の一連における注意点の解説
	9	鑑定評価報告書	書面作成における記載事項、付属資料の解説
各論	1	価格に関する鑑定評価	類型ごとの価格の求め方の記載
	2	賃料に関する鑑定評価	類型ごとの賃料の求め方の記載
	3	証券化対象不動産の鑑定評価	証券化対象不動産に関する鑑定評価の留意点

3 鑑定評価の基本的事項

　鑑定評価の依頼において確定しておくべき事項のうち、まず基本的事項について解説を行う。

　そもそも、不動産鑑定評価を依頼する際には、①どの不動産を、②いつの時点で、③どのように評価するのかを決める必要がある。不動産鑑定評価基準においては、これらを「鑑定評価の基本的事項」と呼んでいる。基本的事項の内容は次のとおりとなる。

■鑑定評価の基本的事項

対象不動産	物的特定と権利関係の特定
価格時点	鑑定評価の基準となる時点

350　　第6章　担保調査と不動産鑑定評価書の留意点

価格の種類	求めるのはどのような価格なのか

(1) 対象不動産

これは、対象物がどこにあり、どこからどこまでであるか、どれが含まれているか含まれていないかということであり、鑑定評価を行うにあたってまず行うべきことといえる。確定する事項には「物的事項」と「権利に関する事項」の2つが存在する。

a 物的事項

担保不動産の場合、通常は登記情報をもとに確定するのが一般的であるが、建物が、たとえば完成後登記未了の段階においては建築確認通知による面積を採用することもある。なお、建物において注意したい点としては工事区分との関係で、たとえば商業ビルの場合には、内装や設備をテナントが施工することが多く、いわゆる賃貸される部分はこれらがないスケルトンのケースも存在する。この場合、内装などの財産区分はテナントに帰属することになる。賃貸借契約書の工事区分などをみたうえでどこまでを対象不動産とすべきか判定する必要がある。こういう特定等についてはむずかしい面があり、一定金額を超える物件については、さらに建築士等による分析を加える必要があるため、別途「エンジニアリングレポート」を取得する必要もあるので注意したい。特に証券化対象不動産の場合はこの提出は不可欠となっている。したがって、依頼においては用意が必要となる。

b 権利関係の確定

担保不動産の場合は、所有権を対象とするのが一般的であるが、敷地の全部または一部が借地権（賃借権・地上権）の場合もある。また、土地に賃借権や地役権といった権利が付着している場合もあるので、これらの存在も確認することになる。

たとえば地役権が設定され高圧線が上空を通過している場合、あるいは区

分地上権が設定され地下鉄などが通っていると、土地の利用に大きな影響が発生することになり、減価につながる。

　権利関係の確定は基本的には登記情報などをみて、そのうえで確認することが多いが、登記に現れない借地権や使用権といったものも存在することが考えられるため、疑わしい場合や気になる場合は、所有者へのヒアリングも行いこのようなものが存在する場合は、依頼時にあらかじめその契約書面などを用意しておくことも必要となる。

c　不動産鑑定士からの確認においての注意

　物的側面や権利関係において不確定な点がある場合は、不動産鑑定士から担保権者、所有者・第三者担保提供者に対し質問がなされる。この質問に対する回答内容を前提として鑑定評価作業が進むため、確認事項については慎重かつ正確に応答することが求められる。場合によっては、以下に説明されている鑑定評価の条件のうちの対象確定条件に記載されることになり、その条件を前提としない場合は不動産鑑定評価書の有効性に影響が出ることも考えられるため注意したい。

(2)　価格時点

　価格時点とは評価の基準とする日を指す。担保評価などにおいては、現在時点（原則として不動産鑑定士による実地調査日）を採用することが一般的となっている。

　価格時点には、現在時点、過去時点、将来時点の３つがあるが、将来時点については、予測に限界があるため、不動産鑑定評価ではまず行われることはない。過去時点については、その時点において対象となる不動産がどのような状態で存在していたかということがはっきりわかり、かつ当時における価格形成要因がわかる資料（賃貸物件の場合は当時の賃貸借契約の状況、支出の状況といったもの）が存在することが前提となる。訴訟などにおいては過去時点の評価がなされるケースは多いが、通常はあまりないものと考えてよ

い。ただし、必要に応じて依頼することもありうるだろう。

　会計、法務、さらには金融機関からの要請が強く、たとえば会計年度の期末時点や法的整理の申立てあるいは認可時点に合わせる必要がある場合において、実地調査時点とは別に価格時点が設定されることもありうるが、その差異は短く、基本的には時点的なズレはほとんどないものと考えてよい。

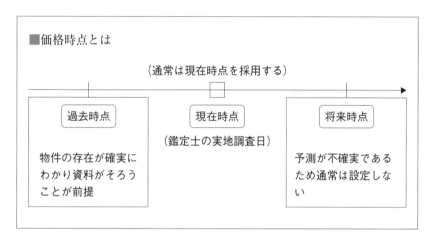

(3) 価格の種類

a　正常価格

　不動産鑑定士による鑑定評価で、通常求められる価格は正常価格である。この定義は以下のとおりとなっている。

■正常価格の定義
市場性を有する不動産について、現実の社会経済情勢のもとで、合理的と考えられる条件を満たす市場で形成されるであろう市場価値を表示する適正な価格。

　ここで出てくる合理的と考えられる市場については、不動産鑑定評価基準

において以下のとおり記載されている。

---

① 市場参加者が、自由意思に基づいて市場に参加し、参入、退出が自由であること（市場参加者は自己の利益を最大化するために以下の要件を満たすとともに、慎重かつ賢明に予測し、行動するものとする）
  ・売り急ぎや買い進みといった特別な動機をもっていない
  ・対象不動産と市場について通常の知識や情報をもっていること
  ・取引のために必要な労力と費用をさいていること
  ・最有効使用を前提とした価値判断を行うこと
  ・買主が通常の資金調達能力を有していること
② 取引形態が、市場参加者が制約されたり、売り急ぎ、買い進みなどを誘引したりする特別なものでないこと
③ 相当の期間市場で公開されていること

---

b 限定価格・特定価格・特殊価格

鑑定評価基準においては、正常価格に加えて、このほかに３つの価格の種類が用意されている。

価格の種類	定　義
限定価格	市場性を有する不動産について、併合または分割等に基づき正常価格と同一の市場概念のもとにおいて形成されるであろう市場価値と乖離することにより、市場が相対的に限定される場合における取得部分の市場限定に基づく市場価値を適正に表示する価格 ［例示］ ① 借地権者の底地を併合する場合 ② 隣地買収や経済合理性に反する分割を行う場合 ③ 経済合理性に反する不動産の分割を前提とする売買に関連する場合
特定価格	市場性を有する不動産について、法令等による社会的要請を背景とする鑑定評価目的のもとで、正常価格の前提となる諸条件を満

354　第6章　担保調査と不動産鑑定評価書の留意点

	たさないことにより、正常価格と同一の市場概念のもとにおいて形成されるであろう市場価値と乖離することとなる場合における不動産の経済価値を適正に表示する価格 ［例示］ ① 各論第3章第1節に規定する証券化対象不動産に係る鑑定評価目的のもとで、投資家に示すための投資採算価値を表す場合の価格を求める場合 ② 民事再生法に基づく鑑定評価目的で、早期売却を前提とした価格 ③ 会社更生法または民事再生法に基づく鑑定評価目的事業継続を前提とした価格
特殊価格	文化財等の一般的に市場性を有しない不動産について、その利用現況等を前提とした不動産の経済価値を適正に表示する価格

　このうち、特殊価格は金融機関の担保評価において一般的に出てくることはまずないものと考えられる。限定価格については例示が示すとおりの内容の場合に限られるため、現況所与を前提とする担保評価の場合は当然にして正常価格となる。

c　特定価格における注意点

　不動産鑑定評価基準には、かつて正常・限定・特定の3種類しか存在しなかったが、特定価格と特殊価格が分離され特定価格に「法令等による社会的要請」という概念が新たに入ることになった。

① 証券化対象不動産に係る場合

　資産流動化法、投資信託及び投資法人に関する法律、これら法令の要請から考えると、求めるべき不動産の価値は投資採算価値といえる。したがって収益性が最重視されるものであり、最有効使用を前提とする正常価格の概念と異なる側面もある。ここでは現況を所与として、原価法、取引事例比較法、直接法、DCF法といった評価手法によりいくつかの試算価格を求めることになるが、最終的にはDCF法を重視して価格決定をする。一方で正常価格は、最有効使用をもとに試算価格を調整するため、必ずし

第2節　不動産鑑定業者（不動産鑑定士）への依頼における留意点　　*355*

もDCF法の価格のみにとらわれるものではない。ただ、この点について
は運用上やや無理な側面もみられるようになった。すなわち投資用不動産
については、通常の需要が自己使用を目的とする者もいるが、大半が投資
家によるものであり、最有効使用そのものが投資採算性を前提に判断され
るようになった場合、証券化不動産における「投資採算性の重視＝最有効
使用」といった形態が定着した。この点については以下③にて解説する。

② 民事再生法・会社更生法・破産法に基づく特定価格

これらの法律は企業の再生や清算を目的としたものであるが、法的整理
を前提として求めるべき価格には、早期売却や事業継続といった前提条件
がある。

平成15（2003）年の鑑定評価基準の改正前において、会社更生法の適用
企業について更生担保権の目的となっている不動産の評価をする場合とい
う例示があり、会社更生計画のデータ等を前提として収益還元をベースに
評価することで特定価格を求めることが要請されていたが、各法律の成立
とその背景を十分に理解したうえで求めることとなった。

③ 特定価格から正常価格への変更

投資用不動産の市場はすでに成熟しており、最有効使用は投資採算性を
重視することが一般的となっている。このため、正常価格もDCF法を中
心に鑑定評価額を決定することが大半となり、正常価格と特定価格の差異
がほとんどない状況となった。一方で、鑑定評価書への記載は証券化対象
不動産等については「特定価格」として行ってきたが、これについて違和
感を唱える声も多かった。

そこで、平成26（2014）年11月に公益社団法人日本不動産鑑定士協会連
合会が定めた「不動産鑑定評価基準に関する実務指針」においては、特定
価格の条件が対象不動産の属する市場の特性などと一致している場合にお
いては、求められる価格は正常価格と同一の市場概念のもとにおいて形成
されるであろう市場価値と乖離しないと考え、この場合は特定価格ではな

356 第6章 担保調査と不動産鑑定評価書の留意点

く正常価格で求めることとした。

　すなわち、上記①の証券化対象不動産については正常価格で求めることがある程度一般化してきている。ただ、あくまでも証券化対象不動産が最有効使用の状況にあり、かつ収益価格により価格形成されるという市場特性のなかにあるものとして判定された場合に限定されるため、「証券化対象不動産の評価＝正常価格」での表記と短絡的に考えるべきではなく、特定価格で表記されることもありうると考えるべきである。

4　不動産鑑定評価における条件設定

(1)　条件設定の意義と近年の動き

　不動産の鑑定評価は、基本的には現況を所与として行われるのが通常と考えられる。特に担保不動産を鑑定評価する場合には、たとえば不法占拠者が存在するにもかかわらず安易に占有者がいない空家として鑑定評価を行うことは、本源的な担保不動産の経済価値を見誤ることになってしまう。

　ただ、現況を所与とするのみでは、多様な不動産取引の実態（たとえば現状は建物が存在するが、売却時には更地として取引を行うといった場合等に更地価格を知りたいといった需要）に即応するものではなく、古くから対象確定条件としていくつかのケースのものを想定し、もともと不動産鑑定評価基準上の例示があるものについては条件設定ができることになっていた。

　一方で近年では不動産鑑定を取り巻く環境・社会的な要請も大きく異なっており、より深い条件設定による評価を求める声が増えてきた。

　たとえば、不動産証券化やプロジェクトファイナンスが増加しており、①造成工事が完了していない土地の完成後を想定した場合の鑑定評価、②建物が未完成の場合に、建物が完成した場合の鑑定評価額はいくらか（「未竣工建物等鑑定評価」と呼ばれている）への対応が求められ、対応が不可欠となった。

第2節　不動産鑑定業者（不動産鑑定士）への依頼における留意点　　357

また不動産にはさまざまな不確定要素がある。たとえば詳細な調査を行った結果、土壌汚染箇所や埋蔵文化財が存在するといったことは、実際に調査を行ったうえで、鑑定評価に臨むのが本来であり、これ以外は行うべきではないという考え方が基礎にあった。ただこのような状況がない状態での不動産価格を知りたいという社会的な要請も当然存在し、一定の業務範囲（scope of work）の設定により、これらに対応することも求められている。

　そこで、不動産鑑定評価基準の改正などを行い、このような要請にも応えるかたちの鑑定評価書の発行が行われるようになった。ただ、金融機関が担保物件として取得する場合は、これらの想定条件や業務範囲の設定を前提とした鑑定評価が適切な担保価値を示しているかどうかは注意をしなければならないだろう。

　鑑定評価における条件としては以下の3つが存在する。

条　件	具体的な内容
①対象確定条件	対象不動産の対象部分についての条件 造成前土地や未竣工建物の場合が含まれる。
②想定上の条件	地域要因や個別的要因について付される想定上の条件 公法上の規制の変更などが含まれることもある。
③調査範囲等条件	土壌汚染や埋蔵文化財といった詳細な調査を行わないと不明な点について不確定を前提とする条件

(2)　対象確定条件

　不動産の評価は本来、現況・所与を前提として評価されるべきものと考えられる。なお、依頼目的などから以下の対象確定条件を設定することができる場合がある

a　独立鑑定評価

　現状建物およびその敷地から構成される不動産について、建物が存在しない更地として評価することをいう。

企業の資産評価等で更地価値だけを把握したい場合や、企業再生の際の評価で、工場閉鎖がすでに決まっており、解体業者が査定した建物等の撤去費用の試算が別途存在する場合などに基礎となる更地価格を求める場合等がこれに該当する。

注意したいのは、建物が建築後相当期間経過していることや、明らかに場違い建築物で、建物を撤去することが最有効使用の観点から合理的と判断される場合には、本源的にとらえるべき不動産の経済価値は更地価格から建物等の撤去費用、その他所要の費用を控除したものとなる。したがって、更地価格そのものを担保価値と考えるのは大きな間違いとなる。このため、現実の経済価値は独立鑑定評価を行った更地価格とは大きな乖離が発生するので注意したい。

b　部分鑑定評価

現況の状態で土地や建物といった構成要素の評価を行うことを部分鑑定評価という。あくまでも現況の状態で評価を行うという点がポイントで、たとえば土地の場合、更地として評価する独立鑑定評価と異なり、最有効使用の状態にない建物が存在する場合は建付減価という、このような不適応に対する減価を更地の経済価値に対して施すことによって、現況の部分的な価値を把握することを指す。金融関係者よりは公共団体などによって依頼が行われるケースが多い。

c　併合鑑定評価・分割鑑定評価

土地を併合・分割すると、地積や地型が変わることにより有効利用度が増減する。この増減を反映させた評価を併合鑑定評価等という。プロジェクトファイナンスなどで、増分価値を把握するためなどに依頼されるケースが多い評価である。当事者間のみで有効な評価額で、第三者からみた不動産の経済価値と大きく異なるため、注意が必要となる。

d　土地の造成工事を前提とした評価

住宅地分譲等を行う際に土地の造成工事が行われることは多い。かつては

現況所与を前提に鑑定評価を行う必要があったため、工事が完成して販売ができる状態になるまでは完成後を前提とした評価は行ってはいけないことになっていた。ただ、完成後の評価額を求めたいニーズが高いこともあり、依頼者との契約合意と実現性・合法性に照らし合わせたうえで、造成工事が確実な場合については、鑑定評価を行うことができるようになった。

e　未竣工建物の鑑定評価

造成工事を前提としたもの同様、完成後の建物の収益などを前提とした鑑定評価のニーズは高く、かつては鑑定評価では行うことができず、意見書としての発行に留められていた竣工前の建物の鑑定評価も現在では当該工事の完了を前提とした鑑定評価の対象とすることができることになっている。同様に実現性・合法性などの観点から、当該条件設定の妥当性を確認することになる。

f　留意点

以上a～eの条件を設定する場合には、当然にして価格時点と権利関係が異なることを前提として鑑定評価の対象とすることもある。したがってこれらの条件設定を行う場合には、不動産鑑定士サイドは対象不動産の諸事情についてしっかりと調査および確認を行ったうえで、依頼目的に照らして、鑑定評価書の利用者の利益を害するおそれがないかどうかの観点から、条件設定の妥当性を確認する必要がある。すなわち、条件設定がなされている場合はこの点に留意したい。諸条件が付されている場合は、このような側面をよく読み込むことが重要となる。ただ金融機関としては、このような条件があることで、はたして担保評価に適したものになっているかチェックする必要がある。

なお、造成前や未竣工建物の鑑定評価（未竣工建物等の鑑定評価）を行う場合は、現状対象物件そのものが現時点においては存在しないという意味から、確認資料としては以下のものを収集する必要があるとされている。これらが用意できない状況では、鑑定評価を依頼できないと考えたほうがよい。

360　　第6章　担保調査と不動産鑑定評価書の留意点

■「未竣工建物等の鑑定評価」における確認資料等

① 竣工・造成後の不動産に係る物的確認を行うために必要な設計図書

② 権利の態様の確認を行うための請負契約書等

③ 造成工事、未竣工建物等の法令上必要な許認可等

④ 発注者の資金調達能力が確認できる資料（工事完了の実現可能性）

　未竣工建物等の鑑定評価は、依頼者や提出先等に加えて、法令などに基づく不動産鑑定士による不動産鑑定評価を踏まえて販売される金融商品の購入者等（鑑定評価書の利用者に該当する）までが利害関係者として含まれることになり、このような対象確定条件を設定することで、鑑定評価書の利用者の利益を害するおそれがある。証券化対象不動産の場合は、不動産鑑定評価基準各論第3章第2節に規定されている、「未竣工建物等の鑑定評価」に関する事項に記載されている、工事中止・工事の延期・工事内容の変更が発生した場合に生ずる損害が、売買契約上の約定や各種保険などにより回避されていることも求められている。

　そもそも、現実の利用状況との相違が対象不動産の価格に与える影響の程度等について、鑑定評価書の利用者が自ら判断することは現実的にむずかしいといえる。したがって、合法性に加えて実現性についての検証を行うことが重要であり、発注者の資金調達能力や請負者の施工能力などの観点などから工事完成の実現性を判断する必要がある。特に、①工事発注者の工事完成意思（鑑定評価依頼者等により条件設定の確認）、②資金調達能力（発注者の財務諸表などによる財務状況などの調査）、③工事請負業者の施工能力（施工実績資料の取得）をも確認しなければならないことになっている。したがって、未竣工建物等の鑑定評価の依頼においても、金融機関サイドにおいてこれらの点を十分に満たしているものであるか確認しなければならない。

第2節　不動産鑑定業者（不動産鑑定士）への依頼における留意点　　*361*

(3) 想定上の条件

鑑定評価を行ううえで、たとえば現状は道路の完成が近いもののまだ工事中である状況などの場合に、依頼者サイドが道路工事完成後の価格が知りたいというニーズが出てくることは考えられる。不動産鑑定評価はたしかに現状所与を前提として行うべきものではあるが、このようなケースの場合に価格面でどうなるかといった点を知りたいという側面はある。

そこで、対象不動産の地域要因または個別的要因に一定の想定条件を付すことが行われる。これらの想定条件については、①鑑定評価書の利用者の利益を害する可能性の有無、②実現性、③合法性（法律や諸規制に反しないかどうか）の観点から不動産鑑定士サイドはチェックする必要がある。加えて注意すべき点としては、地域要因についての想定上の条件で、たとえば公法上の規制が市街化調整区域から市街化区域に変更される、指定容積率が現状200％から300％に緩和されるといった、契約・諸規制の変更、改廃については公的機関が定めることであり、公的機関が設定する事項に限られるという点である。安易に想定上の条件を付すことで、鑑定評価書の利用者の利益を害することがないか十分に確認する必要がある。

担保物件の鑑定評価書でこのような想定上の条件が付されている場合には十分に注意すべきである。

(4) 調査範囲等条件

不動産鑑定評価は、対象確定条件に加え想定上の条件を付すことができることになっているが、基本的には現況所与を前提とするもので、この考え方は厳格に踏襲されてきた。金融機関の担保評価も基本的には現況所与を前提に行うべきである。

ただ、不動産取引の国際化とともに、海外投資家等による日本の不動産鑑定評価書の利用が増加していくなかで、現況所与のみを前提とすることに違和感が生じてきた。

日本の不動産鑑定評価書には、たとえば土壌汚染の有無に関する調査、リスク享受が不動産鑑定士側に課されており、過大な調査負担・責任負担が負わされてきたが、国際評価基準における評価をみると、土壌汚染調査等は不動産鑑定士の専門外分野であり、依頼者との合意のうえで調査範囲を限定（土壌汚染調査については調査範囲外にするといった限定）するのが一般的であり、いわば業務範囲（scope of work）の設定が求められてきた。

　そこで、国土交通省も平成26（2014）年5月の不動産鑑定評価基準の改正で、「調査範囲等条件」を設定することができるようになった。ただし、この条件が設定できるのは鑑定評価書の利用者の利益を害するおそれがないと判断される場合に限られている。

　ここで例示されているものは以下のとおりである。

■調査範囲等の条件の例示

・対象となる価格形成要因について

　①　土壌汚染の有無およびその状態

　　→土地の利用状況から土壌汚染の可能性が考えられるが、依頼者サイドから土壌汚染に関する調査報告書の提示がない場合

　②　建物に関する有害物質の使用の有無およびその状態

　　→建築時期から、建物内部にアスベスト使用箇所がある、PCB使用機器等が存在する可能性がある

　③　埋蔵文化財および地下埋設物の有無ならびにその状態

　　→埋蔵文化財包蔵地でありながら、試掘調査などを行っていない状況の場合、地下埋設物についての調査を行っていない場合

　④　隣接不動産との境界が不分明な部分が存する場合における不動産の範囲

　　→境界画定が未定の場合

第2節　不動産鑑定業者（不動産鑑定士）への依頼における留意点　　*363*

・鑑定評価書の利用者の利益を害するおそれがないと判断される場合

⑤　依頼者や対象不動産の利害関係者により価格形成要因に係る調査や査定が別途実施されている際に、これに合わせて鑑定評価書が開示され、鑑定評価書の利用者全員が不動産の価格形成に係る影響の判断を自ら行うことができると判断される場合

⑥　不動産売買契約等において、価格形成要因に係る契約当事者間での取扱いが別途約定されている場合（リスクを理解したうえでの売買の場合のための鑑定評価）

⑦　担保不動産の評価において、たとえば土壌汚染などの査定指針が別途存在し、そのために必要な調査が別途行われる場合（担保権者において当該価格形成要因にかかる価格への影響の判断が可能となる場合）

⑧　当該価格形成要因が存する場合における損失などが、保険などで担保される場合

⑨　財務諸表作成のための鑑定評価において、価格形成要因が存する場合における引当金が計上される場合、財務諸表に当該要因の存否や財務会計上の取扱いに係る注記がなされる場合、その他財務会計上、当該価格形成要因に係る影響の程度について別途考慮される場合

※調査範囲等条件が付されている場合については、その内容についてよく確認する必要がある。

(5)　担保評価において気をつけたい条件

　不動産鑑定評価において、さまざまな条件が付されたかたちで行われることがあるのは上述のとおりである。一方で、担保不動産としてみる場合、金融機関として以下のような条件が付されている場合は十分に注意したい。

364　　第6章　担保調査と不動産鑑定評価書の留意点

気をつけるべき条件	留意点
・現状市街化調整区域に属するが、市街化区域に編入されることを前提として評価すること ・現在開発許可の申請がなされているが、開発許可はすでに取得したことを前提として評価すること	担当役所に確認を行い、実現性・合法性の観点から問題がないか確認する必要がある。 →現実性がない場合は、これを担保評価額として認識すべきではない。
・現状地目「田」となっているが、農地転用許可が取得でき農地地目以外に変更されることを前提として評価すること	農地法については容易に転用ができないケースがあるため、よく確認する必要がある。 →農地転用ができない場合は担保適格性は低い。
・一部関係者に対して賃貸されているが、全体を自社使用しているものとして評価する。	関係者が親族などで退去などに応じないケースが発生する。 →処分上問題にならないか注意する。
・現状第三者による占有が存在するが、退去を前提として評価する。	占有者の立ち退き料などが別途必要になる場合がある。 低い賃料で長期間賃貸している住人やテナントが存在し、容易に退去に応じないという状況もありうるため注意したい。 →旧短期賃貸借制度はなくなったが、退去に手間がかかることを認識しておく必要がある。退去が容易でないと考えられる場合は、その期間費用を考慮した担保価値把握を行う必要がある。

5 依頼者プレッシャー制度

依頼者は不動産鑑定業者にとってはいわばお客様ということになる。したがって、依頼者は不動産鑑定業者に対し、さまざまな要求を提示することは

ある程度考えられることである。ただ、気をつけておきたい点に鑑定評価額に対する要求提示がある。

　鑑定評価額の希望を提示する、あるいは鑑定業者などと価格目線を合わせる（たとえば机上の段階でどのくらいの水準か、結果を拘束しないかたちでの打合せをする）といった行為はよく行われることかと考える。これらは通常の業務コミュニケーションの範囲であり、大きな問題とはならない。しかし、たとえば依頼者が「この額でないと報酬を支払わない」といった言い方にまで発展すると、依頼者が鑑定業者や担当不動産鑑定士にプレッシャーをかけたものとみなされてしまう。プレッシャーを強くかけ、公正妥当な鑑定評価が行われないことが過去に存在したため、近年ではこの防止策がとられている。このような場合、不動産鑑定業者サイドには、「依頼者プレッシャー制度」（平成24（2012）年7月から導入）による公益社団法人日本不動産鑑定士協会連合会に対しての報告義務があり、依頼が謝絶されるのみならず、場合によってはこの連合会から企業名などの公表が行われるといった措置がとられることもある。したがって、価格面での拘束を前提とした依頼は行ってはいけないことも認識しておく必要がある。

　ただこの制度は、たとえば価格内示段階で不動産鑑定士が見落としている事項があり、債権者や対象不動産の所有者・第三者担保提供者がこれを考慮してほしいといった、価格調整における合理的な理由が存在する場合の主張までを妨げるものではない。あくまでも、費用支払などをチラつかせながらの一定の強要性があるかどうかで判断することであり、物件についての特徴や情報をしっかりと説明できる機会を与えないことを意味するのではない。

6　不動産鑑定評価と土地・建物の内訳

　担保不動産の多くは、オフィスビルや事業用不動産といった収益用不動産である。収益用不動産の経済価値は通常一体で認識されるものであり、不動

産鑑定評価を依頼した場合においては、一体での価格が表記されることが通常である。かつては原価法による積算価格を中心として鑑定評価がなされてきたこともあり、土地・建物の内訳が記載されるのが一般的であったが、現在の不動産鑑定評価書をみると、収益還元法を適用することが一般化しており、基本的に鑑定評価額のみが記載され、その内訳は記載されていない。

　本来、不動産の価値はあくまでも最有効使用を前提として一体で把握されるべきものであるため、その意味では内訳を算出することは無意味な側面はある。ただ、企業会計の側面からみると、建物は償却資産であるのに対し、土地は非償却資産であり会計処理も異なることから、土地・建物の内訳はきわめて重要かつ必要不可欠なものであり、なんらかのかたちで内訳を出す必要がある金融機関においても、割り振りを決めなければいけないケースも出てくるだろう。

　担保評価という概念のみ、あるいはLTV（融資比率）を算定するためであれば内訳に大きな意味はないが、たとえば事業再生を行った企業等の場合、会社における新簿価を算定することは不可欠で、そのために内訳は重要といえる。また不動産売買においては、建物のみに消費税がかかることもあり、この消費税額の算定上、建物価格の認識は必要となる。

　加えて、会計上償却資産が多いということは毎年の減価償却が多いことを意味する。税務上では減価償却が多いと利益が小さくなるため、課税上一定のメリットがあるといえる。一方で営業利益が小さい企業では償却負担が大きいと赤字計上につながってしまう。

　会計処理については、あくまでも企業サイドの考え方で、金融機関が直接関与すべきではない面があるが、内訳を求める方法について多少の知識をもっておく必要があるものと考えられる。場合によっては、設定されている内訳が妥当なものであるか判断を求められることがあると思われる。

　一般に内訳を査定する方法としては以下のものがある。

第2節　不動産鑑定業者（不動産鑑定士）への依頼における留意点　　*367*

① 積算価格比（鑑定評価額を原価法で求めた土地、建物の価格の比率で振り分ける）で求める方法

② 土地価格について公的指標（公示地価や相続税路線価など）をベースに査定し、建物価格を鑑定評価額から土地価格を控除した額を計上する方法

③ 建物が新築物件の場合、建物価格について建築費総額をベースとしその残余を土地の価格とする方法

④ 固定資産税の評価額をベースとする方法（土地・建物評価額の比率で分ける）

　このうち①は、積算価格の比率というはっきりした数字が使えるため、現実的であり、企業会計等でどのくらいの割合でこれを採用したという統計データは持ち合わせていないが、現実には多用されているものと考えられる。また公的価格をベースにするという意味では、④の固定資産税の評価額の比率を使うケースも多い。売買価格の決定等にはよく用いられている。

　なお、現状通常の不動産鑑定において、収益還元法を適用した評価を行った場合、評価書内に土地・建物の内訳を記載しないことになっている。このため、内訳が知りたい場合は、部分鑑定を依頼するもしくは内訳に関する意見書を別途用意してもらう必要があるので留意したい。

第 3 節

不動産鑑定評価書の例示と留意点

　不動産鑑定評価書の概念的な説明は本章第2節のとおりであるが、個別の留意点について不動産鑑定評価書の例示を用いて説明を行う。

　不動産鑑定評価書は、作成する鑑定業者により記載項目・要領その順番は異なる。下記の記載項目はあくまで一つの例示であり、この順番での記載が行われていないからといって不動産鑑定評価書としての体裁をなしていないことを意味するものではない。

記載項目	一般的な記載内容
表紙	「不動産鑑定評価書」という表題と、依頼者・発行業者の記載、関与鑑定士の署名・捺印がなされている。
鑑定評価額	鑑定評価額の記載
対象不動産の表示	土地・建物の明細が記載されている。
鑑定評価の基本的事項	対象不動産の種別・類型、鑑定評価の条件、価格時点、価格の種類
鑑定評価の依頼目的等	依頼目的、依頼者以外の提出先等（提出先・開示先・公表の有無）、鑑定評価依頼目的と依頼目的に対応した条件、価格の種類との関係
鑑定評価を行った年月日	価格時点ではなく鑑定評価を行った日付
利害関係に関する記載	関与不動産鑑定士、関与不動産鑑定評価に係る利害関係等について記載される。
対象不動産の確認	①　物的確認 　実地調査日・立会者・確認方法・照合結果等 ②　権利の態様の確認 　所有者、所有権以外の権利についての記載

第3節　不動産鑑定評価書の例示と留意点　　*369*

	③ 当事者間での事実の主張が異なる事項の記載
鑑定評価額決定理由の要旨	① 一般的要因の分析 ② 地域分析（近隣地域） ③ 個別分析（対象不動産の状況、同一需給圏内における対象不動産の需給・競争力の程度） ④ 鑑定評価方式の適用 ⑤ 試算価格の調整、鑑定評価額の決定
付記事項	不動産鑑定士などの役割分担など
添付資料	位置図 公図・地積測量図の写し 建物図面・設計図書の写し その他資料

発行日　：平成○年○月○日

発行番号：○○第○○○○号

> 依頼者以外の提出先がある場合にはここに併記されることもある。

（依頼者）

株式会社○○○○　様

> 表題が不動産鑑定評価書でなく、不動産調査報告書や価格意見書の場合は、鑑定評価基準にのっとった書類でないため注意する。

不動産鑑定評価書

　ご依頼いただきました不動産鑑定評価につき、以下の通りご報告申し上げます。

　本件鑑定評価に当たっては、自己又は関係人の利害の有無その他いかなる理由にかかわらず、公正妥当な態度を保持し、専門職業家としての良心に従い、誠実に不動産の鑑定評価を行いました。

> 鑑定業者の名称・印鑑、関与した鑑定士の署名・捺印がなされる。

　　　　　　　　　　　○○県○○市○○１丁目○番○号

　　　　　　　　　株式会社　○○不動産鑑定事務所

　　　　　　　　代表取締役　○○　○○○　㊞

　　　　　　　総括不動産鑑定士　○○　○○○　㊞

　　　　　　　　不動産鑑定士　○○　○○○　㊞

　　　　　　提携：株式会社　△△不動産鑑定事務所

　　　　　　　　不動産鑑定士　○○　○○○　㊞

第3節　不動産鑑定評価書の例示と留意点　　*371*

Ⅰ．鑑定評価額

　¥○○○○○○ －

　上記鑑定評価額は、後記Ⅲ－2記載の条件を前提とするものである。

> 鑑定評価の条件を設定した場合、これに限定される記載がある。

Ⅱ．対象不動産の表示

1．土　地

> 通常は、登記地番・地目・建物の種類・面積などが記載される。

所在・地番	地目	地積（または評価数量）
○○県○○市△△町1丁目○番○	宅地	実測地積：○○m^2 公簿地積：○○m^2

2．建　　物

　所在　　　：○○県○○市△△町1丁目○番○番地

　家屋番号：○○番

　種類　　　：事務所

　構造　　　：○○○造○階建

　床面積　　：1階　　○○m^2

　　　　　　　2階　　○○m^2

　　　　　　　延　　○○m^2

Ⅲ．鑑定評価の基本的事項

１．対象不動産の種別・類型

貸家及びその敷地

> 土地のみの場合は更地、建物の敷地になっている土地の場合は建付地、建物のみの場合は建物、建物と土地が一体化している場合は、自用の建物およびその敷地、貸家およびその敷地などが考えられる。

２．鑑定評価の条件

⑴　対象確定条件　　通常の場合の記載

対象不動産の現状を所与として鑑定評価を行う。

> ［その他の設定される例示］
> ・本件については建物が存在するが、更地として評価する。
>
> たとえば建物取壊し予定の場合等（独立鑑定評価）
>
> ・現況所与において建物のみを評価する（部分鑑定評価）。
> ・対象地Ａ・Ｂを併合し一体として評価する（併合鑑定評価）。
>
> 併合後の経済価値を判定するための場合

> なお、未竣工建物等鑑定評価において、「価格時点現在建設中の建物について価格時点においてご提示設計図書のとおり完成し使用収益が可能な状態であるものとして」といった条件が付されることがある。このような条件が付される場合には、法令上の許認可（建築確認など）を取得している、設計図書での完成後建物の図面上の確認が可能である、発注者へのヒアリングや有価証券報告書の確認などを行って資金調達や工事施工完了意思があること、請負業者の施工能力に問題がないことを確認できる場合に限り実施される。通常は鑑定評価書の利用者は依頼者、対象不動産の購入予定者の取引金融機関のみであると考えられる。

第3節　不動産鑑定評価書の例示と留意点　　373

(2)　地域要因又は個別的要因についての想定上の条件

　　なし

> 設定されることはあまり多くない。ただし、公法上の規制におい
> て以下のような条件がつけられている場合には、条件設定の妥当
> 性を確認する必要がある。→担保のための鑑定評価として適切か
> 要再検証
> ①　市街化調整区域に所在する物件において、市街化区域に変更
> 　　することを前提として評価を行う。
> ②　都市計画道路の築造が予定されているが、完成を前提として
> 　　評価を行うものとする。

(3)　調査範囲等条件

> 調査範囲等条件として設定されることが多いものには以下のもの
> がある。
> ・土壌汚染の有無およびその状態
> ・埋蔵文化財包蔵地に指定されている土地であるが、この影響
> ・建物についてアスベスト使用箇所があるが、この対策費用

①　対象とする価格形成要因

　　土壌汚染の有無及びその状態

②　調査範囲

　　対象不動産に係る実地調査（目視）並びに対象不動産に係る土
壌汚染対策法および関連条例調査について。

③　評価上の取扱い

　　価格形成要因から除外。

④　条件設定の合理的理由

　　本鑑定評価においては、土壌汚染について調査範囲等条件を設
定しているが、以下の点から鑑定評価書の利用者の利益を害する
おそれはないものと判断した。

374　第6章　担保調査と不動産鑑定評価書の留意点

・依頼者により別途土壌汚染についての調査（調査会社：○○株式会社）が実施されており、土壌汚染の有無及びその状態並びに対策を行う場合の費用等が、鑑定評価書の利用者に開示される予定である。

3．価格時点

> 通常は実地調査日で価格時点を設定することが多い。

平成○年○月○日

4．価格の種類

正常価格

> 金融機関が取得する担保評価の場合は通常は正常価格で、法的整理に入っている場合などには特定価格で取得することもある。

Ⅳ．鑑定評価の依頼目的等

1．依頼目的

担保評価のため

> 金融機関が担保評価を目的とする場合には、「担保評価」という文言が目的に入っていることが望ましい。依頼目的が売買の参考資料、資産評価である場合、担保としての安全性に十分配慮していない場合が考えられるため注意したい。

2．依頼者以外の提出先等

依頼者以外の提出先	融資金融機関
依頼者以外への鑑定評価額の開示先	融資金融機関
鑑定評価額の公表の有無	無

第3節　不動産鑑定評価書の例示と留意点　　*375*

後日、本鑑定評価書の依頼者以外の提出先若しくは開示先が広がる場合、または公表する場合には、当該提出若しくは開示又は公表の前に当社あて文書を交付して当社及び本鑑定評価の担当不動産鑑定士の承諾を得る必要がある。

> 鑑定評価書が依頼者以外に提出、もしくは鑑定評価額の開示・公表がなされる場合にはここにその提出・開示先等の記載がなされることになる。したがって、融資先から鑑定評価書の提出を受ける場合には、ここに融資金融機関、または金融機関名が入っていることが必要となる。

３．鑑定評価の依頼目的及び依頼目的に対応した条件と価格の種類との関連

　本件鑑定評価は前記依頼目的に対応した条件により、現実の社会経済情勢下で合理的と考えられる条件を満たす市場で形成されるであろう市場価値を表示する適正な価格を求めるものであり、求める価格は正常価格である。

４．鑑定評価を行った年月日

> 実際に鑑定評価を完了させた日であり、価格時点とは異なる。

　平成○年○月○日

５．関与不動産鑑定士及び関与不動産鑑定業者に係る利害関係等

(1) 関与不動産鑑定士及び関与不動産鑑定業者の対象不動産に関する利害関係等

　関与不動産鑑定士及び関与不動産鑑定業者の対象不動産に関する利害関係又は対象不動産に関し利害関係を有する者との縁故、若しくは特別の利害関係の有無はいずれもない。

(2) 依頼者と関与不動産鑑定士及び関与不動産鑑定業者との関係

　依頼者と関与不動産鑑定士及び関与不動産鑑定業者との間の特別の資本的関係、人的関係及び取引関係はいずれもない。

(3) 提出先等と関与不動産鑑定士及び関与不動産鑑定業者との関係

　本鑑定評価額が依頼者以外の者へ開示される場合の当該相手方又は本鑑定評価書が依頼者以外の者へ提出される場合における当該提出先と関与不動産鑑定士及び関与不動産鑑定業者との間の特別の資本的関係、人的関係及び取引関係はいずれもない。

> 証券化対象不動産の場合には「依頼者の証券化関係者との関係」も記載される。

Ⅴ．対象不動産の確認

1．物的確認

(1) 実地調査

① 実地調査日

　平成○年○月○日

② 実地調査を行った不動産鑑定士

　○○　○○○

③ 実地調査における立会人

　○○○株式会社　総務部長　○○　○○様

④ 実地調査を行った範囲

　立会人様によるご案内で、敷地の境界部分、建物内部についての実地調査を行った。なお２階テナント入居箇所については、守秘義務の観点から内覧調査ができなかったが、竣工図書などから適格に推定・確認することが可能であった。

> 実際に行った調査箇所が記載される。

第3節　不動産鑑定評価書の例示と留意点　377

(2)　確認に用いた資料

　　登記事項証明書、公図・地積測量図・建物図面・建物竣工図書の写し、テナントの賃貸借契約書の写し

(3)　照合事項

　　位置・形状・規模・建物の使用資材・施工・維持管理の状況・利用状況とテナントの入居状況

(4)　照合結果

　　実地調査の結果、確認資料と照合して、照合事項について概ね一致を確認した。

(5)　評価上採用する数量 ──[採用数量についての記載がある。]

　　登記記録数量を採用する。

　　なお、土地については実測数量と登記記録数量とは一致している。

2．権利の態様の確認

(1)　所有権

[対象不動産の権利関係が記載されており、所有権以外の権利が存在する場合には注意する。]

　　所有者：株式会社　　○○○○　　様

(2)　確認に用いた資料及び確認日

確認資料	平成○年○月○日時点の登記事項証明書
確認日	平成○年○月○日

(3) 所有権以外の権利

　なし

3. 当事者間で事実の主張が異なる事項

　な　し

> 通常は「なし」または「特になし」と記載される。仮に所有権や所有権以外の権利関係（借地権・借家権）等で第三者との間で争いが存在する場合は、担保としての適格性が問われることになりかねないので注意する。

> この例示でのI～Vは、対象不動産、鑑定評価の依頼目的、条件、権利関係、実地調査等についての記載が行われている。一方、これに続くVI. 以降は鑑定評価額をどのように決定したかというポイントが記載されることになる。

VI. 鑑定評価額決定の理由の要旨

> この例では1～3で価格形成要因、4・5で評価（手法の適用）が記載されている。

1. 一般的要因の分析

〈例示記載は省略〉

> 一般的要因は、通常以下のことが記載されている。
>
> ・社会情勢
>
> ・経済情勢（特に金融情勢、不動産の投資動向といった内容）
>
> ・地価の推移動向（全国、都道府県、対象市町村区など）
>
> ・不動産投資利回りの推移動向

2．地域分析

> 通常は市町村区の概況や市場特性、加えて近隣地域の状況が記載される。

(1) 対象不動産が所在する市区町村の概況

〈例示記載は省略〉

> 通常は、市町村の沿革、現在の性格、人口・世帯数の動向、交通機関や市街地の現状、地価動向、将来動向などが記載される。

(2) 対象不動産に係る市場の特性

① 同一需給圏の判定

対象不動産と代替性があると考えられる不動産が存在する圏の範囲が示されている。

要約例示：○○市都心部から○km～○kmの範囲、○○市及び○○市

② 同一需給圏における市場参加者の属性及び行動

対象不動産の購入者層として考えられる属性と、その行動の状況が示されている。

要約例示：同一需給圏における市場参加者としては、総額○円程度の投資用不動産を購入する投資ファンド、機関投資家などが考えられ、近年は低金利政策もあり、購入意欲は旺盛である。

③　市場の需給動向

〈例示記載は省略〉

通常は売買市場の動向と賃貸市場の動向についての記載がある。

④　同一需給圏における地価の推移・動向

〈例示記載は省略〉

通常は公示地価や基準地地価の推移などを勘案して記載される。

(3)　近隣地域の状況

対象不動産が所在する近隣地域の範囲、特性が記載される。

①　近隣地域の範囲

〈例示記載は省略〉

要約例示：対象不動産を中心として東西○m、南北○mという記載、もしくは○○１丁目○番〜○番（住居表示による表記）

②　近隣地域の状況・特性

〈例示記載は省略〉

通常、近隣地域の状況については主に以下の点が記載される。

街路条件	近隣地域における標準的な道路の状況
交通・接近条件	近隣地域の中心部から鉄道駅や都心部等への接近
環境条件	供給処理施設の整備状況、危険・嫌悪施設の有無
行政的条件	公法上の規制についての記載

第３節　不動産鑑定評価書の例示と留意点　　*381*

③　将来動向

〈例示記載は省略〉

> 近隣地域の将来動向（発展的・現状維持・衰退傾向か）が記載される。

④　標準的使用

〈例示記載は省略〉

> 近隣地域における土地の標準的使用（たとえばオフィスビルや店舗といった建物の用途の敷地、標準的な画地の間口・奥行、規模）について記載される。

3．個別分析

> 対象不動産についての具体的な状況が記載される。

(1)　近隣地域における位置

近隣地域のほぼ中央部に位置する。

> 近隣地域における位置関係が記載される。

(2) 土地の状況

〈例示記載は省略〉

街路条件	接面道路の方位、幅員、道路名称、建築基準法上における扱いなどが記載される。
交通・接近条件	鉄道駅、バス停、主要施設などからの接近が記載される。
環境条件	近隣地域の特性との差異があるかどうかが記載される。
画地条件	間口・奥行・地積・形状・地勢のほか、接面道路との状況などが記載される。**規模や形状は土地の価格に大きな影響を与えるので注意する。**
行政的条件	実際の指定状況または近隣地域と同一であればその旨が記載される。
埋蔵文化財の有無およびその状態※	周知の埋蔵文化財包蔵地に指定されているか、発掘調査・試掘調査の指示がされているかどうか、埋蔵文化財が現に存するかどうかについて記載される。 対象不動産が埋蔵文化財により価格形成に大きな影響を与えることがないと判断される場合は、価格形成要因から除外して鑑定評価を行う旨が記載されることもある。
土壌汚染の有無およびその状況※	土壌汚染の有無に関する調査結果を記載する。 通常は過去の地図や土地・建物の閉鎖登記簿、土地所有者や地元精通者などへのヒアリングを行った結果、担当役所による土壌汚染対策法による要措置区域の指定の有無、有害物質使用特定施設に係る工場または事業場の敷地を含むか、あるいは過去にそのようなものがある土地かどうかを調べたうえで判定している。 土壌汚染が対象不動産の価格形成に大きな影響を与えることがないと判断される場合は、価格形成要因から除外して鑑定評価を行う旨が記載されることもある。
地下埋設物、越境物の存在※	過去の土地利用などで地下埋設物が存在する、あるいは隣接地からの越境物が存在する場合にはその点が記載されることとなる。
標準画地と比較した増減価要因	近隣地域の標準画地と対象不動産の土地を比較して、増価・減価要因があればこれが記載されることとなる。

　※の事項については「調査範囲等条件」を設定することがある。この場合はその内容について記載されることがある。

(3)　建物の状況

名　称	○○ビル ← ビル建物の名称が記載される。
構　造	○○造△階建
建築年月	○年○月○日（登記簿記載による）
延床面積	○○m² （登記簿記載による） このほか建築確認記載数量が書かれることがある。
設計・監理	○○設計事務所
施　工	○○建設株式会社
管　理	○○ビルサービス株式会社
主な設備 （例示）	□エレベーター：○基 □空調設備　　：個別空調方式 □給湯設備　　：電気給湯方式 □防犯関連　　：機械警備方式
仕上の状況 （例示）	□屋根：アスファルト歩行防水 □外壁：○○タイル貼り □天井：○○吸音板ほか □内壁：ビニルクロス、塗装、ほか □床　：カーペットタイル貼り、一部御影石ほか
施工の程度	良好
維持管理	良好
内部の構造	〈例示記載は省略〉 各階の内部の状況、利用状況などが記載される。
駐車場	建物内部に○台収容
建物の合法性	□建築確認：○年○月○日　第○─○号 □検査済証：○年○月○日　第○─○号 エンジニアリングレポート記載内容からの判定

建物の耐震性	〈例示記載は省略〉
	耐震性能基準についての記載がある。いわゆる旧耐震性能の場合においては、耐震補強などがなされているかどうかなども調査して記載される。
建物における有害物質使用について	〈例示記載は省略〉
	建物内部にアスベスト使用箇所があるかどうかの記載、PCB使用機器が存在するかどうかの記載がなされている。

特に注意したいのは、**建物の合法性・耐震性・有害物質の使用についての記載**である。合法性については、建築確認・検査済証の取得状況に加え、エンジニアリングレポートなどを別途取得している場合には、合法性の判定についての記述があるので確認したい。

(4) 最有効使用の判定

〈例示記載は省略〉

通常は、対象土地の更地としての最有効使用と、建物およびその敷地としての最有効使用の差異が記載され、そのうえで最有効使用の状況にあると判定された場合は特段の減価要因はないが、最有効使用の状況にないと考えられる場合については、建物の建替えや大規模改修などが合理的と考えられる。

4．鑑定評価手法の適用

(1) 評価方針

〈例示記載は省略〉

通常は、類型に応じた評価手法が採用されることになる。たとえば賃貸オフィスビルや店舗の場合は、原価法と収益還元法の二つの手法が適用されることになるため、採用手法と適用方針が記載される。

第3節　不動産鑑定評価書の例示と留意点　*385*

(2) 原価法の適用（積算価格の査定）

〈例示記載は省略〉

① 土地の再調達原価（更地価格）

取引事例比較法を適用し、取引事例の価格を補修正して対象不動産の敷地の更地価格（比準価格）を求めることとなる。通常は、取引事例比較法を事例概要と比準表を別表にして示していることが多い。

また、土地価格を求める際には取引事例に加え、公示地価・基準地価格を規準とした価格を求め、この価格（規準価格という）と比準価格のバランスがとれているかどうかを検証することが必要となる。

② 建物の再調達原価

対象建物の価格時点における新築価格を査定する。現時点において建築した場合の価格を材料・人件費などをもとに積算する。あるいは過去の建築費、エンジニアリングレポートを取得している場合には、これに記載されている再調達価格を参考にして求める。

③ 減価修正

経年による減価、観察減価を土地、建物、土地・建物一体といった側面から検討したうえで、再調達原価から修正する。

④ 積算価格の決定

再調達原価・減価修正を行って、積算価格を決定する。

(3) 収益還元法の適用（収益価格の査定）

〈例示記載は省略〉

通常は、単年度還元法である「直接法」と複数年度還元法である「DCF法」の二つの手法を適用し、これらの記載内容を解説する。なお、収益用不動産の場合、テナントの入居状況の一覧表と直接法・DCF法それぞれを別表にして示しているものが多い。

① 運営収益の査定

運営収益は満室稼働時を想定した潜在収益から空室損失相当額、貸倒れ損失相当額を控除して求めるものであるが、別表で示しているものが多い。

② 運営費用の査定

維持管理費、修繕費、テナント募集費用、プロパティマネジメント費用、公租公課、損害保険料、その他費用を加算して求めるものであるが、別表で示しているものが多い。

③ 一時金の運用益

テナントからの敷金などの運用益を一定の運用利回りをもとに査定している。

④ 資本的支出

長期修繕計画などをもとに、将来必要となる資本的支出を査定して計上する。エンジニアリングレポートを作成している場合は、この長期修繕計画を参考として求めている。

⑤ 純収益

運営収益、運営費用、一時金の運用益、資本的支出をもとに査定するものであるが、これも別表で示しているものが多い。

⑥ DCF法による各項目の経年による変動要因の判定

DCF法は複数年度の純収益を分析して査定するものである。したがって、初年度から最終設定年限までの各項目についての変化を組み込ませることができる手法であるともいえる。この変化をどのように考えたか変動要因を分析したものを示すことも重要となる。別表形式にして示すことが多い。

⑦ 各種利回りの査定とその理由

直接法における還元利回り、DCF法における割引率・最終還元利回りの数値とその査定根拠を示している。

⑧ 収益価格の決定

直接法による価格とDCF法による価格双方を求め、これを吟味したうえで収益価格を決定する。

5．試算価格の調整

〈例示記載は省略〉

> 通常は試算価格の算定内容を再吟味し、妥当性を検証したうえで、対象不動産の性格に応じて、どれを重視すべきか検討して調整を行うこととなる。一般的に収益用不動産の場合は最有効使用の状況にある限りは収益価格が重視されることになるが、最有効使用の状況にない場合は、更地価格から建物の取壊し費用を求めたもの等も副次的に査定し、検討に加えることとなる。

6．鑑定評価額の決定

以上の検討を行った結果、鑑定評価額を以下の通り決定した。

鑑定評価額：○○○○○○円

Ⅶ. 付記事項

1．不動産鑑定士の役割分担

> 鑑定評価書作成においてかかわった業者、担当者名が記載される。

業者分類	業者名	不動産鑑定士の氏名	署名押印	業務内容
受託業者	㈱○○不動産鑑定事務所	A	◎	不動産鑑定士の指揮及び鑑定評価の結果の検証
		B	○	鑑定評価の手順の全段階鑑定評価業務の受託審査
		C		鑑定評価報告書の審査
提携業者	㈱△△不動産鑑定事務所	D	○	対象不動産の確認積算価格の資産
		E		事例資料の収集、整理の支援
	△○調査サービス	－	－	土壌汚染調査

◎は総括不動産鑑定士

388　第6章　担保調査と不動産鑑定評価書の留意点

2．その他

特にない

以　上

第3節　不動産鑑定評価書の例示と留意点　*389*

事項索引

英字

3PL ……………………………… 235

BIT（不動産競売物件情報サイト）
……………………………… 319

DBJ Green Building認証制度 …… 174

DCF法 …………………………… 139

DSCR …………………………… 306

Is値（構造耐震指標）…………… 113

JESCO（中間貯蔵・環境安全事業
株式会社）…………………… 234

LTV ……………………………… 17

MD調査 ………………………… 202

PCB使用機器 ………………… 116

PML値 ………………………… 113

Stigma（スティグマ）…………… 89

あ

アスベスト ……………………… 115

アパートローン …………… 278，301

粗利益率 ………………………… 200

安全性の原則 …………………… 8

い

一時金の運用益 ………………… 137

位置指定道路 …………………… 73

違法建築物 ……………………… 98

依頼者プレッシャー制度 ……… 365

医療クリニックモール ………… 305

う

売り急ぎ ………………………… 124

運営収益 ………………………… 135

運営費用 ………………………… 135

え

駅ナカ …………………………… 193

越境物件 ………………………… 150

エンジニアリングレポート …… 100

お

オフィスビル …………………… 172

温泉権 …………………………… 270

温泉法２条 ……………………… 270

か

海域公園地区 …………………… 87

買受可能価額 ……………… 25，319

会計管理業務 …………………… 148

介護保険３施設 ………………… 213

介護保険収入 …………………… 219

介護療養型医療施設 …………… 214

介護老人福祉施設 ……………… 214

介護老人保健施設 ……………… 214

会社更生法 ……………………… 311

買い進み ………………………… 124

開発許可 ………………………… 66

開発許可基準 …………………… 68

価格三面性 ……………………… 125

価格時点 ………………………… 348

確実性の原則 …………………… 9

かぶり厚さ ……………………… 109

仮換地 …………………………… 83

関係会社評価 …………………… 6

還元利回り ………………… 135，138

観光施設財団 …………………… 44

完全歩合方式 …………………… 205

換地 ……………………………… 82

換地処分……………………84
官民査定……………………52

き

期間入札……………………323
基準地地価…………………15
基準容積率…………………75
稀少性………………………120
既存宅地制度………………57
既存不適格ビル……………99
期中管理（期間経過に伴う見直し）
……………………………297
業務範囲（scope of work）………358
共有物件……………………150
漁業財団……………………45
金融再生法53条による債権買取……330
近隣地域……………………134

く

躯体（スケルトン）……………104
区分地上権…………………351

け

計画決定段階………………68
経済的耐用年数……………106
継続賃料……………………186
競売市場減価………………25
月額利用料収入……………219
減価修正……………………129
原価法………………………127
現況調査書…………………319
現況調査報告書……………26
現況渡し……………………53
検査済証……………………97
源泉かけ流し………………271
建築確認……………………97

建築確認の概要書…………339
建築基準法…………………54
建築基準法43条の但書……72
建築基準法上に規定する道路………71
建築基準法の42条2項道路………72
限定価格……………………354
建ぺい率……………………74
減歩…………………………83

こ

公開空地……………………76
鉱業財団……………………44
公示地価……………………15
甲種農地……………………79
工場財団……………………44
工場抵当法…………………49
公図写し……………………336
更生担保権…………………312
高齢者住まい法……………211
港湾輸送事業財団…………45
固定資産税評価額…………15
固定家賃＋売上歩合方式………205
固定家賃方式………………204
個別格差修正………………132
個別性………………………120
ゴルフ場……………………253
コンクリートの中性化………108
コンストラクション関連業務……148
コンパクトシティ……………193

さ

サービサー…………………329
サービサー会社……………12
災害ハザードマップ…………91
債権回収会社（サービサー）
……………………………320，329

事項索引　　*391*

債権管理回収業に関する特別措置法
　（サービサー法）………………23
再調達原価…………………………129
最低売却価額………………25，319
最低保証付逓減歩合方式………205
裁判所書記官………………………326
最有効使用…………………………122
先取特権…………………………… 2
サ高住………………………………210
サブプライムローン………………33
サブリース形態……………………157
サブリース方式……………………287
三条目録……………………………49

し

仕上げ………………………………104
市街化区域…………………………55
市街化調整区域……………………55
市街地再開発法……………………54
事業継続……………………………356
事業決定段階………………………68
事業性ローン………………………281
事業用不動産………………………28
試掘調査……………………………93
事後管理……………………………296
試算価格……………………………127
試算価格の調整……………………143
資産流動化法………………………355
自社評価…………………………… 6
市場性………………………………126
市場性の原則………………………11
事情補正……………………………132
地震リスク評価報告書……………102
自然公園法…………………………54
質権………………………………… 2
執行官………………………………326

時点修正……………………………132
資本的支出…………………………137
借地権付建物………………………150
借地借家法32条１項………………159
斜線制限……………………………76
収益価格……………………………127
収益還元法…………………………7，127
収益性………………………………126
住宅地の都心回帰化傾向…………21
周知の埋蔵物文化財包蔵地………93
循環方式……………………………271
純収益………………………………135
準都市計画区域……………………55
償却資産……………………………47
証券化対象不動産…………………348
使用年限……………………………104
所有権（温泉がゆう出する土地の）
　…………………………………270
所要の調整…………………………225
新規賃料……………………………186
シングルテナント…………………198
新耐震基準…………………………111
人的担保…………………………… 2
森林法………………………………54

せ

生産緑地……………………………70
正常価格……………………………348
整理回収機構（RCC）………23，330
積算価格……………………………127
絶対高さ制限………………………76
設備（インフィル）………………104
潜在収益……………………………135
線引き………………………………55

392　　事項索引

そ

総括管理業務	148
早期売却	356
総合受託方式	159
総合設計制度	100
相続税路線価	15
想定上の条件	348, 358
相場賃料	185
添担保	13
底地	150
ソシアルビル	208

た

第1種農地	79
第2種農地	79
第3種農地	79
第三者所有地	336
対象確定条件	348, 358
耐震改修促進法	111
耐震性能	111
代替性	120
耐用年数	104
宅地造成規制法	54
建物環境リスク評価報告書	102
建物状況調査報告書	101
建物図面	338
建物の合法性	97
担保外建物	150
担保権消滅許可制度	311
担保実行の中止命令	311
担保物権	2
担保不動産競売	296
担保不動産収益執行	318

ち

地域格差修正	132
地域性	120
地下埋設物	94
地区計画	65
中性化進行度（深さ）	109
長期修繕計画	103
調査範囲等条件	348, 358
賃貸管理業務	148
賃料「保証」	280
賃料負担能力	200

て

抵当権	2
テーマパーク	253
テナントの売上高	200
テナントミックス	167
テナントリーシング	145
転借人	340

と

同一需給圏	134
動産譲渡登記制度	49
動産担保	49
投資信託及び投資法人に関する法律	355
投資用不動産	28
投資利回り	19
道路交通事業財団	44
特殊価格	354
特定価格	348, 354
特定金銭債権	330
特別管理産業廃棄物	234
特別清算	313
特別地域	86

事項索引　　393

特別売却…………………………323
独立鑑定評価……………………358
特例容積率適用区域制度…………76
都市計画道路………………………68
都市計画法…………………………54
都市再生特別地区………………100
都市ホテル………………………245
土壌汚染……………………………89
土壌汚染リスク評価報告書………102
土地区画整理法……………………54
土地残余法………………………141
土地の造成工事を前提とした評価
………………………………359
取引事例比較法…………………127

な

内部留保…………………………298
内覧制度…………………………325

に

入居一時金の償却額……………219
任意売却…………………296，317

の

農地法………………………………54
農用地区域内農地…………………79
ノンリコースローン………………5

は

売却基準価額……………25，319
破産………………………………311
破産管財人………………………312
発掘調査（本調査）………………93
パブリックコース………………256
パブリック施設…………………243
払下げ……………………………337

バルクセール……………24，331
パワーセンター…………………193

ひ

日影規制……………………………75
引湯権……………………………270
ビジネスホテル…………………243
比準価格…………………………127
非線引都市計画区域………………55
備忘価格……………………………24
評価書………………………26，319
標準化補正………………………132
費用性……………………………126

ふ

含みの経営…………………………31
普通地域……………………………87
物件明細……………………26，319
物上代位による回収……………317
物上保証人………………………321
物的管理業務……………………148
物的担保……………………………2
不動産鑑定士による鑑定評価………6
不動産神話…………………………23
不動産の競売……………………317
不動産融資に対する総量規制………23
部分鑑定評価……………………359
分割鑑定評価……………………359

へ

併合鑑定評価……………………359
閉鎖登記簿謄本…………………340
別除権……………………………296
ヘルスケア不動産………………210
弁護士法…………………………330

ほ

保安林……………………88
防火指定……………………64
保守主義の原則……………8
保証人………………………2
保留地………………………83
ボリュームチェック………77

ま

マスターリース…………159
まちづくり三法…………196
抹消料……………………318
マルチテナント…………198

み

未竣工建物の鑑定評価……360
路地状部分…………………74
未登記建物………………150
民事再生法………………296
民々査定……………………52

む

無権限使用者（不法占拠者）………340

め

メンバーシップコース……………256

も

もてなし……………………267

ゆ

有害使用物質……………114
融資比率……………………17
有料老人ホーム…………210
湯口権……………………270

よ

容積率………………………75
用途地域……………………60
用途の多様性……………121
預託金返還請求…………258

り

リーマンショック…………7
リゾートホテル…………253
リニューアル……………165
留置権………………………2

る

類似地域…………………134

れ

連帯債務者…………………2
連帯保証人…………………2

事項索引　　395

〔法人融資手引シリーズ〕
不動産担保実務

平成28年2月24日　第1刷発行

著　　者　小野　兵太郎
発 行 者　小田　　徹
印 刷 所　株式会社太平印刷社

〒160-8520　東京都新宿区南元町19
発 行 所　一般社団法人 金融財政事情研究会
編集部　TEL 03(3355)2251　FAX 03(3357)7416
販　　売　株式会社きんざい
販売受付　TEL 03(3358)2891　FAX 03(3358)0037
URL http://www.kinzai.jp/

・本書の内容の一部あるいは全部を無断で複写・複製・転訳載すること、および磁気または光記録媒体、コンピュータネットワーク上等へ入力することは、法律で認められた場合を除き、著作者および出版社の権利の侵害となります。
・落丁・乱丁本はお取替えいたします。定価はカバーに表示してあります。

ISBN978-4-322-12828-4